Französischer Rumstil

MARTINIQUE – AOC (RHUM CLÉMENT, RHUM J.M...)
GUADELOUPE (RHUM DAMOISEAU...)
MARIE-GALANTE
HAITI
FRANZÖSISCH-GUAYANA
LA RÉUNION
MAURITIUS

AUS ZUCKERROHRSAFT

TIG
TERROIR
OUILLAGE*
BLUMIG

NCH
S PUNCH
WÜRFEL
DICHT
LEBHAFT
KRÄFTIG
RUM & COLA
EISWÜRFEL
GEHALTVOLL
NAVY*
WÜRZIG
DUNKEL

INDUSTRIELLER RUM HERGESTELLT AUS MELASSE

Britischer Rumstil

TRINIDAD UND TOBAGO
ANTIGUA
BARBADOS
JUNGFERNINSELN
JAMAIKA
SAINT LUCIA
GUAYANA

© 2015 Fackelträger Verlag GmbH, Köln Emil-Hoffmann-Straße 1, D-50996 Köln

Alle Rechte der Verbreitung, auch durch Film, Funk, Fernsehen, fotomechanische Wiedergabe, Tonträger aller Art, auszugsweisen Nachdruck oder Einspeicherung und Rückgewinnung in Datenverarbeitungsanlagen aller Art, sind vorbehalten. Die Inhalte dieses Buches sind von Autoren und Verlag sorgfältig erwogen und geprüft, dennoch kann eine Garantie nicht übernommen werden. Eine Haftung von Autoren und Verlag für Personen-, Sach- und Vermögensschäden ist ausgeschlossen.

Autoren: Dirk Becker und Dieter H. Wirtz
Umschlaggestaltung: Anja Winteroll, Hamburg
Satz und Gestaltung: Annette Mader, Köln
Gesamtherstellung: Fackelträger Verlag GmbH, Köln
ISBN 978-3-7716-4610-3
Printed in Poland
www.fackeltraeger-verlag.de

Das große Buch vom Rum

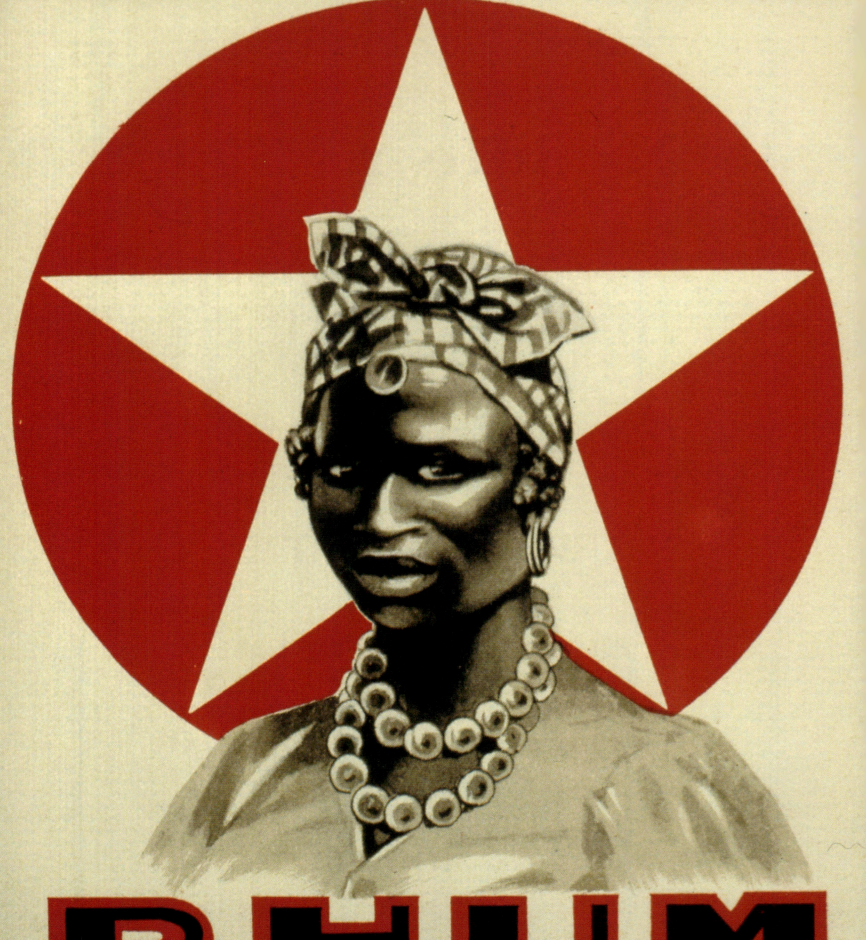

DIRK BECKER UND DIETER H. WIRTZ

Das große Buch vom

Rum

Edition Fackelträger

Inhalt

Trunkenbold, Seeräuber, Gouverneur 8
    Prolog 8

Mehr als nur eine Spirituose 10
    Ein Lebensgefühl 12
    Die Suche nach dem richtigen Rum 14
    The time flies when you're having rum 18

Am Anfang war das Zuckerrohr 20
    Begehrt und teuer 22
    Rum – was ist das eigentlich? 25
    Zurück zur Entstehung des Rums 26

Wie der Rum in die Flasche kommt 28
    Notizen zur Rum-Herstellung 30
    Ein entscheidender Faktor: Die Fermentation 37
    Der nächste Schritt: Die Destillation 39
    Ein großzügiger Schotte – und ein Ire bedankt sich 41
    Durchsichtig und klar 47
    Geschmack kommt nicht von ungefähr 48
    Eine individuelle Angelegenheit 50

Der Rum mit dem h 52
    Rum aus der Europäischen Union 54
    Hohe adelige Hürden 58

Vom Betäubungsmittel zum Nationalgetränk 60
    Ein Abstecher auf dem Weg nach Indien 62
    Der Rum Brasiliens 66

Wo alles seinen Anfang nimmt: Karibik 68
    Bahamas. Geschichtsträchtig: Baja Mar 70
    Bermuda. Korallen, Shorts und ein legendäres Dreieck 78
    Caymans. Krokodile und Schildkröten, Finanzen und Fonds 82
    Dominikanische Republik/Haiti. In einem wunderbaren Land 86
    Jamaika. Xaymaca – Ohne Rum undenkbar 102
    Kuba. Verwirrendes auf Colba 116
    Puerto Rico. In der Heimat der Piña Colada 126

Antigua und Barbuda. Auf einer Insel über dem Wind 132
Barbados. Synonym für Rum 136
Grenada. Eine Muskatnuss auf der Landesflagge 148
Guadeloupe. Auf der Insel der schönen Wasser 154
Martinique. Ruhm durch Rhum – Besuche auf Madinina 166
St. Lucia. Wo der Leguan über dem Wind lebt 186
Trinidad und Tobago. Auf der Insel der Dreifaltigkeit 192
Virgin Islands. Auf den Inseln der 11 000 Jungfrauen 200

Mittel- und Südamerika 208

Costa Rica. In der Schweiz Mittelamerikas 210
El Salvador. Im kleinen Land des Heilands 214
Guatemala. Im Land der vielen Sprachen 218
Nicaragua. Im Land der tausend Vulkane 224
Panama. Oh, wie schön 230
Guyana. Im Land der tausend Wasser 236
Kolumbien. Auf der Suche nach Gold 240
Venezuela. Abstecher nach Klein-Venedig 244

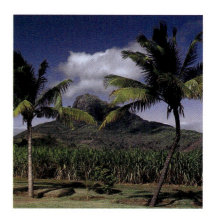

In den Weiten der Ozeane 258

Indien 260
La Réunion 263
Madagaskar 265
Mauritius 268
Seychellen 276
Hawaii 278
Japan 279
Philippinen 281

Das Privileg der Unabhängigkeit 282

Vornehme Zurückhaltung 284
Unterwegs im Süden Europas 294
Der Brückenkopf 299
Zwei besondere Geschichten 302

Rum – Cocktails und Longdrinks 306

Anhang 318

Rum produzierende Länder 318
Bildquellenverzeichnis 320
Impressum 320

Trunkenbold, Seeräuber, Gouverneur

Prolog

Der Name ›Henry Morgan‹ steht heute für eine sehr bekannte, gängige Rum-Sorte (›Captain Morgan‹). Henry Morgan ist jedoch nie ein Rum-Produzent gewesen, sondern einer der wüstesten Trunkenbolde unter der Sonne und einst der am meisten gefürchtete Pirat in der Karibik des 17. Jahrhunderts.

Henry Morgan beginnt sein Unwesen als ein von der englischen Krone legitimierter Freibeuter, der gegen spanische Schiffe auszieht, sie kapert und die Beute mit der englischen Admiralität teilt. Er ist äußerst erfolgreich und kann ein stattliches Vermögen auf die Seite schaffen, denn schließlich ist er auch von einer ordentlichen Portion Gier sowie einer tiefgründigen Habsucht beseelt und kämpft – damals ist sein Rum-Konsum schon legendär – nach dem Friedensschluss zwischen England und Spanien fleißig weiter, plündert und mordet auf eigene Rechnung und soll auch das eine und andere englische Schiff »geschliffen« haben. Im Jahre 1671, nach einem gigantischen Raubzug gegen Panama auf Jamaika verhaftet, wird ihm anschließend in England der Prozess gemacht. Die Anklage ist nicht ohne, das Urteil ebenfalls: Der Freibeuter hat etliche Jahre Kerkerhaft vor sich. Doch schon 1674 wird Henry Morgan unerklärlicherweise begnadigt – und nicht nur das: Er wird zum Ritter geschlagen. Und um dem Ganzen die Krone aufzusetzen, verleiht man ihm von höchster Stelle zunächst den lukrativen Posten des Vizegouverneurs von Jamaika, später auch den des Gouverneurs, und schließlich darf er noch das Amt eines Richters der Admiralität von Port Royal auf Jamaika ausüben.

Gegen Ende seines Lebens vermacht dann »Sir« Henry Morgan, von Trunksucht und schlechtem Gewissen gebeutelt, einen großen Teil seiner erbeuteten Schätze der Kirche und mausert sich in seinen letzten Lebensjahren zu einem gefürchteten Piratenjäger. Im Jahre 1688 segnet er schließlich das Zeitliche. Das ist verbürgt. Nicht bekannt ist hingegen, welche tödliche Krankheit der Sensenmann für ihn bereithielt. Schreiben einige Quellen, er sei an einer seiner vielen Geschlechtskrankheiten zugrunde gegangen, berichten andere davon, Gevatter Tod hätte ihm eine Leberzirrhose auf den Leib geworfen.

Es existiert ein Testament, in dem Henry Morgan all seine Gräueltaten gesteht und um Vergebung bittet. Und noch eine Anmerkung: Der gefürchtete Pirat soll, so berichtet manche Überlieferung, ein miserabler Seemann gewesen sein, der zwar jede Menge Häfen und Städte eroberte, aber keine einzige reine Seeschlacht gewann, sondern, ganz im Gegenteil, mehrere Schiffe durch Navigationsfehler regelrecht in den Sand setzte, an die Kaimauer fuhr oder durch andere Missgeschicke verlor. Wenn dies denn so gewesen ist, war da wohl die eine und andere Gallone Rum im Spiel …

»Der Freibeuter Henry Morgan«. Kolorierter Stahlstich nach einer Zeichnung von Alexandre Debelle (1805–1897)

Mehr als nur eine Spirituose

Mehr als nur eine Spirituose

EIN LEBENSGEFÜHL

»15 men on a dead man's chest, Yo, ho, ho and a bottle of rum.
Drink and the devil had done for the rest. Yo, ho, ho and a bottle of rum.«
Robert Louis Stevenson (1850–1894)

Noch vor wenigen Jahren stellte sich folgendes Bild dar: In den Regalen stand eine kleine Auswahl von verschnittenen Spirituosen, vornehmlich dazu ausersehen, um beispielsweise mit Cola vermischt zu werden, dann wiederum, um an kalten Wintertagen als Hauptbestandteil eines Grogs herzuhalten, und schließlich, um als Backzutat zu dienen. Wer es kräftiger mochte, griff zu einer Flasche, die mit 54 Volumprozent aufwarten konnte. Die Rede ist von Rum. Der Genießer von heute kann auf solcherart Spirituose getrost verzichten.

Szenenwechsel. Denken auch Sie bei dem Wort »Rum« zuallererst an Piraten, an Seeräuberromantik, an Karibik? An grölende Freibeuter, an raufende Matrosen, an die ›Schatzinsel‹ von Robert Louis Stevenson, also an jenen klassischen Abenteuerroman, der Sie als Heranwachsender in eine ferne Welt entführt hat? Falls dem so ist, geht es

Das richtige Glas sollte es schon sein. Ideal für einen Rum ist ein Nosing-Glas.

Ihnen wie vielen anderen Zeitgenossen auch.

Bestimmt haben auch Sie schon den einen oder anderen Longdrink beziehungsweise Cocktail getrunken, der mehr oder weniger Rum enthalten hat. Doch pur? Was beim Malt Whisky als normal gilt, das geschieht mit Rum viel zu selten – ihn pur aus einem Nosing-Glas zu trinken, jenem Glas mit der tulpenartigen Form, einem Sherry-Glas ähnlich, allerdings etwas größer. Haben Sie Rum also schon einmal pur genossen? Nein? Dann wird es Zeit, denn Rum ist wohl die am meisten verkannte Spirituose in der Genusswelt – und Rum ist der Stoff, der Träume gebiert.

Die Suche nach dem richtigen Rum

Nach neuesten Schätzungen gibt es (inklusive des brasilianischen Cachaça) circa 16 000 verschiedene Rums auf dieser Welt, wobei die Geschmacksvielfalt schier unendlich ist.

Die Qual der Wahl wird ein wenig abgemildert, wenn Sie sich irgendwann für eine der zwei grundlegenden Rum-Arten entschieden haben. Die erste wird aus Melasse gebrannt, die bei der Produktion von Zucker übrig bleibt, die andere aus frisch gepresstem Zuckerrohrsaft destilliert. Und schließlich gibt es noch einige wenige Rum-Sorten, die direkt aus Zuckerrohr gebrannt werden. Der Rhum Agricole aus Zuckerrohrsaft ist frischer, hat subtilere Noten, zudem einen ganz eigenen Charakter. Er findet schnell Freunde unter denjenigen, die gerne einen Whisky oder einen Cognac trinken. Rum aus Melasse dagegen ist meist

Die Suche nach dem richtigen Rum

süßer und wirkt durch Aromen wie Rum-Rosinen oder Schokolade, Toffee oder überreife Bananen schwerer.

Damit Sie sich ein Bild von all den verschiedenen Rums machen können, bleiben Ihnen Verkostungen nicht erspart – was nicht zwangsläufig mit negativen Erfahrungen einhergehen muss, denn es gibt, weiß Gott, schlimmere Schicksale auf dieser Welt. Aber genau hier beginnt die Qual der Wahl: Womit sollte man anfangen? Sogenannte leichte Rums, also meist weiße oder sehr junge Rum-Sorten, eignen sich nicht unbedingt dazu, sie genussvoll pur zu trinken, weil es ihnen an Tiefe, Komplexität und Aromenreichtum fehlt. Natürlich gibt es auch hier Ausnahmen (auf die noch näher eingegangen wird), doch größtenteils werden jene Rums in der Cocktailwelt eingesetzt. Bei dieser Art von Rum ist der Herstellungsprozess in der Regel sehr reduziert: kurze Fermentation, vereinfachte Destillation und keine nennenswerte Lagerung lassen einen eher »zurückhaltenden« Rum entstehen.

Dagegen sind beispielsweise Rums aus Jamaika, die eine recht lange Zeit der Fermentation hinter sich haben, in »Pot Stills« destilliert und in Holzfässern gelagert werden, viel intensiver in Nase und Geschmack, wobei vor allem die Lagerung in Eichenfässern, in denen zuvor Whisky oder Rotwein (Bordeaux), Sherry oder Cognac gereift ist, zu einem umfangreichen Aromenspektrum beiträgt. Aus all diesen Komponenten entsteht eine enorme Vielfalt. Die Dauer der Lagerung ist bei Rum anders zu bewerten als bei vergleichbaren Spirituosen. Weil Rum, durch das Klima in der Karibik bedingt, etwa zwei- bis dreimal schneller reift als zum Beispiel ein Whisky in Schottland, ist der Reifungsprozess eben auch schneller abgeschlossen. So hätte ein siebenjähriger Rum wenigstens 15 Jahre im Fass gelagert werden müssen, wäre er in Schottland gereift.

Der Rum ist fertig, wenn er fertig ist. Das finden die Master Distiller durch Proben heraus, wobei ihre langjährige Erfahrung zu einer Routine geführt hat, die durch ein noch so breites theoretisches Wissen nicht zu ersetzen ist.

Ein wichtiger Punkt ist auch das Blending – eben weil die meisten Rums geblendet werden. Es werden also Rum-Sorten aus unterschiedlichen Fässern und Jahrgängen miteinander vermählt – wodurch das Geschmacksspektrum deutlich erweitert wird. Werden übrigens von einer Rum-Marke verschiedene Rums angeboten, so kommen in den meisten Fällen alle geblendeten Rum-Sorten aus ein und derselben Destille.

Ohne ständige umfassende Qualitätskontrolle kommt heute keine Brennerei mehr aus.

The time flies when you're having rum

Wenn Sie schließlich mit der Verkostung beginnen und Ihre ersten Erfahrungen sammeln, werden Sie relativ schnell Ihre bevorzugte Linie finden. Der eine mag es lieber süß, der nächste eher würzig, der dritte liebt es blumiger. Aber Sie werden immer wieder Überraschungen der angenehmen Art erleben.

Vielleicht werden Sie sich mit einem ›Agricole‹ anfreunden, womöglich auch einen Rum aus Australien lieben lernen. Dirk Becker beispielsweise hat bis heute um die 1 800 Rums verkostet, und in seiner Bar beziehungsweise seinem Laden sind mehr als 700 Rumsorten versammelt. Langweilig ist es ihm dabei nie geworden. Falls Sie nun bereit sind, in Sachen Rum auf Entdeckungsreise zu gehen, brauchen Sie entweder einen Händler Ihres Vertrauens, eine gut sortierte Bar mit versiertem Personal oder auch einen etablierten Internetshop mit einer entsprechenden Auswahl.

Probieren Sie Ihren ersten ›Doorlys‹ aus Barbados oder einen ›Angostura‹ aus Trinidad, einen ›Appleton Extra‹ aus Jamaika, einen ›Centenario‹ aus Costa Rica oder einen ›Diplomático‹ aus Venezuela. Lassen Sie sich ein auf eine Weltreise mit einem Glas Rum in der Hand. Auf Ihrem Weg werden Sie dann vielleicht auch etwas selteneren Einzelfassabfüllungen begegnen. Während Ihres Streifzugs mögen Sie hin und wieder auch auf einen Spiced Rum stoßen, der durchaus seine Fangemeinde hat – wie auch der Rhum Agricole, dessen Heimat vor allem in den Destillen zu finden ist, die sich schon vor langer Zeit in den französischen Überseedépartements Martinique und Guadeloupe angesiedelt haben.

Die Liste ließe sich an dieser Stelle endlos weiterführen, aber das Abenteuer, Rum geschmacklich zu erfahren, sollten Sie schon selbst bestehen. Damit nicht genug, lässt sich das Spektrum auch noch um ein Vielfaches multiplizieren. Denn Rum hat die Eigenschaft, sich aufs Beste mit anderen Genussmitteln zu verstehen. So sollten Sie einmal ein Stück Schokolade zum Rum probieren oder eine ausgesuchte Zigarre dazu rauchen. Rum und Käse ist ebenfalls ein geschmackliches Erlebnis der aufregenden und anregenden Art – und ja, ganze Menüs lassen sich vorzüglich mit einigen Gläsern Rum begleiten. Und sollten Sie einmal Urlaub in der Karibik machen und eine Destille besuchen, dann werden Sie weitere interessante Erfahrungen sammeln. Dennoch: Was Sie auch anstellen mögen – ein Leben allein wird nicht ausreichen, um alle Rums dieser Welt kennenzulernen.

Am Anfang war das Zuckerrohr

Am Anfang war das Zuckerrohr

Begehrt und teuer

»Enthaltsamkeit ist eine wunderbare Sache – wenn sie in Maßen praktiziert wird.«

Redensart aus den Vereinigten Staaten

Rum ohne Zucker? Das ist wie Suppe ohne Salz. Mehr noch: Lässt sich eine Suppe auch ohne Salz zubereiten, ist der Zucker beziehungsweise das Zuckerrohr beim Rum unerlässliche Grundvoraussetzung. Wer die einschlägige Literatur zum Thema »Zucker« studiert, der findet recht unterschiedliche Angaben zu Datierung und Herkunft der Pflanze ›Saccharum officinarum‹, wie der lateinische Name für »Zuckerrohr« lautet. Da ist die Rede davon, dass um 10 000, eventuell auch um 6 000 vor Christus erstmals in Papua-Neuguinea Zuckerrohr geerntet wird, dann wird China als Ursprung angegeben, auch Indonesien, und schließlich werden die Philippinen und Indien genannt. Ergo weiß man nichts Genaues, und so sollten wir diese Diskussion ad acta legen. Einigen wir uns doch darauf: Der Ursprung des Zuckerrohrs ist im asiatischen Raum anzusiedeln.

Fest steht dagegen: Im ersten Jahrhundert nach Christus gelangt die Zuckerrohrpflanze auf Handelswegen in den Nahen

»Die Zuckerrohrpflanze«. Kolorierter Kupferstich aus dem Jahre 1790

Harte Knochenarbeit auf der einen Seite, große Gewinne für die »Zuckerbarone« auf der anderen

Osten, und der gewonnene Zucker hält, wenn auch recht langsam, über die mediterranen Länder Einzug in Mitteleuropa. Dann erfährt er durch eine Entdeckung einen enormen Schub: Kristallisiert ist er sehr lange haltbar und nun auch ohne große Probleme zu transportieren. In der Folge steigen Angebot wie Nachfrage stetig. Gleichwohl bleibt der Zucker ein Symbol für Reichtum und Macht, ist er doch horrend teuer, wohl auch deshalb, weil das aus dem Zuckerrohr gewonnene Genussprodukt zu jener Zeit (im späten Mittelalter) neben Honig das einzig verfügbare Süßungsmittel ist.

Christoph Kolumbus ist es, der 1493 auf seiner zweiten Fahrt in die Karibik die Süßungsmittel liefernde Pflanze nach Hispaniola bringt, auf jene Insel, die sich heute die Dominikanische Republik und Haiti teilen. Von hier aus verbreitet sich die Pflanze relativ schnell über die gesamte Karibik, und es entstehen zahlreiche Plantagen, die ihren Besitzern, recht bald als »Zuckerbarone« bekannt, ansehnliche Einkünfte bescheren.

Das liegt zum einen an der Ergiebigkeit der Pflanze, zum anderen – und vor allem – an den billigen »Lohnkosten«, denn der vermehrte Sklavenhandel sorgt für einen praktisch nie versiegenden Nachschub an Arbeitskräften, und schon bald schuften Tausende von Sklaven auf den Zuckerrohrfeldern.

Rum – was ist das eigentlich?

Bis zu diesem Zeitpunkt ist Rum noch kein Thema. Der Abfall der Zuckerproduktion, die sogenannte Melasse, dient als Nahrung für Sklaven und Tiere.

Erneut ist es dann eine (zufällige) Entdeckung, die den Einsatz von Zucker in einem anderen Aggregatzustand ermöglicht: Mit Wasser vermengt, setzt bei der Melasse eine Gärung ein, und es entsteht eine Art Zuckerwein. Das führt schließlich gegen Ende des 17. Jahrhunderts zu Überlegungen, wie mit dem Abfallprodukt Melasse noch mehr zu verdienen sein könnte: Umgewandelt in einen Brand, verheißt das im Verhältnis zum Wareneinsatz eine enorme Gewinnspanne. Schnell ist auch ein Name gefunden: »Eau de Vie« beziehungsweise »Aguardente«. Die Portugiesen nennen den Brand dagegen »Cachaça«, die Spanier »Berbaje«, die Engländer »Kill Devil«, auch »Rum Bullion«.

Das Ergebnis damaliger Brennkunst muss recht grausig geschmeckt haben. Das Destillat wird beschrieben als »ölig«, »scharf«, »stinkend« und »bitter« – ein Geschmack jedenfalls, den der seinerzeitige »Genießer« nicht so schnell los wird und der auch erklärt, weshalb der Rum damals noch mit den Namen »Feuerwasser« oder »Heiß brennendes Wasser« bedacht wird, denn nichts anderes heißt »Aguardente«. Das ändert sich erst um die Mitte des 18. Jahrhunderts, als sich die Destilliermethoden allmählich verbessern. Ausdruck dieser Entwicklung ist auch das wohl erste Buch zu diesem Thema (›The Complete Distiller‹), das im Jahre 1757 erscheint. In der Zeit danach wird Rum dann immer beliebter – und ihm spielt mitunter auch die Natur in die Hände: Das Ausbleiben der Getreideernte in England (1845) wie auch die Reblausplage in Frankreich (1862/63) tragen nicht unwesentlich zu seinem Erfolg bei, denn Whisky und Cognac werden knapp. In ihrer Not destillieren sogar die Briten selbst in Bristol und London Rum, und auch in Deutschland finden nicht wenige Zeitgenossen Gefallen daran. Aber das ist eine andere Geschichte …

Zu jener Zeit entwickeln sich die Destilliermethoden kontinuierlich weiter. Wird das Verfahren im Umgang mit den sogenannten »Pot Stills« immer ausgefeilter, so sorgt dann 1831 ein irischer Steuerbeamter für einen Meilenstein – Aeneas Coffey heißt der gute Mann, und noch heute ist der Begriff »Coffey Still« allgemein gebräuchlich. Coffey setzt beim Destillieren eine zweite Säule ein (Rektifikator), die mit der ersten (Analysator) verbunden ist, und verbessert somit ein Verfahren, »Column Still« genannt, mit dem rund fünf Jahre zuvor der schottische Destillateur Robert Stein erstmals erfolgreich gearbeitet hat.

Abschließend lässt sich feststellen: Schon recht früh gibt es also zwei Destilliermethoden: die Variante »Pot Still«, die einen schwereren Rum, und die Variante »Column Still«, die einen leichteren Rum hervorbringt. Außerdem sorgen beide Verfahren für einen – im Vergleich zu früheren Methoden – besseren Destilliervorgang, wodurch vornehmlich mehr Rum erzeugt werden kann. Und auch der allgegenwärtige Fiskus freut sich: Die bei diesen Verfahren produzierten Mengen lassen sich sehr gut kontrollieren – und somit genauer besteuern.

Zurück zur Entstehung des Rums

Im Grunde haben wir es der ›Royal British Navy‹ zu verdanken, dass Rum allmählich die Welt erobert hat. Eines der Probleme der damaligen Zeit: Wasser fault, Bier wird sauer. Auf Jamaika, Basis der ›Royal Navy‹, entdecken die Briten ein Getränk, das an Bord der französischen Schiffe getrunken wird und offensichtlich zu einer recht heiteren, mitunter gar ausgelassenen Stimmung führt.

»Die Zuckerfabrikation (Walzen des Zuckerrohrs)«. Farblithographie aus dem Jahre 1900

Nachgefragt, was das denn sei, lautet die Antwort: »Kill devil«, ein Brand aus Zucker, genauer aus Skimming, also aus dem Schaum, der beim Kochen des Zuckerrohrsafts entsteht und der auf Barbados hergestellt wird. Jetzt ist auch geklärt, warum Barbados als Geburtsstätte des Rums gilt. Richard Ligon, ein englischer Adliger, der bereits drei Jahre auf Barbados lebt, um sein Glück in der Neuen Welt zu versuchen, schreibt darüber in einem Buch.

Somit ist der schriftliche Beweis erbracht, dass bereits 1647 Rum auf Barbados produziert, verkauft und konsumiert wird. Der damalige Admiral und Befehlshaber über die britische Flotte in der Karibik, William Penn, beschließt dann im Jahre 1655, die Matrosen mit einer Solderhöhung in Form von einer Portion »Kill Devil«, später »Rum Bullion«, bei Laune zu halten. Es dauert wohl noch etwas weniger als 80 Jahre, ehe die Rum-Ration offiziell in die Statuten der ›Royal Navy‹ aufgenommen wird. Das geschieht dann im Jahre 1731.

Britische Matrosen und Offiziere stehen Schlange, um sich ihre Rum-Ration abzuholen. Entsprechend der Aufschrift auf dem Fass werden sie sie auf des Königs Wohl trinken.

ZURÜCK ZUR ENTSTEHUNG DES RUMS 27

Wie der Rum in die Flasche kommt

Wie der Rum in die Flasche kommt

NOTIZEN ZUR RUM-HERSTELLUNG

»Die Göttin hat mir Tee gekocht und Rum hineingegossen.
Sie selber aber hat den Rum ganz ohne Tee genossen.«

Heinrich Heine (1797–1856)

Die Herstellung des flüssigen Goldes namens Rum ist ein Prozess, der seit Jahrhunderten mit vielen Emotionen verbunden ist. Hier spielen tradierte Sitten mit, hier nehmen Persönlichkeit und Erfahrung des jeweiligen Master Blenders Einfluss auf das Produkt, und hier begleiten Leidenschaft und Schweiß nicht wenige Arbeitsschritte.

Am Anfang steht das Aussetzen der Zuckerrohrstecklinge, jener kleinen Stücke aus dem unteren Bereich der »Zuckerrohrhalme«, die zwei bis vier Knoten aufweisen; das ist der Bereich der Sprossachse, an der ein oder mehrere Blätter ansetzen. Frühestens nach neun, spätestens nach 24 Monaten kann dann das erste Mal geerntet werden. Das relativ große Zeitfenster hat unter anderem mit dem Klima und der Bodenbeschaffenheit zu tun. Beide Faktoren haben zwar bei der Rum-Erzeugung nicht die hohe Bedeutung, wie das beispielsweise beim Wein

Vorangehende Doppelseite: Detail der alten Zuckermühle ›Betty's Hope‹ auf Antigua

Bei der Zuckerrohrernte werden die Halme unmittelbar über dem Boden abgetrennt.

> **DIE ZUCKERPRODUZENTEN**
> Die weltweit größten Zuckerproduzenten sind Brasilien mit einer jährlichen Produktion von über 24 Millionen, Indien mit rund 22 Millionen und China mit etwa 11 Millionen Tonnen.

Zwei historische Ansichten einer Rum-Destille in Westindien. Kolorierte Kupferstiche aus dem Jahr 1823

Nachfolgende Doppelseite: Zuckerrohrernte auf Mauritius (Provinz Flacq)

der Fall ist, aber zumindest einen nicht unwesentlichen Einfluss auf den Zuckergehalt; und der sollte recht hoch sein. Wann schließlich der optimale Zeitpunkt für die Ernte gekommen ist, hängt also vom Zuckergehalt der Pflanze ab; regelmäßig entnommene Proben sind deshalb erforderlich, um ihn zu kontrollieren. Erst wenn die Werte ein hervorragendes Produkt versprechen, wird das Rohr geschlagen. Aktuell werden übrigens, je nach Land, zwischen zwölf und rund 600 Zuckerrohrsorten (allein in Brasilien) verwendet. Die Ernte kann sowohl von Hand als auch maschinell erfolgen. Wofür man sich letztendlich entscheidet, ist zum einen von der Firmenphilosophie, zum anderen von den Mengen abhängig, die produziert werden sollen. Bleibt noch anzumerken, dass in manchen Ländern eine Zuckerrohrplantage mehrfach abgeerntet wird (mitunter bis zu acht Mal, also über acht Jahre lang). Noch etwas darf an dieser Stelle nicht unerwähnt bleiben: Viele Destillen kaufen Melasse hinzu oder haben gar keine eigenen Felder, sodass sie die komplette Melasse kaufen. Sie haben daher mit der gerade beschriebenen ersten Stufe nichts zu tun. Überhaupt dient der Anbau von Zuckerrohr immer noch in erster Linie der Herstellung von Zucker. Und selbst die Länder, in denen Zuckerrohr angebaut und Rum hergestellt wird, kaufen oftmals Melasse hinzu, um ihren Bedarf zu decken.

Zur Melasse selbst: Melasse ist die nach der Produktion von Kristallzucker übrig bleibende dunkle, zähe Masse, die genügend Zucker enthält, um sie der Destillation zuführen zu können. Wichtig ist dabei, dass die Melasse nicht zu stark erhitzt worden ist, denn dann hat sie einen unangenehmen Beigeschmack, der sich durch Destillation nicht wegschaffen lässt.

Allgemein herrscht die Auffassung, dass Melasse ein Abfallprodukt der Zuckerindustrie ist. Das stimmt jedoch so nicht. Richtig ist dagegen, dass ab einem bestimmten Punkt der Zucker nicht mehr kristallisiert und eben jene konzentrierte, klebrige, dunkle Masse namens Melasse übrig bleibt, die aber dennoch zwischen 40 und 50 Prozent Zucker enthält sowie über viele Mineralien und Vitamine verfügt. Außerdem hat sie antioxidante Eigenschaften und ist damit sehr gesund. Melasse wird schon lange in medizinischen Bereichen eingesetzt, und eigentlich sollte jeder täglich wenigstens einen Teelöffel Melasse zu sich nehmen. Das jedoch nur am Rande.

Wird von Hand geerntet, ist der Einsatz der Rohrschneider gefragt. Mit ihren Macheten schlagen sie das Zuckerrohr kurz über dem Boden ab, um anschließend Spitzen und Blätter zu entfernen. Ein harter, Schweiß treibender Job; denn

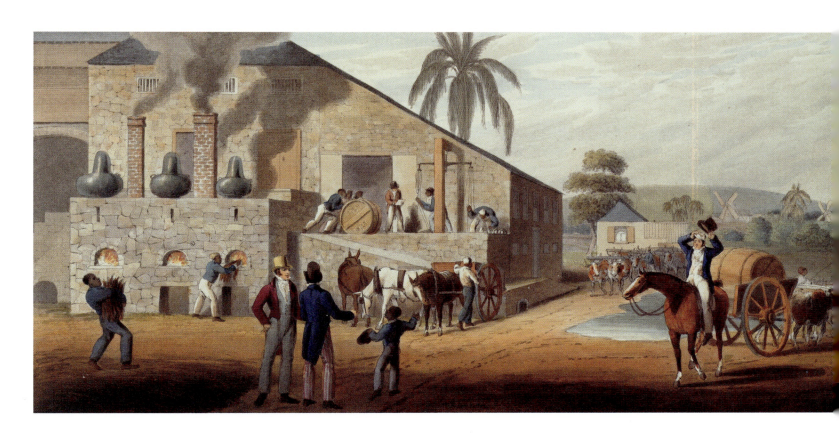

NOTIZEN ZUR RUM-HERSTELLUNG

Nicht selten wird das geschlagene Zuckerrohr noch mit Ochsenkarren zur Mühle transportiert.

von einem Arbeiter wird erwartet, dass er im Schnitt mindestens drei Tonnen täglich schlägt. Früher wurde ein abgeerntetes Feld häufig in Brand gesetzt, um abgestorbene Pflanzen zu beseitigen. Glücklicherweise findet diese Methode immer seltener Anwendung.

Da das Rohr nach dem Schlagen an Zuckergehalt verliert und sich Bakterien sofort an den Schnittstellen zu schaffen machen, muss das Zuckerrohr eilends zur Mühle transportiert werden. Ein alter Spruch, der auf den Plantagen Jamaikas seit Generationen in aller Munde ist, verdeutlicht, dass sehr schnell gehandelt werden muss: »From kill to mill in twenty four (hours).«

Bei der mechanischen Ernte kann naturgemäß mehr geerntet werden, und auch der Transport zur Mühle geht schneller und reibungsloser vonstatten. Allerdings kommt das solcherart geerntete Zuckerrohr nicht ganz an die Qualität heran, die das von Hand geschlagene aufweist, sind doch die Maschinen nicht in der Lage, alle Spitzen und Blätter zu entfernen. Zudem ist der Einsatz der schweren Maschinen im Hinblick auf die Qualität des Bodens nicht gerade förderlich. In der Mühle angekommen, wird das Rohr von sich gegenläufig drehenden Walzen zerrissen und zerquetscht, um den Saft auszupressen. Jetzt geht es um die Frage, ob Zucker und danach Rum aus der Melasse hergestellt oder aber Rhum (Rhum Agricole) aus frischem Zuckerrohrsaft destilliert werden soll, weshalb sich an dieser Stelle der Produktionsprozess zunächst einmal gabelt, um dann wieder einem identischen Ablauf zu folgen: Aus beiden Ausgangsstoffen – Melasse oder Zuckerrohrsaft – wird jetzt mithilfe von Hefe die Fermentation eingeleitet.

> **IMPORTIERTES KNOW-HOW**
> Nach der Entdeckung Amerikas dauert es eine ganze Weile, bis von einem Einwanderungsstrom, der die Neue Welt zum Ziel hat, gesprochen werden kann. Mit der Zeit jedoch sind es regelrechte Einwanderungswellen, die den Doppelkontinent erreichen, wobei zahlreiche Europäer in der Karibik eine neue Heimat finden. Nicht wenige von ihnen bringen natürlich ihr Wissen mit, das sie in bestimmten Bereichen ihres angestammten Berufsalltags erworben haben. So verhält es sich auch mit dem Know-how des Destillierens, etwa von Wein für Brandy. Auch die Rum-Herstellung wird davon profitieren.

Ein entscheidender Faktor: Die Fermentation

Die Fermentation ist ein ganz entscheidender Faktor bei der Rum-Herstellung, denn bei diesem Produktionsabschnitt wird die Grundlage für die Bildung von Aromen gelegt. Hierbei spielt der gezielte Einsatz von Hefe die wichtigste Rolle.

Hefe ist ein lebendiger pilzlicher Organismus, der Zucker in Alkohol und Kohlendioxid umwandelt. Allerdings wandelt die Hefe den Zucker nicht einfach nur um, sondern erzeugt, um nur einige Substanzen zu nennen, unter anderem auch Äthanol, Bentonol und Propanol. Außerdem: Je nach Einsatz der Hefe kann der Distiller über Alkohole verfügen, die ein recht hohes Molekulargewicht aufweisen (was später bei der Destillation wichtig ist). Hefe ist darüber hinaus für chemische

Melassefermentation zur Rum-Herstellung

Reaktionen verantwortlich, die Geschmacksstoffe wie beispielsweise Aldehyde und Ester entstehen lassen.

All das erklärt, warum Hefe bei der Rum-Herstellung einen solch hohen Stellenwert hat. Viele Destillen züchten daher ihre eigenen Stämme, während andere abgepackte Industriehefe nutzen, wohingegen wilde Hefen kaum noch Verwendung finden. Das Spektrum ist hier breitgefächert, verfügt es doch über etwa 700 Spezies, die darüber hinaus noch etliche Varianten bereithalten.

Einfluss auf das Ergebnis der Fermentation nimmt auch der Faktor Zeit. Je nachdem, was für ein Typ Rum – eine eher leichte oder eine eher starke Sorte – hergestellt werden soll, schwankt die Gärzeit zwischen sechs Stunden (Turbohefen für industrielle Massenprodukte) und sieben Tagen, wobei der Durchschnitt bei etwa 24 bis 36 Stunden liegen dürfte.

Was mitunter einfach klingt, ist in Wirklichkeit sehr komplex: Bei der Fermentation entsteht Wärme, und sehr viel Wärme beschleunigt den Prozess erheblich. Das kann dann zu einem frühzeitigen Ende der Fermentation führen, weil die Hefen hierbei absterben. Die Folge wäre dann eine schwache Maische, die wiederum keinen guten Rum hervorbringen kann. Somit wird der offene Gärbottich in den meisten Fällen gekühlt. Es gibt auch Betriebe, die sich für ein System entschieden haben, bei dem in geschlossenen Tanks fermentiert wird. Das dauert zwar etwas länger, ist dafür aber sehr gut zu kontrollieren; hier lässt sich bei einer konstanten Temperatur von 30 Grad Celsius »bequem« fermentieren. Das Ergebnis ist ein Zuckerwein, der zwischen 6 und 10 Volumprozent Alkoholgehalt aufweist.

Schon lange gibt es keine Sklavenarbeit mehr, aber viele Arbeiten in den Zucker- und Rum-Fabriken sind wie ehedem äußerst anstrengend. Da ist jede Pause willkommen.

Wie nicht selten bei der Rum-Herstellung, bei der es einerseits auf Erfahrung, andererseits auf Intuition ankommt, lässt sich auch hier nicht so ohne weiteres sagen, welches Verfahren nun das bessere ist. Während bei der geschlossenen Variante der gesamte Prozess länger dauert, jedoch nicht so intensiv kontrolliert werden muss, verhält es sich bei der Variante der offenen Gärung eben genau umgekehrt. Letztendlich entscheidet die Philosophie des jeweiligen Produzenten, welche Art der Fermentierung genutzt wird. Eine Ausnahme ist lediglich dann gegeben, wenn ein Rhum Agricole mit ›AOC‹-Siegel erzeugt werden soll, denn in diesem Fall muss stets offen vergärt werden.

Der nächste Schritt: Die Destillation

Nach der Fermentation erhält man eine leicht alkoholische Flüssigkeit; sie hat, wie schon erwähnt, einen Alkoholgehalt von circa 6 bis 10 Volumprozent. Ein derart geringer Alkoholanteil entspricht natürlich noch lange nicht der Vorstellung von einem guten Rum.

Jetzt sind die Destillateure gefragt, die in der Folge der fermentierten Flüssigkeit erstmal Wasser entziehen. Dabei machen sie sich die Eigenschaft zunutze, dass Alkohol schon bei 78,3 Grad Celsius kocht, Wasser jedoch erst bei 100 Grad Celsius. Also wird der Alkohol dem Wasser in Form von Dampf entzogen, bevor er kondensiert und wieder flüssig wird. Grundsätzlich werden hierbei zwei Verfahren angewandt: die Blasendestillation, auch bekannt als »Pot Still«, und die Säulendestillation, in der Regel »Column Still« genannt. Die Flüssigkeit, die beim Prozess der Destillation entsteht, wird schlicht und einfach »Destillat« genannt (»Single Distillate«). Da die meisten Rums zweimal destilliert werden, erhält man durch diese Methode einen höheren Alkoholgehalt, zugleich auch einen reineren Rum als bei nur einem Destillationsvorgang. Warum dieser Aufwand? Wie bereits erwähnt, enthält die Maische unterschiedliche Alkohole. Man unterteilt sie in leichte und schwere Alkohole, die alle unterschiedliche Siedepunkte haben und natürlich unterschiedliche Aromen mit sich führen. Außerdem enthält Maische auch Methanol – ein Stoff, den natürlich kein Hersteller in einem

seiner Endprodukte haben möchte. Die Kunst des Brennens besteht nun darin, genau zu wissen, welche Aromen letztendlich das Produkt auszeichnen sollen – und wann diese Aromen während des Fertigungsprozesses auftauchen, damit man sie trennen kann.

Um es auf einen allgemeinverständlichen Nenner zu bringen: Man leitet Vor- und Nachlauf um und fängt das Herz, den Mittelstrahl, auf. Bei »niedrigen« Temperaturen verdampfen zuerst flüchtige Stoffe, wie eben Methanol, weshalb der Vorlauf abgetrennt wird. Das Herzstück wird dann für den Rum verwendet. Der Nachlauf wird erneut abgetrennt, denn hier sind Fusel enthalten. Mit dieser Methode lassen sich aromareichere Rum-Sorten produzieren. Je mehr Zeit man sich nimmt, was bedeutet, mit weniger Hitze zu arbeiten beziehungsweise langsamer Hitze zuzuführen, umso besser wird das Ergebnis. Bleibt noch zu erwähnen: Auch die Form der Kupferkessel und die Beschaffenheit der aufgesetzten Hälse haben Einfluss auf das spätere Aroma.

Offene Fermentationstanks auf dem Gelände von ›Betty's Hope‹ auf Antigua

Ein grosszügiger Schotte – und ein Ire bedankt sich

Im Laufe der Zeit haben sich die einzelnen Methoden naturgemäß weiterentwickelt, wobei zwangsläufig auch verschiedene Varianten entstanden sind. Am häufigsten anzutreffen ist jene mit sogenannten »Kolben«. Die ebenfalls aus Kupfer bestehenden Kolben enthalten entweder »niedrige« oder »hohe« Weine aus der vorangegangenen Destillation, kommen nach der Blase zum Einsatz und sind miteinander verbunden. Mit ihnen lassen sich sehr stark konzentrierte, zudem äußerst aromareiche Rum-Sorten erzeugen.

Nahezu jeder Destillateur hat über die Jahre seinen eigenen Still entwickelt. Richard Seale aus Barbados zum Beispiel kühlt seine Kolben. Dadurch kondensiert ein Teil des Dampfs noch im Kolben und fällt in die Flüssigkeit zurück. Diese Methode nennt man »Reflux«. Sie führt zu einem leichteren Destillat, was manchmal als stechend in der Nase empfunden wird. Es gibt noch einige andere Varianten, in denen beispielsweise in einem hölzernen Bottich gekocht wird. Das »Pot Still«-Verfahren ist eindeutig die aufwändigste Methode, die man bei der Rum-

> **Die »Pot Still«**
> Eine »Pot Still« ist ein Kupferkessel, der im Wesentlichen aus drei Teilen besteht:
> - dem Kessel, in dem die Maische in einem Schwung gekocht wird (Batch-Verfahren),
> - dem Kondensator, der den Dampf aus dem Kessel kühlt, und
> - dem sogenannten Schwanenhals, der Kessel und Kondensator verbindet.

›River Antoine‹ auf Grenada ist eine der wohl ursprünglichsten Destillen, die in der Karibik produzieren.

Herstellung kennt. Gleichwohl betreiben nicht wenige Destillateure gerne dieses Mehr an Aufwand, um schließlich einen Rum anbieten zu können, der sich durch eine einnehmende Aromenvielfalt auszeichnet.

Die »Column Still«, auch »Säulendestillation« genannt, ist ursprünglich entwickelt worden, um größere Mengen erzeugen zu können als beim »Pot Still«-Verfahren möglich. Gleichzeitig gewährleistet diese Methode eine sehr viel bessere Kontrolle über die zu versteuernden Mengen.

Eine solche Anlage taucht erstmals im Jahre 1827 auf – Robert Stein heißt der Mann, der sie konstruiert. Der Schotte ist allerdings nicht clever, vielleicht auch nicht schnell genug, denn drei Jahre darauf meldet der schon des öfteren erwähnte, im irischen Dublin geborene Aeneas Coffey das Patent für dieses Verfahren an, nachdem er die Methode noch etwas verbessert hat. Bekanntlich wird der Destillationsapparat auch »Coffey Still« genannt.

Auch als »Kontinuierliche Destillation« bekannt, kommt dieses System ohne Kessel aus. Man erzeugt einen höheren Ausstoß, der obendrein weniger Fuselöle enthält. Dabei kann man, wenn es gewünscht ist, einen Alkoholgehalt von sage und schreibe 98,5 Volumprozent erreichen.

Wie funktioniert nun dieses System? Die Maische wird kontinuierlich in die erste Säule geleitet, in der sich mehrere Kupferplatten befinden. Jene Platten sind gelocht, sodass die Maische von oben nach unten fällt. Von unten wird nun heißer Wasserdampf eingeleitet, der aufsteigt und der Maische auf ihrem Weg nach unten den Alkohol entzieht. Ist sie schließlich am Boden angekommen, enthält sie keinen Alkohol mehr. Das Dampfgemisch wird nun über ein Rohr in den Boden der zweiten Säule, den »Rektifikator«, geleitet, von dem es erneut aufsteigt. Hier trifft das Gemisch auf ein Rohr, das die abgekühlte Maische enthält. Während die Maische gewärmt wird, kondensiert ein Teil des Dampfes eben an diesem Rohr. Die schweren Komponenten werden flüssig und fallen nach unten, die leichten Stoffe steigen als Dampf weiter auf, bevor sie dann endgültig kondensieren. Mit dieser ausgeklügelten Technik kann man sehr gut die leichten und schweren Stoffe voneinander trennen.

Natürlich kommt es selten zu einem Stillstand – so auch bei den Destillationsverfahren. Irgendwann wird dann die »Drei-Säulen-Anlage« entwickelt, bei der ein Zwischenschritt eingebaut wird, während später auch noch »Mehr-Säulen-Anlagen« entstehen (die zum Beispiel ›Bacardi‹ zu großem Erfolg verholfen haben). Aufgrund der vielen Zwischenschritte lässt sich nun eine große Bandbreite an Rum-Stilen erzielen. Es gibt sogar eine Rum-Art, die ausschließlich in diesem Verfahren produziert wird. Gemeint ist der Rhum Agricole. Doch mit ihm beschäftigen wir uns an anderer Stelle …

Vorangehende Doppelseite: Alte Destille des Rum-Herstellers ›Havana Club‹ in Kubas Hauptstadt

Durchsichtig und klar

Nach der Destillation steht der nächste Schritt an, ein Schritt, der sehr entscheidend ist für das Gelingen eines guten Rums. Gemeint ist der so wichtige Prozess des Reifens.

Egal, ob das Alkoholgemisch, das ja noch ein guter Rum werden soll, nach der »Pot Still«- oder der »Column Still«-Methode destilliert worden ist – wenn es den Destillationsapparat verlässt, ist es durchsichtig und klar. Sofern die Flüssigkeit zum Schluss immer noch diese »Farbe« aufweist, haben wir es mit »weißem Rum« zu tun, obwohl weiß weder durchsichtig noch klar ist. Um schließlich einen wirklich guten Rum zu erzielen, ist das nun beginnende Reifen in Fässern unabdingbar.

Die meisten weißen Rums, die man heute kaufen kann, sind gelagert. Das geschieht zum einen in Stahltanks, die von innen belüftet werden, zum anderen in Holzfässern, wobei die Dauer der Reifung recht unterschiedlich sein kann. Drei Monate sind hier das Minimum, aber es können auch schon einmal sechs Jahre sein. Hier drängt sich natürlich die Frage auf, wie ein Rum nach sechs Jahren Lagerung weiß sein kann. Die Antwort: Er wird, meist über Holzkohle, gefiltert, bis er seine ursprüngliche »Farbe« wieder offenbart.

Lagerhalle der Rum-Destille ›Mount Gay‹ auf Barbados

Der Geschmack eines Rum hängt nicht unwesentlich von der Art und Weise seiner Lagerung ab. Die Wahl des richtigen Fasses ist dabei von großer Bedeutung.

Geschmack kommt nicht von ungefähr

Eichenholz enthält natürlichen Zucker und auch Vanillin. Durch das »Toasten«, wie das Ausbrennen der Fässer auch genannt wird, werden diese Stoffe im Holz aktiviert und können somit als Aromen in den Rum übergehen: Das Fass saugt sich mit Rum voll, und das Destillat nimmt das Holz in sich auf. Das erklärt auch die Holztöne, die der Genießer sehr oft in der Nase hat beziehungsweise die sich im Geschmack wiederfinden.

Schließlich ist beim Reifeprozess auch der Austausch mit Luft sehr wichtig, wodurch sich beim Rum unterschiedliche Geschmacksnuancen entwickeln lassen. Insgesamt ist bei diesem Procedere eine gewisse Umsicht geboten: Ein Rum, der zu stark von Holztönen geprägt ist, schmeckt recht eindimensional – eben deshalb, weil hier andere vorhandene Geschmacksnuancen, wie etwa Beeren oder Honig oder Vanille, überfrachtet werden und deshalb nicht zur Geltung kommen.

Das Typische eines Rums hängt natürlich nicht nur von der Länge der Lagerung beziehungsweise Reifung ab. Jede Destille hat ihre ganz bestimmten Geheimrezepte. So wechseln manche des öfteren die Fässer (»First Fill, Second Fill, Third Fill«), andere lagern ihre Fässer eine bestimmte Zeit in klimatisierten Räumen, wieder andere in luftiger (kühlerer) Höhe, und hier und da kommt auch das von der Brandy- und Sherryherstellung bekannte Solera-Verfahren zum Einsatz: Mehrere

Fassreihen werden übereinander gelagert; in der oberen Reihe kommt der jüngste und in der unteren der älteste Brand zu liegen; nach und nach werden die Brände der einzelnen Reihen miteinander vermischt (»vermählt«). Letztlich kommt für einige Destillen ausschließlich Eiche aus der mittelfranzösischen Region Limousin infrage, während andere auf slawische Weißeiche schwören, und dann gibt es Hersteller, die ihrem Rum ein Finish im Portwein- oder Cognacfass verleihen. Die Möglichkeiten scheinen schier unendlich zu sein. Gott sei Dank, kann man da nur sagen, denn all diese Elemente sind für die riesige Geschmacksbandbreite verantwortlich, welche die Rums dieser Welt dem Connaisseur unterbreiten.

Heutzutage weiß man, dass ungefähr 60 bis 70 Prozent des Geschmacks durch die Lagerung in Holzfässern entsteht. Diese Erkenntnis ist nicht zuletzt der britischen ›Navy‹ zu verdanken. Schnell hatte man gemerkt, dass der Rum am Ende der langen Seereisen besser als zu Anfang schmeckte, und so hat man sich diese Erkenntnis zunutze gemacht. Jedenfalls ist das Thema Holz zu einem großen Thema geworden. Heute haben die meisten Destillen ein Fassmanagement. Vor dem Hintergrund, dass ehemalige Bourbonfässer mal um die 120 US-Dollar gekostet haben, während der Preis heute um die 200 US-Dollar liegt, ist das nicht verwunderlich. Auch werden Fässer heute nicht mehr im Ganzen verschifft. Sie werden in ihre Einzelteile zerlegt und als geschnürtes Paket verschickt. Wie alles im Leben, hat auch das Vor- und Nachteile. Der Vorteil überwiegt ganz klar: Man hat die perfekte Kontrolle über das Fass. Wenn etwa ein Fachmann durch die Lagerhäuser geht und das große Vergnügen hat, Fassproben zu verkosten, ist er jedes Mal aufs neue fasziniert, wie unterschiedlich sich die Aromen zum Teil entwickeln. Manches Fass möchte er dann am liebsten einpacken und mitnehmen.

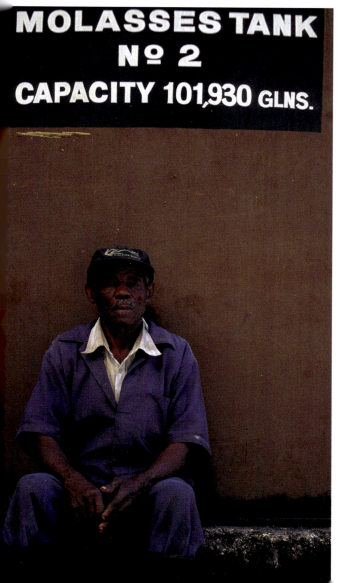

Dieser Arbeiter von ›Appleton Estate‹ auf Jamaika hat sich seine Pause verdient. Selbst Einheimischen macht die oftmals sehr hohe Luftfeuchtigkeit zu schaffen, die in der Karibik herrscht.

GESCHMACK KOMMT NICHT VON UNGEFÄHR

Eine individuelle Angelegenheit

Jetzt betreten die Virtuosen der Szene die Bühne. Vergleichbar einem Parfumeur, verbinden die Master Blender die einzelnen Ingredienzien miteinander: Sie vermählen sie. Zum einen geleitet von jeder Menge Erfahrung, zum anderen mit einem begnadeten Geruchs- und Geschmackssinn ausgestattet, bringen sie das zusammen, was zusammengehört.

Die genannten Eigenschaften benötigen jene Virtuosen tatsächlich, denn entgegen so mancher Meinung gibt es beim Blending keine Rezepte, die eins zu eins angewendet werden könnten beziehungsweise übertragbar wären, etwa nach dem Motto »Man nehme hiervon zwei, davon drei Teile und davon … «. Jedes Fass Rum ist anders, hat seine ganz eigene, individuelle Charakteristik, und so gibt es von Fass zu Fass Abweichungen im Geschmack und im Bouquet. Das ist einer der Gründe, warum man blendet, ja, warum geblendet werden muss – schließlich soll das Endprodukt immer gleich schmecken. Der Blender nimmt also beispielsweise jungen Rum und vermählt ihn mit Rums älterer Jahrgänge, und zwar so lange, bis der Geschmack dem gewünschten Produkt entspricht. Natürlich gibt es dabei eine Art »Fahrplan«, an dem sich der Master Blender orientieren kann – und dennoch: Beim nächsten Blenden ist wieder alles anders, eben deshalb, weil die »Zutaten« durch weitere Reifung andere geworden sind. Es gibt beispielsweise Destillen, die über Rum verfügen, der weit über 30 Jahre Lagerung hinter sich hat. Das geht hin bis zu 80 Jahre altem Rum, der dann auch mal die Konsistenz eines sehr alten Balsamicos aufweisen kann. Natürlich ist solch ein Rum nicht zum Trinken geeignet, wohl aber zum Blenden: Schon eine kleine Menge kann aus einem jungen Rum einen Blend entstehen lassen, der seinesgleichen sucht. Darüber hinaus kommt es mehr als einmal vor, dass ein Blend aus mehreren Rums mit einem weiteren Blend vermählt, nochmals reift und ein drittes, ein viertes Mal verblendet wird. Wenn man sich diesen Aufwand vor Augen führt, lässt sich leicht nachvollziehen, dass zahlreiche unterschiedliche Ergebnisse erzielt werden können – und man bekommt eine Ahnung, welche Vielfalt die Welt des Rums zu bieten hat. Das Blending dient außerdem der Kreation neuer Abfüllungen. Weil sich der Geschmack – oder, wenn man so will, der Markt – permanent verändert, waren und sind die Brennereien, wollen sie denn weiterhin ein Wort mitreden, geradezu gezwungen, ständig neue Blends zu kreieren.

Jene Destillen, die sich dieser Herausforderung erfolgreich gestellt haben, existieren noch heute, verdanken somit ihrem flexiblen Handeln ihr Überleben. Und jene, welche die Wünsche des Marktes nicht bedienen konnten, haben zugemacht oder können allenfalls noch bestimmte Nischen besetzen. Dann ist auch noch dem vorherrschenden Geschmack verschiedener Kontinente Rechnung zu tragen, weshalb es zum Beispiel bestimmte Abfüllungen nicht auf beiden Seiten des Atlantiks zu kaufen gibt.

Ein prominentes Beispiel für die Kunst des Blendens aus jüngster Zeit ist die Abfüllung des ›Black Tot Day‹, des letzten originalen Rums der ›Royal Navy‹, der vor mehr als 70 Jahren destilliert wurde. Nach Abschaffung der täglichen Rum-Ration für die Matrosen im Jahr 1970 füllte man den gesamten Restbestand in Steinflaschen ab und lagerte ihn darin bis in die heutige Zeit. Beim Verkosten stellte man dann drei Geschmacksnuancen fest. Weil nun aber alle rund 6 000 Flaschen, das Stück zu circa 750 Euro, den gleichen Geschmack aufweisen sollten, wurden sie ein letztes Mal miteinander verblendet. Eine Ausnahme sind dagegen die Abfüllungen mit der Bezeichnung »Single Cask«. Hier kommt der Rum aus einem einzigen Fass in die Flaschen, womit sich natürlich eine weitere Option in Sachen unterschiedliches Geschmackserlebnis auftut. »Single Cask«-Abfüllungen, von denen es jeweils, entsprechend der Fassgröße, nur eine begrenzte Flaschenanzahl gibt, sind auf ihre ganz eigene Weise einzigartig, sind ein Ergebnis, dessen alleiniger »Baumeister« die Natur ist.

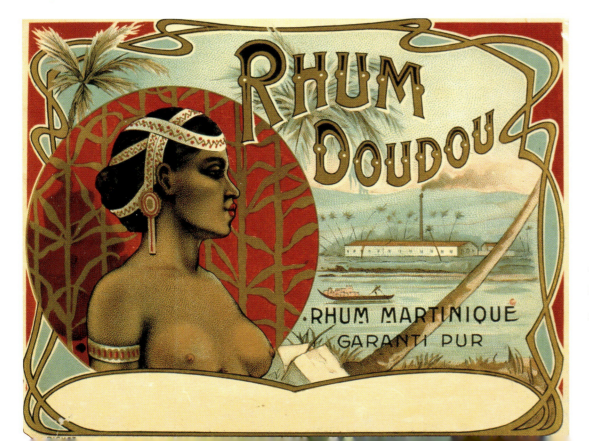

In früheren Zeiten wurden Etiketten oftmals aufwändiger gestaltet, als das heute der Fall ist.

Der Rum mit dem h

Der Rum mit dem h

RUM AUS DER EUROPÄISCHEN UNION

»Es gibt Psychologen, die in einer kurzen weißen Jacke arbeiten – hinter einer Bar.«

Robert Lembke (1913–1989)

Was ein einzelner Buchstabe nicht alles an- beziehungsweise ausrichten kann. Fügt man den drei Buchstaben, durch die das Wort »Rum« gebildet wird, einen vierten hinzu, und zwar ein h, dann werden wohl die meisten augenblicklich das Wort »Ruhm« im Sinn haben. Hier geht es aber um »Rhum«, was wiederum zu Wortspielen einlädt, etwa zu dem nachfolgenden: Welcher »Rhum« hat denn bisher den größten »Ruhm« erlangt? Eine durchaus kurzweilige Frage, doch im Folgenden wird jene Frage nach dem besten Rhum definitiv unbeantwortet bleiben. Vielmehr soll auf diese spezielle Art des Rums etwas näher eingegangen werden …

Rhum Agricole wird im Gegensatz zu dem gleich lautenden Getränk, das ohne h auskommt, aus frischem Zuckerrohrsaft gewonnen. Das geschah und geschieht vornehmlich auf den französischsprachigen Inseln der Karibik. Prominenteste dieser Inseln ist vielleicht Martinique, eine

Werbung für einen Rhum von der Insel Martinique. Verspielt und nach damaliger kolonialer Denkart keineswegs anstößig

Ein Motiv, wie es oft auf den karibischen Inseln anzutreffen ist: eine aufgegebene Betriebsstätte.

Insel, die zu den Kleinen Antillen gehört, jenen »Inseln über dem Winde«, zu denen beispielsweise – um zwei der bekanntesten zu nennen – auch Barbados und Guadeloupe zu zählen sind. Letztere ist ebenso Teil der Europäischen Union wie Martinique, da beide Eilande – sie bilden übrigens die Französischen Antillen – Überseedépartements Frankreichs und somit Teil der Grande Nation sind. Um es ein wenig auf die Spitze zu treiben: Sollte jemand behaupten, ein Rhum Agricole sei ein Produkt der Europäischen Union, so mag das zwar im ersten Augenblick verwundern, ist aber im Kern keineswegs falsch. Das sehen die Destillateure naturgemäß anders, ist doch der Rhum Agricole eine eigene karibische Gattung.

Die Schreibweise »Rhum Agricole« stammt aus dem Französischen, was wiederum angesichts der Historie Martiniques kein Wunder ist, denn schließlich nehmen die Franzosen die Insel schon im Jahre 1635 in Besitz. In der Folgezeit versorgt Martinique ganz Frankreich mit Zucker, auch mit Rum, da er hier, wie auf den anderen Inseln der Karibik, aus Melasse entsteht, jenem Nebenprodukt, das bekanntlich bei der Zuckerherstellung anfällt. Dann kündigt das Jahr 1801 einen tiefen Einschnitt in Sachen Zucker an, denn in jenem Jahr nimmt in Europa die erste Zuckerfabrik ihre Arbeit auf – die Alte Welt hat herausgefunden, wie sich aus einer bestimmten Rübensorte Zucker gewinnen lässt. In der Folge tendiert die Nachfrage nach

Zucker aus der Karibik innerhalb weniger Jahre gegen Null. Demnach bleibt auch Martinique auf dem Zuckerrohr sitzen, und weil nun kein Zucker mehr produziert wird, steht auch keine Melasse für die Herstellung von Rum zur Verfügung.

Aus dieser Not wird eine Tugend: Ein bis dato nur wenig bekanntes Verfahren zur Rum-Herstellung wird zur »Serienreife« entwickelt. Dieses Verfahren war bisher nur von ein paar Schwarzbrennern angewandt worden, die Rum aus frischem Zuckerrohrsaft destilliert hatten. Es sind in erster Linie die Plantagenbesitzer Neisson, Depaz und, vor allem, Homère Clément (deren Marken übrigens heute noch existieren), die zu Begründern einer neuen Rum-Kultur, pardon: Rhum-Kultur, werden: Der »Rhum Agricole« ist geboren – und er kommt an: Die bislang nicht gekannte Variante des Rums wird immer beliebter und besonders in Frankreich viel getrunken. Und heute? Heute greifen die Franzosen öfter zu Rhum Agricole als zu Cognac. Was etwas heißen will.

Hohe adelige Hürden

Da in Frankreich nahezu alles, was mit gutem Essen und Trinken zu tun hat, nach einer gesetzlichen Klassifizierung verlangt, nimmt sich eine ›AOC‹-Regelung im Jahre 1996 schließlich auch den Rhum Agricole vor.

Diese ›Appellation d'Origine Contrôlée‹ hat Vorschriften festgelegt, die vom Hersteller strikt zu befolgen sind, wenn er denn seine Produkte durch jenes Qualitätsmerkmal dem kulinarischen Adel zuführen möchte.

- Der Rhum muss aus frischem Zuckerrohrsaft destilliert werden.
- Es sind 23 Regionen auf Martinique für den Anbau des Zuckerrohrs zugelassen.
- Die Ernte muss zwischen dem 1. Januar und dem 31. August erfolgen.
- Die Fermentation in offenen Gärtanks darf nur 72 Stunden dauern.
- Die Fermentation muss bei exakt 38,5 Grad Celsius erfolgen.
- Der Alkoholgehalt eines Rhum Agricole darf nach der Fermentation nicht unter 3,5 Volumprozent liegen.
- Die Destillation muss in Einzelsäulen erfolgen, die zwischen fünf und neun Kupferplatten enthalten dürfen.
- Es müssen zwischen 65 und 75 Volumprozent ausdestilliert werden (Alkoholgehalt des fertigen Destillats).
- Der Rhum muss mindestens drei Monate lagern, bevor er nicht unter 40 Volumprozent abgefüllt werden darf.
- Ein ›Vieux‹ muss mindestens drei Jahre im Fass reifen, und das wiederum darf nicht mehr als 650 Liter fassen.

Wer sich an diese strenge Prozedur hält, darf seine Flaschen schließlich mit dem Gütezeichen ›AOC‹ versehen. Natürlich gibt es auch Destillen auf Martinique, die Rhum Agricole produzieren und nicht mit dem verkaufsfördernden ›AOC‹-Etikett werben können oder wollen; allerdings sind das nur ungefähr 10 Prozent. Das geschieht vor allem im Hinblick auf eine gewisse Flexibilität, um dem einen und anderen Experiment den nötigen Raum zu geben oder auch mal auf einen Konsumententrend reagieren zu können. Wie dem auch sei, so ist allen Rhum Agricoles eines gemeinsam: Sie werden aus frischem Zuckerrohrsaft hergestellt. Dabei entstehen Destillate, die oftmals frischer und fruchtiger sind als herkömmliche Rums, während gelagerte Varianten durchaus an Cognac erinnern können. Heutzutage ist die Schreibweise mit h allerdings kein hundertprozentiges Indiz dafür, dass es sich um einen Agricole handelt. Es gibt auch andere Marken, die sich dieser Schreibweise bedienen.

> **Neue Heimat**
>
> Um das Jahr 1880 gibt es ungefähr 500 Destillen auf Martinique. Heute sind es nicht einmal mehr zehn. Gleichwohl wird noch ausreichend Rhum Agricole angeboten, denn er wird auch auf Grenada, Guadeloupe, Marie-Galante, La Réunion, Mauritius, Saint-Barthélemy und den Virgin Islands sowie in Haiti produziert.

Vom Betäubungsmittel zum Nationalgetränk

Vom Betäubungsmittel zum Nationalgetränk

Ein Abstecher auf dem Weg nach Indien

»Bernhardiner ist das letzte, was ich sein möchte. Dauernd die Flasche am Hals und niemals trinken dürfen!«

Joachim Ringelnatz (1883–1934)

Im Folgenden geht es um eine weitere Rum-Variante. Sie nimmt ebenso wie der Rhum Agricole innerhalb der Zuckerrohrdestillate eine Sonderstellung ein. Dieser Brand hat seine Heimat jedoch nicht in der Karibik, nicht in Mittelamerika und auch nicht in den nördlichen Ländern Lateinamerikas, sondern kommt ausschließlich aus dem größten Land Südamerikas. Die Rede ist hier vom Cachaça, jenem Zuckerrohrbrand, der aus frisch gepresstem Zuckerrohrsaft hergestellt wird.

Cachaça? Der kommt doch in die ›Caipirinha‹, oder? Was hat denn der mit Rum zu tun? So oder ähnlich werden jetzt einige denken. Doch der Reihe nach …

Am 22. April 1500 landet der aus einem portugiesischen Adelsgeschlecht stammende Seefahrer Pedro Álvares Cabral als Befehlshaber der zweiten königlich-portugiesischen Indienexpedition mit mehr als tausend Mann an der Küste Brasiliens, in der Nähe der heutigen Stadt Porto Seguro im Bundesstaat Bahia.

Er gilt als Entdecker Brasiliens: Pedro Álvares Cabral. Am 22. April des Jahres 1500 nimmt er das südamerikanische Land für Portugals Krone in Besitz. Kolorierter Kupferstich aus dem 19. Jahrhundert

Bei den Sklavenarbeiten auf den Zuckerrohrfeldern werden auch rücksichtslos Kinder eingesetzt. Farblithographie, um 1880

In der Meinung, auf eine große Insel gestoßen zu sein, nennt Cabral die Region »Ilha da Vera Cruz«, und erst als die Portugiesen sicher sind, dass sie sich hier auf dem Festland befinden, wird aus der »Insel des Wahren Kreuzes« das »Land des Heiligen Kreuzes« (»Terra da Santa Cruz«). Natürlich nimmt Cabral, wie damals üblich, das Gebiet für die Krone seines Landes in Besitz, bevor er sich auf den Weg nach

Indien macht, seinem eigentlichen Ziel, um im Auftrag des portugiesischen Königs Dom Manuel I. unter anderem einen Handelsweg für Gewürze aufzubauen.

Die Portugiesen und Spanier erkennen als erste den Wert des Zuckerrohrs. Infolge der Eroberungen werden die heimischen Indios in großem Stil versklavt, um sie vor allem auf den zahlreichen Zuckerrohrfeldern einzusetzen. Relativ rasch wird diese »Masse Mensch« durch die harte Arbeit und die zahlreichen, von den Europäern eingeschleppten Krankheiten merklich dezimiert, doch da die Portugiesen im einträglichen Sklavenhandel ebenfalls recht aktiv sind, können die Plantagenbesitzer den ständig wachsenden Bedarf an Sklaven durch Afrikaner »problemlos und preiswert« ersetzen.

Cachaça gilt auch als der Rum Brasiliens. Im Gegensatz zum klassischen Rum dient hier das frisch geerntete Zuckerrohr als Grundlage.

Ein Abstecher auf dem Weg nach Indien

Der Rum Brasiliens

Um das Jahr 1625 geht der größte Teil des gewonnenen Zuckers nach Europa. Zu dieser Zeit hat man schon den »Garapa Doida« entdeckt, den »Verrückten Zuckerrohrsaft«, bevorzugtes Getränk der Sklaven, die mit diesem Zeug versuchen, in eine »leichtere« Bewusstseinsform zu gelangen, um auf jene Weise ihr Leben ein wenig erträglicher zu machen.

Später kommt die Destillation hinzu, und es entsteht der Cachaça, Brasiliens Nationalgetränk und bekannteste Spirituose, auch »Brasilianischer Rum« genannt. Im Schnitt trinkt jeder Brasilianer jährlich etwa 8 Liter Cachaça, produziert von ungefähr 6 000 Destillen. Interessanterweise ist Deutschland der größte Abnehmer außerhalb Brasiliens. Das meiste dürfte in der ›Caipirinha‹ landen, die im Original mit weißem Rohzucker und Eiswürfeln zubereitet wird. Heute werden zwei Arten von Cachaça unterschieden: zum einen der industriell erzeugte, der in großen Mengen in Säulenanlagen destilliert wird, zum anderen der »Cachaça artesanal de Alambique«, der von zahlreichen kleineren Firmen in Handarbeit produziert wird. Hier gibt es sehr viele Parallelen zum herkömmlichen Rum, wozu vor allem Fermentation, Destillation in Säulenanlagen oder in kupfernen »Pot Stills« sowie die Lagerung in Holzfässern gehören. Mitunter ist es nicht gerade leicht, Rhum Agricole und Cachaça sensorisch voneinander zu trennen. Es gibt aber auch einige Besonderheiten. Zunächst darf Cachaça nur in Brasilien hergestellt werden; es sind insgesamt (aktuell) 23 Holzarten für die Lagerung zugelassen, die wiederum je nach Tradition, Geschmack und Ausgangsstoff über kurze Zeit oder über mehrere Jahre vonstatten geht – der ›Armazem Onix‹ beispielsweise reift 16 Jahre. Ist auf dem Etikett »envelhecida« zu lesen, muss der größere Anteil des Zuckerrohrschnapses mindestens ein Jahr in Fässern

gelagert worden sein, die maximal 700 Liter fassen dürfen. Hier sind der Kreativität keine Grenzen gesetzt. Es werden Fässer aus Eiche verwendet, mitunter auch aus dem härtesten Holz der Welt, dem Eisenholz (Ipê), aber auch edle Hölzer wie Bálsamo, Freijo, Jatoba, Jequitiba und Zeder haben für die Hersteller einen besonderen Reiz. Eine weitere Besonderheit: Abgefüllt werden darf nur mit einem Alkoholgehalt zwischen 38 und 48 Volumprozent. Das ist wohl auch der Grund, warum es so viele interessante Cachaças gibt, die man sehr gut pur genießen kann.

Einer der wichtigsten »Arbeitsschritte« bei der Rum-Herstellung ist die Fasslagerung.

Wo alles seinen Anfang nimmt: Karibik

Wo alles seinen Anfang nimmt: Karibik

Geschichtsträchtig: Baja Mar

»Ich habe in meinem Leben sehr viel Geld für Alkohol, Frauen und schnelle Autos ausgegeben. Den Rest habe ich verprasst.«

George Best (1946–2005)

Wir schreiben den 12. Oktober 1492. Vor gut zwei Monaten, am 3. August, ist der Genuese Christoph Kolumbus, Seefahrer in Diensten des kastilischen Königshauses, in Andalusien in See gestochen. Sein Ziel: die Entdeckung eines direkten Seewegs nach Indien. Wie allgemein bekannt, bleibt es dem Abenteurer jedoch verwehrt, jemals indischen Boden zu betreten. Aber er entdeckt für die Alte Welt, für Europa, einen bis dato unbekannten Kontinent, entdeckt Amerika, die Neue Welt. Für ihn und die Mannschaften seiner drei Schiffe öffnet sich diese Welt mit dem Betreten einer kleinen Insel, die von den Einheimischen »Guanahani« genannt wird und zu einer Inselgruppe gehört, die rund 700 Eilande umfasst. Diese Inselgruppe wiederum nennen die Spanier »Baja Mar« (»Flaches Meer«), und aus »Baja Mar« entwickelt sich im Laufe der Zeit der Name, den wir noch heute kennen: »Bahamas«.

Zur Entspannung statt eines Rums eine Zigarre. Rum und Zigarre sind übrigens eine vortreffliche Geschmackskombination.

Eigentlich finden sich die Bahamas hier nur deshalb wieder, weil eben eine ihrer Inseln, sozusagen als Tor zur Neuen Welt – und ohne Neue Welt kein Rum –, fester Bestandteil der Geschichte ist. In Sachen Rum hingegen sieht das Ganze etwas anders aus. Abgesehen von einigen Brennereien, die in Wellblechhütten und Hinterhöfen Rum für den regionalen Hausgebrauch produzieren, gibt es über Rum von den Bahamas nicht

Das Bacardi-Gebäude an der Avenida Belgica in Havanna (Kuba), bis zur Verstaatlichung Sitz des Rum-Erzeugers Bacardi.

viel zu erzählen. Wenn da nicht ›Bacardi‹ wäre …

Schon seit geraumer Zeit ist ›Bacardi‹ ein Weltunternehmen. Der Global Player ist in zahlreichen Ländern durch Niederlassungen präsent (siehe auch unter dem Kapitel »Kuba«) und produziert nicht nur an einem Ort. Nachdem man gezwungen gewesen war, Kuba den Rücken zu kehren, wählt man die Bahamas als Hauptsitz des Unternehmens. ›Bacardi‹ bleibt dort jedoch nicht lange, sondern verlegt die Zentrale kurz darauf nach Hamilton auf den Bermudas.

Warum diejenigen Rum-Sorten, die den Namen ›Bacardi‹ tragen und die unbedingt vorgestellt werden müssen, im Kapitel »Bahamas« die notwendige Aufmerksamkeit erhalten, ist schnell erklärt: Zum einen sind, wie zuvor gesagt, die Bahamas eng mit der Historie des Unternehmens verbunden, und zum anderen beherbergt der Inselstaat im Atlantik seit Jahrzehnten eine der Produktionsstätten von ›Bacardi‹.

Gleichwohl finden hier auch Rums Erwähnung, die nicht auf den Bahamas produziert werden – was wiederum deshalb geschieht, weil es wenig Sinn macht, Abfüllungen von einer Marke auf verschiedenen Seiten des Buches zu besprechen.

Der Kosmopolit

Nach nahezu einem Jahrhundert Kuba führt ›Bacardi‹ also zunächst von den Bahamas, dann von den Bermudas aus das Geschäft weiter – und wächst rasant zu einer der weltweit größten Spirituosenmarke heran. Wichtige Eckpfeiler dieser Entwicklung sind dabei die schon seit Jahren bestehenden Produktionsstätten in Barcelona (gegründet 1910), in New York (1916), in Mexiko (1934) und auf Puerto Rico (ebenfalls 1934). Wer heutzutage ein bestimmtes Mixgetränk bestellt, der verlangt nicht etwa »Rum-Cola«, sondern »Bacardi-Cola« – Indiz für den extremen Erfolg der Marke. Warum ›Bacardi‹ so erfolgreich ist, hat mehrere Gründe. Als erstes ist da das aus Kuba mitgebrachte Rum-Rezept zu nennen, das es erlaubt, mit derselben Methode zu arbeiten wie ehedem – und weiter: ein neuer Stil der Destillation, der für leichtere Aromen sorgt; die Züchtung einer eigenen Hefekultur; eine Filtration über Holzkohle und Kokosnussschalen; die Verwendung von gebrauchten Bourbonfässern, die innen angekohlt (»getoastet«) werden. Und was sich schließlich auch auf die Herstellung auswirkt: Bis heute ist ›Bacardi‹ ein privat geführtes Unternehmen. Das erlaubt den Verantwortlichen schnelles und gezieltes Handeln, ein Aspekt, der nicht hoch genug einzuschätzen ist.

›Bacardi‹ jedenfalls ist stets am Puls der Zeit. So lädt man etwa während der Prohibition US-Amerikaner nach Kuba ein, die dann auf Kosten des Hauses feuchtfröhliche Feste feiern können. Gleichzeitig entstehen auch viele Cocktails, die ›Bacardi‹ als Basis nutzen. Für den ›Mulata‹, eine Variante des ›Daiquiri‹, wird beispielsweise eine eigens kreierte Zutat zur Verfügung gestellt, wobei das Rezept ursprünglich auf dem BACARDI EILIXIR basiert, einem gelagerten Rum, der mit Pflaumen in Fässern infusioniert wird.

Mehr als nur ein Mixgetränk

›Bacardi Rum‹ ist auch immer für Überraschungen gut. Von Zeit zu Zeit kommen besondere Abfüllungen heraus, die so manchen Genießergaumen erfreuen. Nicht alle sind überall auf der Welt erhältlich, aber wenn man einen Schluck eines außergewöhnlichen ›Bacardis‹ ergattert, so sollte man nicht lange überlegen, selbst wenn der Preis ebenfalls außergewöhnlich ist. Die Sorten, die sozusagen zur Standardserie gehören, brauchen hier nicht groß vorgestellt zu werden. Abseits dieser Pfade findet man jedoch so manches Destillat, das es wert ist, sich mit ihm näher zu beschäftigen, etwa mit dem milden und schön ausbalancierten BACARDI SUPE-

RIOR HERITAGE, einem weißen Rum, der anlässlich des 150-jährigen Jubiläums des Unternehmens mit 44,5 Volumprozent abgefüllt worden und nur auf dem deutschen Markt erhältlich ist.

Dass ›Bacardi‹ durchaus in der Lage ist, auch Rums der absoluten Spitzenklasse zu kreieren, zeigte die jüngere Vergangenheit. Da ist beispielsweise der streng limitierte RON BACARDI DE MAESTROS VINTAGE MMXII aus dem Jahre 2012 zu nennen, der 20 Jahre in Fässern aus amerikanischer Weißeiche gelagert wurde, um am Ende in 60 Jahre alten Cognacfässern gefinisht zu werden. Wer diesen Rum sein eigen nennen wollte, der musste um die 1 500 US-Dollar auf den Tisch legen. Das haben nicht wenige gemacht, und so ist dieser Rum praktisch nur noch über Sammlerbörsen zu bekommen.

Auch die vier Rums der Ende 2013 zu Ehren des ›Bacardi‹-Gründers ins Leben gerufenen Kollektion FACUNDO sind hier zu erwähnen, wobei sich die Preise dieser Rums, deren Flaschen sehr individuell im Art-Deco-Stil gestaltet sind und die nur in den Staaten angeboten wurden, zwischen 45 und 250 US-Dollar bewegten, also weniger exorbitant waren als der des zuvor genannten ›Ron Bacardi de Maestros Vintage‹. Übrigens gab es unter dem Namen des Gründers Facundo Ende der zurückliegenden 1990er-Jahre schon einmal eine Sonderabfüllung. Sie ist heute ein begehrtes Sammlerstück. Das erste Destillat dieser Reihe ist ein regelrechter Verführer: Der FACUNDO NEO SILVER ist ein weißer Rum, der im Blend Anteile von bis zu acht Jahren gelagertem Rum enthält und mit einer sehr gelungenen Komposition von frischen und gereiften Noten gefällt. Es folgt der FACUNDO EXIMO, eine Mischung aus mittelschweren bis schweren Rums, die zehn Jahre lang in Eichenfässern reifen durften. Der dritte im Bunde trägt den Namen FACUNDO EXQUISITO und ist ein Blend von bis zu 23 Jahre alten Rums, die mindestens einen Monat in Sherryfässern gefinisht wurden. Und last, but not least ist da der FACUNDO PARAÍSO XA, eine Cuvée aus 15 bis 23 Jahre alten Rums, die am Ende in alten Cognacfässern zum Höhepunkt gereift sind. Bleibt noch zu erwähnen: Für diese limitierte Serie zeichnete Manny Oliver verantwortlich, der seit 2011 als

---

THE COMMONWEALTH OF THE BAHAMAS

Lage: Westindische Inseln **Staatsform:** Parlamentarische Monarchie • **Fläche:** 13 939 Quadratkilometer • **Einwohnerzahl:** circa 350 000 • **Bevölkerungsdichte:** circa 25 Einwohner je Quadratkilometer • **Währung:** Bahama-Dollar (BSD)

Senior Master Blender bei ›Bacardi‹ tätig ist.

Übrigens konnte Dirk Becker über zwei Jahre mit Kollegen des ›Rum Expert Panels‹ an der Entstehung dieser Rums teilhaben. Wenn das auch nur in sehr kleinem Rahmen geschah, war es ein unvergessliches Erlebnis. Weil er diese Rums sozusagen »gaumennah« erfahren hat, kann er nur jedem empfehlen: Wem sich die Möglichkeit eröffnet, eines der vier erwähnten Destillate zu erwerben, der sollte auf keinen Fall zögern, denn ihm wird sich ein Genuss der besonderen Art auftun.

Zum Schluss darf der BACARDI RESERVA LIMITADA nicht unerwähnt bleiben. Das ursprünglich als »Familien-Rum« konzipierte Destillat wurde der Öffentlichkeit erstmals 2003 anlässlich der Eröffnung des Besucherzentrums in der ›Bacardi‹-Brennerei in Catano auf Puerto Rico präsentiert. Die individuell nummerierten Flaschen sind mit einem Rum gefüllt, der zehn bis 16 Jahre in leicht getoasteten amerikanischen Weißeichenfässern gereift ist. Das Ergebnis ist ein bemerkenswerter, tief goldfarbener Rum mit schönen, dunkel rötlichen Untertönen und einem erlesenen Aromenspiel von Vanille, Eiche und getrockneten Früchten. Der mit einem reichen, angenehm weichen Geschmack aufwartende Rum wird hierzulande für rund 130 Euro angeboten.

Wer die Bahamas besucht, sollte einen kleinen Abstecher zur ›John Watling´s Distillery‹ machen. Hier werden drei Rumsorten in kleinen Mengen destilliert, sogenannte Small Batch. Neben der Destille kann man auch ein Museum besuchen.

Der Name John Watling hat einen geschichtlichen Hintergrund: Er war Pirat. Es ist nicht sehr viel über ihn bekannt, aber immerhin ist eine Insel der Bahmas nach ihm benannt. JOHN WATLING´S PALE RUM ist ein weißer Rum der zwei Jahre reifen durfte; hier tun sich feine Zuckernoten auf, kombiniert mit Zitrus, und er ist angenehm weich. JOHN WATLING´S AMBER ist der zweite im Bunde; ein Jahr länger gereift, bringt er noch etwas Pfeffriges mit. Last, but not least der JOHN WATLING'S BUENA VISTA RUM, der fünf Jahre gereift und deutlich komplexer in der Aromenstruktur ist.

BAHAMAS 77

Korallen, Shorts und ein legendäres Dreieck

Die Inselgruppe der Bermudas wartet mit einigen Besonderheiten auf. Obwohl sie ungefähr 1 500 Kilometer von den Bahamas entfernt ist und im Atlantik liegt, wird sie dennoch zur Karibik gezählt.

Ihre Hauptstadt zählt gerade einmal um die tausend Einwohner, und das Staatsoberhaupt, die Queen in London, kümmert es wenig, wenn selbst Geschäftsleute kurze Hosen tragen. Die leben gerne hier, denn es gibt weder Einkommen- noch Mehrwertsteuer. Andererseits werden 80 Prozent des Staatshaushalts für Bildung und soziale Leistungen ausgegeben. Trotzdem ist der Lebensstandard sehr hoch. Ein Paradies.

Wenn da nicht dieses Dreieck wäre. Berühmt-berüchtigt ist jenes Gebiet zwischen der Inselgruppe im Norden, Florida im Westen und Puerto Rico im Süden. Will man allen Berichten, Erzählungen und – vornehmlich – Gerüchten Glauben schenken, ist das Bermudadreieck für Hunderte von Schiffen, aber auch für zahlreiche Flugzeuge zum nassen Grab geworden. Schuld daran sollen elektromagnetische Felder, auch Methanausbrüche, dann wiederum Monsterwellen und Magnetanomalien gewesen sein. In der Tat berichtet schon Christoph Kolumbus von Kompassen, die verrückt gespielt hätten, und zahlreiche Entdecker wie Eroberer steuern dieses Gebiet aus Furcht vor Geistern nicht an. Gleichwohl: Noch lange nicht alles, was kolportiert wird, hat sich auch so zugetragen.

Geschichten, die das Leben schreibt

Was sich aber zugetragen hat: Exakt 91 Tage ist die ›Mercure‹ in einer Flaute regelrecht gefangen, ehe das Schiff 1806 den Hafen von St. George auf Bermuda anlaufen kann. Die Goslings aus England sind auf dem Weg in die Neue Welt. Anstatt jedoch weiter nach Nordamerika zu segeln, eröffnet James Gosling ein Geschäft in St. George.

Knapp 20 Jahre später, 1824, kehrt James nach England zurück. Sein Bruder Ambrose dagegen bleibt in der neuen Hauptstadt von Bermuda: In Hamiltons Front Street mietet er für 25 Pfund Sterling pro Jahr ein Ladenlokal. Im Jahre

Diese Befestigungsanlage auf den Bermudas dient schon lange nicht mehr der Verteidigung.

> **BERMUDA**
> **Lage:** Atlantischer Ozean
> **Staatsform:** Britisches Überseegebiet • **Hauptstadt:** Hamilton • **Fläche:** 53 Quadratkilometer • **Einwohnerzahl:** circa 65 000 • **Bevölkerungsdichte:** circa 1 230 Einwohner je Quadratkilometer • **Währung:** Bermuda-Dollar (BMD)

1857 übernehmen seine Söhne die Firma ›Gosling‹, nennen sie um in ›Gosling Brothers‹ – und drei Jahre darauf gibt es hier die ersten Eichenfässer, die mit Rum befüllt sind. Auf den Bermudas ist das eine absolute Neuheit. Bald darauf ist der markante, sehr dunkle Bermuda-Rum unter dem Namen ›Black Seal‹ bekannt, der dann bis zum Ersten Weltkrieg nur aus dem Fass verkauft wird – der Kunde kommt mit einer leeren und geht mit einer vollen Flasche. Auch im britischen Offizierskasino genießt man diesen Rum, wobei es in diesen Kreisen Usus ist, leere Champagnerflaschen befüllen und mit schwarzem Lack versiegeln zu lassen. Nach und nach kommt so der Name ›Black Seal‹ in Umlauf – jener Name, unter dem der Rum auch heute noch angeboten wird.

Nicht mehr wegzudenken

Er gehört definitiv zu den Bermudas, der Rum mit dem Namen ›Black Seal‹. Zum einen eine wesentliche Zutat der Bermuda-Fischsuppe, ist er zum anderen ganz selbstverständlich integraler Bestandteil des Cocktails ›Bermuda Rum Swizzle‹. Und den beliebten Longdrink ›Dark and Stormy‹ würde es ohne ihn nicht geben. ›Dark 'n Stormy®‹ ist sogar ein eingetragenes Markenzeichen und darf nur mit GOSLING'S BLACK SEAL RUM zubereitet werden. Seit über zwei Jahrhunderten ist nun die Familienfirma ›Gosling‹ als einziges Unternehmen auf den Bermudas im Rum-Geschäft tätig – und seit geraumer Zeit auch der größte Exporteur eines Produkts »Made in Bermuda«. Das Sortiment besteht aus dem erwähnten GOSLING'S BLACK SEAL RUM, einem fast schwarzen Rum in der 40-Volumprozent-Variante, und in der sogenannten ›Variante 151‹ mit 75,5 Prozent Overproof. Der GOSLING'S FAMILY RESERVE OLD RUM hat die gleiche Mischung wie der ›Black Seal Rum‹, erfährt allerdings eine längere Reifung in den Fässern, bis er die Komplexität erreicht, die für einen erstklassigen Rum erforderlich ist. ›Family Reserve‹ hat angenehme Noten von Süßholz, Melasse und dunkler Schokolade – ein süßes Spiel der Würze. GOSLING'S GOLD RUM nennt

Das Geschäft der Goslings in St. George. Hier nimmt die Entwicklung der ›Gosling‹-Marken ihren Anfang.

sich das neueste Familienmitglied – der erste Zuwachs nach gut hundert Jahren. Das bernsteinfarbene Destillat präsentiert sich ungewöhnlich komplex für einen goldenen Rum, der im Glas Aromen von Vanille, Mango und Aprikose freigibt, begleitet von einer leicht rauchigen Eichenholznote. Der Geschmack ist eingebettet in einen weichen Körper und offenbart einen Hauch von Zitrus sowie tropische Aromen, die mit nussigen Untertönen einhergehen.

Bleibt noch zu erwähnen: Alle Flaschen (Champagnerflaschen) werden sorgfältig von Hand etikettiert, die Flaschenköpfe mit Wachs versiegelt, nummeriert, mit einem Metallband bekleidet und schließlich in mit Stroh gefüllten Holzkisten verpackt.

Krokodile und Schildkröten, Finanzen und Fonds

Auf seiner vierten Entdeckungsreise kommt Christoph Kolumbus mit seinen Schiffen in der Karibik vom Kurs ab. Dabei entdecken die Spanier am 10. Mai 1503 eine Inselgruppe, die der Genuese aufgrund der vielen Schildkröten, die sie dort sichten, »Las Tortugas« nennt.

20 Jahre darauf schert sich Diego Ribero, portugiesischer Kartograf in spanischen Diensten, herzlich wenig um die Vorgabe des Entdeckers und gibt der Inselgruppe – beeindruckt von den dort zahlreich lebenden Echsen – den Namen »Lagartos«. Da auf diesem kleinen Archipel auch Salzwasserkrokodile vorkommen, erhält die Inselgruppe schließlich im 17. Jahrhundert den Namen »Las Caymanas«.

Mehr und mehr Seefahrer laufen die Caymans an, um hier Süßwasser aufzunehmen und ihren Proviant zu ergänzen (Schildkröten), so auch Sir Francis Drake, der 1586 mit einer Flotte von 23 Schiffen die südwestlich von Kuba gelegene Inselgruppe ansteuert. Er ist der erste Engländer, der mit den Caymans Bekanntschaft macht, wird aber nicht der letzte sein – 1670 erkennt Spanien die britische Oberhoheit über die Cayman Islands an. Auch Engländer mit weniger hehren Absichten fühlen sich auf der Inselgruppe wohl. Einer von ihnen ist Edward »Blackbeard« Thatch, dessen Ruf als Seeräuber ihm wie Donnerhall vorauseilt – er ist es, der die weit zurückreichende Tradition der Caymans als beliebten Piratenstützpunkt bis ins 18. Jahrhundert begründet. Auch heutzutage leben hier Piraten, wenn auch solche anderer Couleur – die Cayman Islands gelten nicht nur als Steuer(flucht)paradies, weshalb hier auch nahezu alle international tätigen Banken mit Filialen vertreten sind, sondern auch als Welthauptzentrum der Hedgefonds, jener Einrichtungen in der internationalen Finanzwelt, die einen recht zweifelhaften Ruf genießen.

Etwas Neues für die Inselgruppe

Bedeutend angenehmere Zeitgenossen sind da Walker Romanica und Nelson Dilbert. Im Jahre 2000 haben sie eine Idee, arbeiten danach an deren Umsetzung, und endlich, 2008, nimmt diese Idee flüssige Gestalt an. Ihr Name ist: SEVEN

> **CAYMANS**
> **Lage:** Karibik • **Staatsform:** Britisches Überseegebiet • **Hauptstadt:** George Town • **Fläche:** 264 Quadratkilometer • **Einwohnerzahl:** circa 50 000 • **Bevölkerungsdichte:** rund 174 Einwohner je Quadratkilometer • **Währung:** Kaiman-Dollar (KYD)

Hätte die Vorstellung von Kolumbus noch Bestand, hießen die Caymans nach den dort lebenden Schildkröten heute noch »Las Tortugas«.

FATHOMS (»Sieben Faden«). In besagtem Jahr füllen die beiden von ihrer Idee Besessenen ihr erstes Batch ab. Bei dieser Charge handelt es sich – natürlich – um Rum. Doch so natürlich ist das nicht, denn der ›Seven Fathoms‹ ist das erste Zuckerrohrdestillat, das auf den Cayman Islands hergestellt wird.

Die Geschichte dieses Rums passt sehr gut zu den Geschichten um die Caymans. Der ›Seven Fathoms‹ wird zunächst in der Hauptstadt George Town aus biologisch angebautem Zuckerrohr, das auf den Caymans wächst, in einer kupfernen Pot Still destilliert und dann der Lagerung zugeführt. Und genau hier wird es spannend, denn nun wird deutlich, weshalb der Rum den Namen »Sieben Faden« trägt: Die Rum-Fässer werden eine Zeitlang unter Wasser gelagert, und zwar bei etwa sieben Faden (nautische Faden), was 42 Fuß beziehungsweise 12,8 Metern entspricht. So etwas schürt Seeräuberromantik und erinnert an so manch kolportierte Geschichte von gesunkenen Schiffen, die viele Jahrzehnte nach ihrem Untergang entdeckt worden sind, um dann unter anderem ihre flüssigen Schätze, etwa Champagner, preiszugeben. Walker Romanica hat Dirk Becker erklärt, welche Idee dieser Art Lagerung zugrundeliegt, allerdings ohne ihm zu viele Details über den Ablauf des Vorgangs zu verraten. Grundsätzlich geht es hierbei um Bewegung: Die Fässer schaukeln auf dem Meeresgrund hin und her, und das soll den Reifeprozess beschleunigen. Das ist nachvollziehbar, denn schon vor über 150 Jahren hat das Schaukeln der Fässer an Bord der Segelschiffe das Aging der Rums gefördert.

Neben dem ›Seven Fathoms‹ destillieren die beiden noch weitere Rumsorten, die unter dem Namen GOUVERNEURS RESERVE allerdings ausschließlich für den einheimischen Markt produziert werden, während der ›Seven Fathoms‹ weltweit exportiert wird. Der ohne Zusatzstoffe auskommende ›Seven Fathoms‹ mit seiner hellen Bernsteinfarbe kommt mit einem Aroma von Karamell und einem Hauch von dunkler Schokolade daher. Der leicht trockene, dennoch recht weiche Rum wartet mit Noten von Zitrus und Toffee auf und schmeckt leicht nussig.

Im 16. Jahrhundert keine Seltenheit: Die Mannschaft von Francis Drake bringt ein spanisches Schiff auf. Kolorierter Stahlstich aus dem 17. Jahrhundert

In einem wunderbaren Land

Es ist der 5. Dezember des Jahres 1492. An diesem Tag entdeckt Christoph Kolumbus eine Insel, die von den dort lebenden Taino-Indianern »Kiskeya« genannt wird, was so viel wie »Wunderbares Land« bedeutet, oder auch »Ayití« (»Gebirgiges Land«). Namen, die keinen europäischen, speziell keinen spanischen Ursprung haben, sind für den Seefahrer Schall und Rauch, und da er jeden Boden, den er in der Neuen Welt erstmals betritt, wie selbstverständlich für die spanische Krone in Besitz nimmt, macht er das auch mit dieser Insel, die von ihm natürlich auch einen spanischen Namen erhält: »La Isla Española« (»Die spanische Insel«).

Hieraus entsteht nach kurzer Zeit der Name »Hispaniola« (»Kleinspanien«), eine Verballhornung, die von den Engländern ausgeht. Gleichwohl setzt sich diese Bezeichnung für die nach Kuba größte Insel der Großen Antillen durch. Groß ist auf Hispaniola – die Staaten Dominikanische Republik und Haiti teilen sich seit dem Jahre 1844 die Insel – auch das Wissen um das Zuckerrohr, das hier seit etwa 1520 angebaut und kultiviert wird, sowie das Destillieren desselben.

Warum die Dominikanische Republik noch nachhaltiger als Haiti in der internationalen Welt des Rums mehr als nur das sprichwörtliche Wörtchen mitzureden hat, liegt nicht zuletzt an Kuba beziehungsweise an jenen Exilkubanern, die sich, vergleichbar den Bewegungen in der Tabak- und Zigarrenbranche, angesichts schwieriger politischer oder wirtschaftlicher Probleme dazu entschlossen haben, Kuba zu verlassen, um dann auf einer anderen Karibikinsel oder in einem der mittel- und südamerikanischen Länder ihr Glück zu suchen.

Biblische Weihen

Wie ein Großteil der Europäer, die sich im Laufe des 19. Jahrhunderts vermehrt auf Kuba niederlassen, haben auch die Brüder Benjamin und Eduardo Camp ihre Heimat in Spanien. Während sich jedoch nicht wenige Ibero-Einwanderer im Zigarrengeschäft versuchen, sehen die beiden ihre Zukunft in der Rum-Herstellung, betreiben eine Destille – und als sie schließlich mit ihrem Geschäftspartner Evaristo Álvarez 1872 in Santiago de Cuba ein Unternehmen gründen, können die drei nicht ahnen, dass sie mit diesem Schritt eine Marke begründen, die der-

Ankunft vor Hispaniola. Anfang Dezember 1492 steuern die drei spanischen Schiffe unter dem Kommando von Kolumbus erstmals die zweitgrößte Insel der Großen Antillen an. Stahlstich, 1886, von Theodore Bry koloriert

einst einen nahezu legendären Ruf in der Welt des Rums haben wird. Ihr Name: MATUSALEM. Es darf heftig spekuliert werden, warum eine biblische Gestalt als Namensgeber gewählt wurde. Der Großvater Noahs schied, will man dem Buch der Bücher Glauben schenken, erst im Alter von 969 Jahren aus dem Leben. Mag es etwa der Wunsch gewesen sein, das Bestehen des Unternehmens solle wenigstens so lange Bestand haben wie das Leben Methusalems?

1912 kehrt Benjamin Camp nach Spanien zurück und überlässt die Leitung des Unternehmens seinem Bruder sowie Evaristo Álvarez. Kurz darauf gehört dann auch Evaristos Sohn, Claudio Álvarez LeFebre, zur Geschäftsleitung – und wird zur treibenden Kraft des Unternehmens: In den folgenden 25 Jahren wird ›Matusalem‹ immer erfolgreicher, erhält zudem seine ersten internationalen Auszeichnungen. Während der Prohibition in den Vereinigten Staaten haben viele Spirituosen ihre Hoch-Zeit. So auch ›Matusalem‹. Der Rum wird immer beliebter, und sein vortrefflicher Geschmack scheint so nachhaltig gewesen zu sein, dass noch heute vom kubanischen Rum ›Matusalem‹ geschwärmt wird. Die Zeichen stehen also eindeutig auf Expansion.

Am Neujahrstag 1959 übernehmen die Rebellen um Fidel Castro und Che Guevara die Macht. Es kommt zum Regimewechsel, und schon bald wird ›Matusalem‹ enteignet. Die Besitzer emigrieren in die Staaten, gründen dort die ›Matusalem Company‹, während in der ehemaligen Fabrik auf Kuba weiterhin Rum gebrannt wird, jetzt unter dem Namen ›RON SANTIAGO‹. Es beginnt ein jahrelanger familiärer Streit um die Markenrechte. Er endet erst 1995, als Claudio Álvarez Salazar, Urenkel des Gründers, nach einem außergerichtlichen Vergleich die Kontrolle über die Marke ›Matusalem‹ erhält. Sieben Jahre darauf, 2002, wird ›Matusalem‹ wieder als Firma eingetragen, dieses Mal in der Dominikanischen Republik. Kurze Zeit später wird eine Linie von Premium-Rum-Sorten positioniert. Die Master Blender, allesamt Nachkommen der Gründer, Experten in der jahrhundertealten Technik des Solera-

tritt sanft mit Kokos- und Vanilletönen auf, unterlegt von etwas Kaffee. Und der 15-Jährige? Der ist, wie auch der 18-Jährige, sehr angenehm zu trinken, ist weich mit einer gar wohligen Süße, unterlegt von Karamell, Kakao und Trockenfrüchten. Bleibt der 23er: Er erhöht noch die Komplexität seiner Vorgänger, wobei sich Röstaromen und deutliche Holznoten mit Kaffee, gebranntem Zucker, Mandeln, Schokolade und Honig vermählen.

Von Spanien über Kuba in die Dom-Rep

In der zweiten Hälfte des 19. Jahrhunderts verlässt der Katalane Andrés Brugal Montaner seine Heimat und lässt sich zunächst auf Kuba nieder, wo er sich mit der hohen Kunst der Rum-Herstellung vertraut macht. Auf der Suche nach dem besten Zuckerrohr zieht es ihn nach Puerto Plata, gelegen im Norden der Dominikanischen Republik. Hier gründet er dann im Jahre 1888 die Firma ›Brugal & Company‹ – ein Vorgang, der zum einen als die Geburtsstunde des dominikanischen Rums und zum anderen als der Beginn einer langen, zudem sehr erfolgreichen Familientradition gilt, die nun schon mehr als 125 Jahre andauert. Heute ist es die fünfte Generation der Familie, die dafür sorgt, das Vermächtnis Don Andrés zu

Blendings, haben ganze Arbeit geleistet (und leisten sie noch heute). Die Range der Marke ›Matusalem‹ umfasst die Sorten PLATINUM, ein weißer Rum, der dreifach destilliert und zweifach gefiltert wird. EXTRA ANEJO ist die nächste Stufe, gefolgt vom siebenjährigen SOLERA, dem zehnjährigen CLÁSICO sowie den 15-, 18- und 23-jährigen GRAN RESERVAS. Der Siebenjährige eröffnet den Reigen: Mit einem Hauch von reifer Banane, mit Vanille und einem Früchtekorb präsentiert sich dieser Rum im Glas. Der Zehnjährige

wahren und in seinem Sinne weiter zu handeln. Die Brennerei exportiert ihren Rum in mehr als 40 Länder, und in der Weltrangliste findet man ihn auf Platz 16.

›Brugal‹ produziert in der eigenen Brennerei einen Rum, der sehr sauber ist. Die Destillationsapparate laufen so lange, bis das Herz des Alkohols, also der reinste Teil, gewonnen ist. Das ist das erste und wichtigste Geheimnis des ›Brugal‹. Destilliert wird, nebenbei bemerkt, im Süden des Landes, in San Pedro de Macoris, denn dort befinden sich auch die hauseigenen weitläufigen Zuckerrohrplantagen. Die Destillation im Süden geschieht aus gutem Grund: Die Nähe zu den Feldern sorgt für eine zügige Verarbeitung, was wiederum der Qualität des Rums spürbar zugute kommt. Fermentiert wird übrigens aus Melasse und destilliert im kontinuierlichen Verfahren, also Column Still.

Was für die Macher der Traditionsfirma von immenser Wichtigkeit ist, ist der Aging-Prozess. Bei diesem Vorgang wird bei ›Brugal‹ auf rein natürlichem Weg das Aroma gebildet, und zwar unter gezieltem Einsatz von verschiedenen Fässern, so etwa ehemaligen Bourbonfässern und solchen, die aus Spanischer Red Oak gefertigt und nur einmal für Sherry verwendet worden sind, wobei keine anderen Stoffe zugegeben werden als das reine Wasser von den Bergen des Cibao-Tals. Die Lagerhäuser befinden sich wiederum in Puerto Plata, also dort, wo die Familie Brugal mehr als ein Jahrhundert zuvor den Grundstein für ihr Unternehmen legte. Die Fässer werden übrigens maximal 18 Jahre genutzt, wobei der Bestand mit etwa 200 000 Fässern veranschlagt werden kann.

Alle Rum-Sorten von ›Brugal‹ sind Blends, also eine Mischung aus verschiedenen Altersstufen. Die Rezepte wurden zwar nie niedergeschrieben, haben aber

> **Die Solera-Lagerung**
> Das Solera-System gleicht einer »Pyramide«. In unserem Fall besteht die Pyramide aus Rum-Fässern, die übereinanderliegen. Den Namen hat das Verfahren nach der untersten Fassreihe, der »Solera«, übersetzt »am Boden liegend«.
> Die Fässer liegen in drei bis fünf Reihen übereinander, wobei ihr Inhalt für eine vom Master Blender vorgegebene Zeit reift, bevor er in die nächsten Fässer umziehen darf. Das passiert stets dann, wenn aus der untersten Reihe der fertig gereifte Rum entnommen wird. Dabei leert man die untersten Fässer jeweils nur zu etwa 40 bis 50 Prozent, ergänzt den fehlenden Rum mittels Schläuchen aus der darüberliegenden Reihe, die wiederum ihren »Nachschub« aus den Fässern der nächst höheren Reihe erhält – und so weiter. Demzufolge befindet sich der jüngste Rum stets in der obersten Fassreihe, während der älteste in der untersten liegt. Das Solera-System garantiert über viele Jahre ein gleichbleibendes Geschmacksbild. Da die beschriebene Methode sehr viel Platz benötigt, wird heute meistens im »System Solera« gearbeitet. Das bedeutet, dass man die Fässer ganz normal lagert, wobei der Rum mittels eines »Zwischenfasses«, das man zum Blenden verwendet, umgefüllt wird.
> Die Idee der Solera-Methode stammt aus der Sherry- und Brandyreifung und wird überwiegend von Produzenten spanischen Ursprungs verwendet. Man kann die Fassreihen auch mit Fässern unterschiedlicher Bestimmung zusammenstellen, also zum Beispiel in solchen, in denen zuvor beispielsweise Bourbon, Sherry, Wein et cetera gereift ist. Das wiederum erhöht die Komplexität des Geschmacks.

ihre sichere Heimat in den Köpfen der Master Blender, die sie von Generation zu Generation weitergeben. Üblicherweise lagert ›Brugal‹ nicht länger als acht Jahre, doch sind etwa die Sondereditionen ›SIGLO DE ORO‹ und ›1888‹ zwei-

Nicht das Fass ist von 1888. Die Zahl verweist auf das Gründungsjahr des Unternehmens ›Brugal‹.

fach gelagert (Double Aging). Zu bedenken gilt es hier, dass der Angel Share (die Verdampfung) in manchen Jahren bis zu zwölf Prozent beträgt. Hinzu kommt, dass die Fässer, die in Puerto Plata lagern, durch die dort hohe Temperatur sehr starke Aromengeber sind.

›Brugal‹ steht für gut ausbalancierte Rums. Das hat natürlich nicht zuletzt mit dem großen Erfahrungsschatz zu tun, der sich über die lange Zeit angesammelt hat. Einige wichtige Stationen im letzten Jahrhundert zeigen denn auch die Innovationskraft des Unternehmens. • 1952: BRUGAL AÑEJO. Mit seiner Einführung etabliert die Firma das Segment der gereiften Rumsorten. • 1976: BRUGAL EXTRA VIEJO. Eine neue Kategorie von dominikanischen Premium-Rums wird begründet. • 1988: BRUGAL SIGLO DE ORO. Anlässlich des 100-jährigen Firmenbestehens bringt ›Brugal‹ mit dem »Gold des Jahrhunderts« einen Premium-Rum der Extraklasse auf den Markt.

Und heute? Alle Rums des Sortiments zeichnen sich ausnahmslos durch eine hohe Qualität aus, und jedes einzelne Erzeugnis kann sich ohne Einschränkung sehen lassen. • BRUGAL ESPECIAL EXTRA DRY. Ein weißer Rum der Extraklasse, dessen Destillate zwei bis fünf Jahre Lagerung in ehemaligen Bourbonfässern aus amerikanischer Eiche hinter sich haben und die nach dem Blenden dreifach karbongefiltert werden. • BRUGAL AÑEJO SUPERIOR. Der meistverkaufte Rum des Produzenten ›Brugal‹ ist bis zu fünf Jahre gereift und gefällt mit zarten Aromen von Zitrusfrucht und Karamell. • BRUGAL XV. Ein exzellenter weicher Rum aus bis zu acht Jahre gereiften Destillaten mit Anklängen von Karamell, Honig und getrockneten Früchten sowie einem weichen Abgang. • BRUGAL 1888. Der erste Rum, der in einem Double-Aging-Prozess bis zu 14 Jahre in Bourbon- und Sherryfässern lagert, offenbart unter anderem Honig, Datteln,

> **REPÚBLICA DOMINICANA**
> **Lage:** Große Antillen
> **Staatsform:** Republik • **Hauptstadt:** Santo Domingo
> **Fläche:** 48 730 Quadratkilometer
> **Einwohnerzahl:** circa 10 500 000
> **Bevölkerungsdichte:** etwa 215 Einwohner je Quadratkilometer • **Währung:** Dominikanischer Peso (DOP)

Nachgefragt bei Jassil Villanueva

Señor Villanueva, Sie sind Maestro Ronero bei ›Brugal‹. Was macht einen Rum in Ihren Augen zu einem guten Rum? »Guter, hervorragender Rum zeichnet sich durch seine lange Reifung in Holzfässern aus. Je länger das Destillat im Holzfass reift, desto abgerundeter ist sein trockenes Geschmacksprofil. Vom Zuckerrohr über die Herstellung der Melasse und die Gärung bis hin zur Destillation bieten sich vielfältige Möglichkeiten, um schon frühzeitig die Ausgestaltung des Rums zu beeinflussen.«

Gelingt es Ihnen als Master Blender, etwas aus der Farbe eines Rums zu lesen? »Es ist ja nicht nur allein die Farbe eines Rums, sondern man benötigt einen guten Geruchs- und Geschmackssinn. Der ›Añejo‹ beispielsweise ist bernsteinfarben und duftet nach Schokolade und leicht nach Holzaromen. Der ›Siglo de Oro‹ hingegen hat eine dunklere Bernsteinfarbe mit einem rötlichen, warmen Kupferton. Die sanften, süßlichen Geschmacksnoten bieten eine komplexe Bandbreite von Kaffee und frischem Gebäck sowie getrockneten, exotischen Früchten. Zudem verleiht die Reifung in gebrannten Eichenfässern dem ›Siglo de Oro‹ einen rauchigen Akzent.«

Erzählen Sie etwas über die Geschichte und die Tradition von ›Brugal‹? »Seit 1888 steht ›Brugal‹ für hochwertigen karibischen Rum mit dem typisch trockenen Geschmacksprofil. Sämtliche Rum-Erzeugnisse aus dem Hause ›Brugal‹ sind zu 100 Prozent dominikanische Produkte. Bei all unseren Innovationen bewahren wir schließlich immer noch die traditionellen Grundsätze, indem wir aufrechterhalten, was ›Brugal‹ seit jeher ausgezeichnet hat: Die persönliche Note, die sich in jeder Flasche wiederfindet, die wir verkaufen, ist Teil jener Werte, die unsere Familie geprägt hat und prägt.

Erlauben Sie einen Blick hinter die Kulissen Ihrer Arbeit – was ist am ›Brugal XV‹ besonders bemerkenswert? »Das Besondere des ›Brugal XV‹ ist der achtjährige Reifeprozess – erst in Fässern aus amerikanischer Weißeiche und anschließend in europäischen Roteichenfässern. Mit seinem dunklen Kupferton und dem milden Aroma ist dieser Rum perfekt geeignet für die genussvollen Momente im Leben. Der ›Brugal XV‹ hat das typisch trockene Geschmacksprofil unserer Rums – mit einem milden Aroma von karamellisierten, getrockneten Früchten, würzigem Holz und einem Hauch von Zimt und Mandeln.

Rosinen und Kakao, später auch Toffee und Zimt, ehe er sich mit einem langen, weichen Abgang verabschiedet. • BRUGAL SIGLO DE ORO. Mit seinen bis zu 16 Jahre gereiften Destillaten erfüllt dieser perfekt ausbalancierte, komplexe Rum mit seinen Aromen von Orangenschalen, Leder und Holz sowie seinen Geschmacksnoten von Holz, Leder, Kaffee und süßen Orangen alle Erwartungen, die man mit einem großen Rum verbindet.

Nachfolgende Doppelseite: Mehrere Generationen. Die Macher von ›Brugal‹ sind gut aufgestellt.

Ein Traum hält an

Wieder sind es zwei Brüder, die sich einen Traum erfüllen, nämlich den einer eigenen Destille. Diese Destille nennt sich ›Ron Barceló‹, und die Brüder, die sie 1930 in Santo Domingo gründen, heißen Julian und Andres Barceló. Einige Jahre nach ihrer Gründung zerstört ein Hurrikan die Destille. Während daraufhin Andres das Land verlässt, baut Julian die Produktionsstätten wieder auf und reicht sie an die nächste Generation weiter. Im Jahre 1992 wird dann die Firma neu strukturiert – und der Export nach Europa vorangetrieben. Waren 1994 die Produkte von ›Ron Barceló‹ erstmals und einzig in Spanien erhältlich, werden sie mittlerweile in weltweit 50 Länder exportiert.

San Pedro de Macoris ist der Ort, mit dem nicht nur ›Brugal‹ verbunden ist, sondern in dem heute auch ›Barceló‹ beheimatet ist: Der wird im späten 19. Jahrhundert von Kubanern gegründet, die ihr Land während des Unabhängigkeitskrieges verlassen. Das Zuckerrohr sorgt in dieser Region für Wohlstand, und so lassen sich auch viele Europäer hier nieder.

Bevor nach der Ernte des Zuckerrohrs die Zuckerrohrstangen in die Mühlen kommen, werden sie in kleinere Stücke geschnitten, damit sie leichter gepresst werden können. Auf diese Weise versucht man, 100 Prozent des Zuckerrohrsafts zu extrahieren. Übrigens werden die Fasern, die nach der Pressung vom Zuckerrohr übrig bleiben – das Ganze nennt man »Bagasse« –, zur Energiegewinnung verwendet. Im nächsten Schritt wird fermentiert. Wenn dieses biochemische Verfahren abgeschlossen ist, hat man bei ›Barceló‹ einen »Zuckerwein« mit einem

Alkoholgehalt von 7 bis 8 Volumprozent. Der wird in Stahltanks zwischengelagert und anschließend in einer Dreifachsäule destilliert, um einen sauberen und aromareichen Rum zu erhalten.

Anmerkung am Rande: Das flüssige Nebenprodukt, das bei der Destillation in der ersten Säule, der »Destrozadora«, aus dem vergorenen Zuckersaft entsteht, ist sehr nährstoffreich und wird als natürlicher Dünger eingesetzt. Danach beginnt die Lagerung in Fässern aus amerikanischer Weißeiche. Da die Fässer vor der Befüllung innen »getoastet« werden, beginnt der Rum nach etwa einem Jahr Reifung Aroma, Farbe und Geschmack zu bilden. Nach dem Leeren der Fässer gelangen die Rums in Stahltanks, und dort werden die verschiedenen Blends unter Aufsicht des Master Blenders herbeigeführt.

Die Kollektion bei ›Barceló‹ umfasst den weißen Rum GRAN PLATINUM, der sechs Jahre gelagert und anschließend in einem speziellen Verfahren gefiltert wird, den zwölf Monate gereiften DORADO AÑEJADO, ein goldener Rum, den GRAN AÑEJO (mindestens vier Jahre gelagert) sowie den IMPERIAL mit einer Reifezeit von mindestens sieben Jahren. Als krönender Abschluss gilt schließlich der BARCELÓ IMPERIAL PREMIUM 30, erschaffen aus den ältesten Rums der Destille und zusätzlich gereift in Fässern, die zuvor den legendären ›Château d'Yquem‹ beherbergt haben.

Der GRAN PLATINUM überzeugt, wie es sich für einen weißen Rum gehört, mit frischen Noten von Zitrus, Apfel, Eukalyptus, begleitet von ein wenig Pfeffer, gleichwohl angenehm weich verpackt. Über ein ähnliches Geschmacksbild verfügt der DORADO AÑEJADO, der zudem mit Vanillenoten aufwartet und auch kräftiger im Geschmack ist. Der GRAN AÑEJO ist gegenüber seinen Vorgängern ein wenig komplexer, wobei Noten von Kaffee und Karamell hinzukommen, während die Zitrustöne etwas

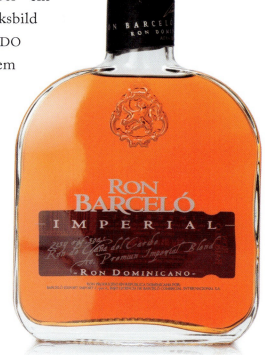

DOMINIKANISCHE REPUBLIK/HAITI

in den Hintergrund treten, sich dafür aber Aprikose dazugesellt. Beim IMPERIAL werden die Aromen gebündelt und treten sehr präsent auf, während der Abgang lang und weich daherkommt.

Ein Erbe aus der Charente

Franzosen und Spanier – sie spielen eine wichtige Rolle in der Geschichte Haitis. Nicht zu vergessen auch die zahlreichen Seeräuber, die viele Jahre einen ihrer Hauptstützpunkte in der Karibik auf der vor der Nordwestküste Hispaniolas gelegenen Île de la Tortue haben (spanisch »Tortuga«, deutsch »Schildkröteninsel«). Bis 1844, als sich der Westteil Hispaniolas als Dominikanische Republik abspaltet, hat die Insel eine gemeinsame, zudem sehr bewegte Geschichte.

Einige Daten: Im Jahre 1697 tritt Spanien das westliche Drittel der Insel an Frankreich ab; »Hispaniola« heißt von nun an »Saint-Domingue« – und wird im

18. Jahrhundert vor allem durch den Plantagenanbau von Zuckerrohr und Kaffee zur reichsten Kolonie Frankreichs; 1791 kommt es zu einem Sklavenaufstand, der sich zu einem blutigen Krieg entwickelt – am Ende setzen sich die Sklaven durch, angeführt vom Nationalhelden Toussaint L'Ouverture; am 1. Januar 1804 erklärt Saint-Domingue seine Unabhängigkeit von Frankreich unter dem Namen »Hayti« – sein Führer Dessalines erklärt sich zum Kaiser und regiert bis zum Jahre 1806. Dann kommt er gewaltsam zu Tode. Diese erste unabhängige Republik von Schwarzen und Mulatten zahlt einen hohen Preis für ihre Eigenständigkeit: Frankreich verlangt im Jahre 1825 für die Anerkennung der Unabhängigkeit Haitis hohe Entschädigungen für ehemalige Plantagenbesitzer, woraufhin Haiti über Jahrzehnte Unsummen an Frankreich zahlt – das einstmals reichste Land der

Es fließt viel Blut, ehe Haiti endlich seine Unabhängigkeit erlangt. »Revolte der Schwarzen in Leocane in Französisch-Haiti«. Radierung, koloriert, um 1840

DOMINIKANISCHE REPUBLIK/HAITI

Karibik wird zum Armenhaus der westlichen Hemisphäre (und hat bis heute diesen Status inne).

Gleichwohl gibt es immer wieder Zeitgenossen, die sich durch nichts, auch nicht durch desolate wirtschaftliche Rahmenbedingungen, von der Verwirklichung ihrer Idee abschrecken lassen. Einer dieser Zeitgenossen ist Dupré Barbancourt. Der Franzose stammt aus der Cognacregion Charente, hat ein Doppeldestillationsverfahren, wie er es aus Frankreich kennt, für die Herstellung von Rum weiterentwickelt (das dann auch nach ihm benannt wird) – und lässt sich auf Haiti nieder, um dort guten Rum zu brennen. 1862 entsteht die Marke ›Barbancourt‹.

Nach Duprés Tod übernimmt seine Frau Nathalie, eine gebürtige Gardère, mithilfe ihres Neffen Paul Gardère die Firmenleitung. Bis zum Tod von Paul im Jahre 1946 ist die Brennerei auf ›Le Chemin des Dalles‹ in Port-au-Prince ansässig. Allerdings sind die Verkaufszahlen in diesen Jahren eher marginal zu nennen, auch deshalb, weil nur eine begrenzte Menge an Rum hergestellt wird. Zudem werden die älteren Rums, die aufgrund ihrer Qualität zu sehr ordentlichen Preisen zu verkaufen wären, ausschließlich für Familie und Freunde reserviert.

Mit Jean Gardère – Pauls Sohn wird das Familienunternehmen bis 1990 leiten – kommt dann Leben in Herstellung und Abläufe. Schon 1949 verlagert er die Destille zu den Zuckerrohrfeldern der ›Domaine Barbancourt‹, und seit 1952 wird der Rum ausschließlich aus Zuckerrohr destilliert, das auf den eigenen Plantagen angebaut wird. Heute wird ›Barbancourt‹ übrigens in vierter Generation geführt, und zwar von Thierry Gardère. Das Zuckerrohr für ›Barbancourt‹ wird von November bis Juni geerntet. Für den Anbau der Pflanzen stehen mehr als 600 Hektar Land der ›Domaine Barbancourt‹ zur Verfügung.

›Rhum Barbancourt‹ ist ein Rum, der ausschließlich aus frischem Zuckerrohrsaft destilliert wird. Dieser wird mit einer speziellen Hefe, die aus dem Labor von ›Barbancourt‹ stammt, bei 30 Grad Celsius fermentiert. Ungefähr 72 Stunden benötigt man dann, um einen Zuckerwein mit 7 Volumprozent Alkohol für die Destillation zu erhalten. Nach wie vor verwendet ›Rhum Barbancourt‹ die doppelte Destillation nach dem Charente-Verfahren. In der ersten Stufe erhält man in der Säule einen weißen Rum mit circa 70 Volumprozent, der in Haiti »Clairin« genannt wird. In der zweiten Runde wird der Rum dann bis auf 90 Volumprozent gebracht. Für das Reifen vertraut man auf Eichenfässer aus der französischen Region Limousin, und zwar deshalb, weil dieses Holz über relativ große Poren verfügt, wodurch der Sauerstoffaustausch gefördert wird. Schließlich wird das Destillat vor dem Abfüllen einer kalten Filtration unterzogen, um zu vermeiden, dass sich Ablagerungen bilden, die durch plötzliche Klimaänderungen hervorgerufen werden können. Die Produktlinie des ›Rhum Barbancourt‹ umfasst fünf Rumsorten: RHUM BARBANCOURT WHITE mit fruchtigen Noten und authentischem Zuckerrohrgeschmack; PANGO RHUM, kurz gelagert und dann mit Mango und Ananas aromatisiert; RHUM BARBANCOURT THREE STAR (vier Jahre alt) mit frischen Zitrusnoten, etwas pfeffrigen und kräuterartigen Tönen; RHUM BARBANCOURT FIVE STAR (acht Jahre gereift) mit Noten von Vanille und Orangenmarmelade, begleitet von einem Hauch rosa Pfeffer, ehe ein kräftiger Abgang erfolgt; RHUM BARBANCOURT ESTATE RESERVE (mindestens 15 Jahre alt, wird jedes Jahr in einer begrenzten Menge abgefüllt) mit fruchtigen Noten, dazu solchen von Zimt und Pfeffer sowie einem herrlich langen Finish.

RÉPUBLIQUE D'HAÏTI

Lage: Große Antillen

Staatsform: Republik • **Hauptstadt:** Port-au-Prince

Fläche: 27 750 Quadratkilometer

Einwohnerzahl: circa 10 000 000

Bevölkerungsdichte: etwa 355 Einwohner je Quadratkilometer • **Währung:** Gourde (HTG)

Xaymaca – Ohne Rum undenkbar

Wir schreiben das siebte vorchristliche Jahrhundert. Angehörige der »Edlen (Guten) Leute« erreichen eine Insel in der Karibik, die sie irgendwann »Chaymakas« beziehungsweise »Xaymaca« nennen. Die Tainos, wie sich die »Edlen Leute« nennen, ein zu den in ganz Südamerika heimischen Arawak gehörendes Volk, besiedeln um diese Zeit nahezu die gesamte Inselwelt der Karibik.

Um 800 nach Christus, also rund eineinhalb Jahrtausende später, dringen dann mehr und mehr Stämme der kriegerisch-aggressiven Kariben in diese Region vor und vertreiben die Tainos von zahlreichen Eilanden – die Ureinwohner können sich lediglich auf einer guten Handvoll der Inseln behaupten, darunter die Bahamas, Hispaniola, Kuba und eben Chaymakas beziehungsweise Xaymaca. Wiederum gehen einige Jahrhunderte ins Land, ehe sich die Tainos erneut Eindringlingen gegenübersehen. Nachdem Christoph Kolumbus auf seiner zweiten Reise Chaymakas als erster Europäer 1494 betreten hat, dauert es nicht mehr lange, bis sich spanische Kolonisten auf dem Eiland spürbar ausbreiten – und innerhalb kurzer Zeit wandelt sich der Name der drittgrößten Insel der Großen Antillen von »Chaymakas« oder »Xaymaca« in »Jamaika«.

Suppe ohne Salz

Suppe ist ohne Salz nicht denkbar – und Jamaika ohne Rum ebenfalls nicht. Die Symbiose »Jamaika und Rum« – und somit die Geschichte des Rums – beginnt im Jahre 1655, als britische Truppen unter Admiral William Penn senior auf der Insel landen, die Spanier vertreiben und Jamaika für die britische Krone in Besitz nehmen. Zu jener Zeit spielen Piraten, »Privateers«, eine große Rolle, nutzen sie doch Jamaika gerne als ihren Stützpunkt, um von dort aus Handelsschiffe anzugreifen und zu entern. Vornehmlich sind es spanische Karavellen und Karacken, auf die sich ihr Augenmerk richtet, und oftmals erhalten sie ihre Aufträge von den Engländern. Die Freibeuter lassen bevorzugt eine Flüssigkeit durch ihre Kehlen laufen, »Kill Devil« genannt, ein alkoholisches Gebräu, das sie dem Bier und dem Brandy vorziehen, denn letztere werden, ebenso wie Wasser, an Bord der Schiffe schnell schlecht. Diese Erfahrung machen auch die Engländer, und schon bald beschließt die ›Royal Navy‹, jenen Kill Devil an Bord ihrer Schiffe zu nehmen und an die Mannschaften zu verteilen – eine Tradition, die bis 1970 anhalten soll.

Sie ist die drittgrößte Insel der Großen Antillen: Jamaica. Sie liegt gut 145 Kilometer südlich von Kuba und 160 Kilometer westlich von Hispaniola.

Im Jahre 1731 gewährt dann die ›Royal Navy‹ ihren Matrosen eine »Lohnerhöhung«: Sie setzt fest, dass jeder Mann an Bord ihrer Schiffe neben seinem Sold eine Ration Rum pro Tag erhält. Dieser Erlass hat jedoch noch nicht einmal ein Jahrzehnt Bestand, denn 1740 wird er von einem neuen ersetzt, verfügt von Admiral Vernon. Ihm gefällt es nicht, dass die Mannschaften ständig an- oder sogar betrunken und somit im Zustand der erhöhten Lebensfreude ihren »Dienst« tun – und so muss von nun an der Rum mit vier Teilen Wasser (mit, wenn vorhanden, Zucker und Limette bzw. Zitrone gemischt), verteilt in zwei Portionen auf den Tag, unter Aufsicht ausgegeben werden. Mit der Zeit wird der Zuckerrohrbrand auch in Europa immer bekannter, und es entwickelt sich ein reger Rum-Handel zwischen Jamaika und Europa.

Jamaika und die Schweiz

Von den einstmals circa 150 Destillen, die im Laufe der Jahrhunderte auf Jamaika entstanden sind, existieren heute nur noch sechs. In einer von ihnen wird der ›Appleton‹ hergestellt, die wohl bekannteste Rum-

Im 17. Jahrhundert ist Jamaika eine Hochburg der Piraterie. Auch die eine und andere Frau mischt als Freibeuterin mit.

104 Wo alles seinen Anfang nimmt: Karibik

Marke Jamaikas. ›Appleton‹ gehört zum Unternehmen ›Wray & Nephew‹, das neben einem 63 Volumprozent Alkoholgehalt aufweisenden Overproof-Rum gleichen Namens auch die Marke ›Coruba‹ produziert. Auf diese Marke soll zunächst der Fokus gerichtet sein …

Ein Welthandelsreisender für Insektenvernichtungsmittel entdeckt im 19. Jahrhundert auf Jamaika einen tollen Rum. Er denkt sofort an seine Mitmenschen in Basel und bringt ihnen Kostproben davon mit. Nachdem die Verkoster vom mitgebrachten »Stoff« allesamt angetan sind, gründet jener Handelsreisende 1889 die ›Compagnie Rhumière Bale‹ und nennt den dort hergestellten Rum ›Coruba‹. So weit, so gut. Im Jahre 1929 wird die ›Rum Company Ltd. (Jamaika)‹ in Kingston gegründet. Ihr Leiter ist ein gewisser Rudolf Waeckerlin, ein gebürtiger Schweizer, der irgendwann das Logo mit dem schwarzen Mann und dem großen gelben Hut von einem einheimischen Künstler zeichnen lässt. In Bast gekleidet, tritt die Flasche CORUBA N.P.U. mit dem markanten Logo ihren Siegeszug an. Abgefüllt wird der Rum – auch in heutiger Zeit – in der Schweiz und in Deutschland. Die Abkürzung N.P.U., die auf dem Etikett zu lesen ist, steht übrigens für »Nonplusultra«. Bleibt noch anzumerken, dass im Jahre 1965 die ›Rum Company Ltd. (Jamaika)‹ in das Unternehmen des

renommierten Rum-Produzenten ›Wray & Nephew‹ integriert wird und dass Ralph Waeckerlin, der Enkel von Rudolf, seine Mehrheitsaktien, die er an der ›Rum Company Ltd.‹ hält, 1993 an die Schweizer Firma ›Haecky‹ verkauft.

Für das Blenden der Rums, die den Namen ›Coruba‹ tragen, werden je nach

> **Jamaica**
> Lage: Große Antillen • Staatsform: Parlamentarische Monarchie
> Hauptstadt: Kingston • Fläche: 10 991 Quadratkilometer • Einwohnerzahl: circa 3 000 000
> Bevölkerungsdichte: etwa 270 Einwohner je Quadratkilometer
> Währung: Jamaika-Dollar (JMD)

Abfüllung bis zu einem Dutzend Jamaika-Rum-Sorten unterschiedlichen Alters verwendet. Während man die Serie ›Classic‹ in den ›Haecky‹-Kellereien von Reinach vermählt, blendet man die Serie ›Prestige‹ auf Jamaika. Die Serie ›Classic‹ umfasst die Marken CORUBA N.P.U., CORUBA N.P.U. 74 %, CARTA BLANCA, COCO CORUBA RUM LIQUEUR und RUMTOPF. Hierzu gesellt sich die Serie ›Prestige‹ mit drei exklusiven Rums: ›Rum Coruba Cigar 12 Years‹, ›Rum Coruba 18 Years‹ und ›Rum Coruba 25 Years‹. Im Vergleich zu den ›Prestige‹-Abfüllungen ist die ›Classic‹-Serie würziger und vor allem für Cocktails und Longdrinks mit intensivem Rum-Geschmack geeignet. Der RUM CORUBA CIGAR 12 YEARS ist in kleinen Eichenfässern gereift, ehe er anschließend von Hand abgefüllt wird. Er präsentiert sich mundfüllend, würzig, mit Noten von Vanille, dunklem Karamell und edlem Holz. Im Gesamteindruck kräftig, kann der Kreation eine gewisse Raffinesse nicht abgesprochen werden. Jedenfalls passt er sehr schön zu einer guten Zigarre. Ebenfalls mundfüllend, zudem sehr weich, dabei elegant ist der RUM CORUBA 18 YEARS, der feine Anklänge von Vanille, Toffee und edlem Holz aufweist. Sehr erhaben und weich, mit feiner Trockenfruchtnote und einem Hauch von dunkler Schokolade stellt sich der RUM CORUBA 25 YEARS vor. Dazu kommt etwas Vanille und edles Holz, ehe er sich mit einem schönen, langen Nachklang verabschiedet, begleitet von einer leichten Süße.

Ein geschätzter Name

Erinnern wir uns: Im Jahre 1655 landen britische Truppen unter Admiral William Penn senior auf Jamaika, vertreiben die Spanier und nehmen die Insel für die britische Krone in Besitz. Wie so oft bei derartigen Unternehmungen tun sich bei den Eroberungskämpfen einige Truppenmitglieder besonders hervor. Einer von ihnen ist ein gewisser Frances Dickinson. Für seine Umsicht und seinen Einsatz erhält er zur Belohnung ein Stück Land – und auf diesem Areal entsteht die Destille ›Appleton Estate‹. Allerdings gehen noch einige Jahre ins Land, ehe hier der erste Zuckerrohrschnaps gebrannt wird. Wann das genau der Fall ist, lässt sich heute nicht mehr mit Bestimmtheit sagen. Aktenkundig ist hingegen das Jahr der ersten Rum-Produktion: 1749 wird bei ›Appleton Estate‹ das erste Destillat aus Zuckerrohr vorgestellt. Zu diesem Zeitpunkt führen die Enkel von Frances Dickinson das Unternehmen, und sie sind es auch, die als die frühesten bekannten Besitzer von ›Appleton Estate‹ gelten.

Wer Jamaika besucht, der kommt am berühmtesten Bauwerk der Insel kaum vorbei, dem ›Rose Hall Great House‹, gelegen in der Stadt Montego Bay. Der englische Plantagenbesitzer John Palmer hat es im Jahre 1770 errichten lassen. Zum Anwesen gehörten gut 680 Hektar Weideland und Zuckerrohrfelder.

Aufgegebene Werkshallen der Zuckerindustrie in Montego Bay

Ein knappes Jahrhundert später gibt es dann den ersten Besitzerwechsel: Ein gewisser William Hill übernimmt 1845 die Destille von der Familie Dickinson, verkauft sie aber nach wenigen Jahrzehnten wieder. Nun hat Nathan A. McDowell das Sagen bei ›Appleton Estate‹. Doch nicht lange, denn der erfolgreiche Kaufmann kommt Anfang 1907 ums Leben. Wie zahlreiche andere Inselbewohner gehört er zu den Opfern des verheerenden Erdbebens, das Jamaika am 14. Januar heimsucht und bei dem die Hauptstadt Kingston nahezu vollständig zerstört wird. Das riesige Anwesen von Nathan A. McDowell, zu dem auch die Destille gehört, erwirbt schließlich die ›J. Wray & Nephew Ltd.‹, die noch heute im Besitz von ›Appleton Estate‹ ist.

Die beeindruckende Destille von ›J. Wray & Nephew‹ liegt im Nassau Valley, einem Teil von Jamaikas weltberühmten »Cockpit Country«. Jenes Tal verfügt über einen besonderen Kalksteinboden, gebildet in Millionen von Jahren. Dort werden auch die mehr als zehn (!) verschiedenen Sorten Zuckerrohr angebaut, die von der Destille zur Rum-Produktion verwendet werden. Geerntet wird von Januar bis April, wobei man zugunsten des Umweltschutzes auf das Abbrennen der Felder verzichtet, um dadurch den CO_2-Ausstoß zu verringern.

An dieser Stelle sind einige wichtige Zahlen angebracht: ›Wray & Nephew‹ produziert mit seinen mehr als 3 000 Mitarbeitern 60 Prozent des gesamten Rums auf Jamaika, wovon wiederum 28 Prozent auf ›Appleton‹ entfallen. Obwohl das riesige Anwesen im Nassau Valley im Laufe der Zeit einige Male den Besitzer gewechselt hat, tat das der Qualität des Rums, der hier produziert wird, keinen Abbruch. Bevor die einzelnen Rums ihre Aufwartung machen, dürfen einige Ausführungen zur Herstellung bei ›Wray & Nephew‹ nicht fehlen. Dass ›Wray & Nephew‹ im Nassau Valley mehr als zehn verschiedene Sorten Zuckerrohr anbaut, ist schon erwähnt worden – nicht jedoch, dass für die Fermentation des Zuckerrohrs eine eigene Hefe gezüchtet wird, wobei die Melasse, die für diesen Vorgang genutzt wird, noch einen Zuckeranteil von 58 Prozent aufweist. Fermentiert wird über 36 Stunden, und so ergibt sich am Ende der »Fermentación« ein Zuckerwein mit einem Alkoholgehalt von circa 7 Volumprozent.

Destilliert wird in Column Stills bis auf 96 Prozent und in Pot Stills bis auf 86 Prozent. Die anschließende Lagerung findet in 40 Gallonen fassenden – und aus 30 Einzelteilen (!) bestehenden – American-Oak-Fässern statt, wobei hier der Angel's Share, also der Teil, der durch Verdunstung aus den Fässern entweicht, ziemlich genau 6 Prozent im Jahr ausmacht. Bleibt noch zu erwähnen, dass alle drei Jahre die Fässer untereinander aufgefüllt werden – und ganz wichtig: Die Macher des ›Appleton‹ haben die Kontrolle über alle Produktionsschritte, angefangen beim Zuckerrohr über das Wasser aus eigener Quelle bis hin zu Fermentation, Destillation und Lagerung. Das kann noch lange nicht jede Rum-Destille von sich behaupten.

Zunächst einmal: Alle ›Appleton Estate‹-Abfüllungen sind ein Blend aus Pot Still und Column-Still-Destillaten. Dazu gehören auch der APPLETON ESTATE WHITE RUM und der APPLETON ESTATE GOLD RUM, die sich gut zum Mixen eignen. Die »Sipping Rums« beginnen mit dem ›V/X‹, einem Blend aus 15 unterschiedlichen Rums, die fünf bis zehn Jahre in Bourbonfässern gelagert worden sind, in denen ehemals Hunderte von Litern ›Jack Daniels‹ ihrer Vollendung entgegengereift sind. Der zwischen gold- und honigfarben changierende Rum besticht mit außergewöhnlicher Klarheit und Brillanz, weist in der Nase feine Düfte von braunem Zucker, getrockneten Früchten und Orangenschale auf, flankiert durch eine leichte Würze, während im Geschmack getrocknete Aprikosen, frischer Pfirsich und Melasse überwiegen, wozu sich Aromen von Honig, geröstetem Weißbrot und raffiniertem Zucker gesellen. Der nächste in der Reihe ist der APPLETON ESTATE RESERVE, der aus 20 verschiedenen Rums geblendet wird, wovon der jüngste acht Jahre Lagerzeit hinter sich hat. In der Nase offenbaren sich feine Düfte von braunem Zucker, Honig und Gewürzen, begleitet von Orangenschale und Vanille, wohingegen sich im süß-samtigen Geschmack Orangen, Muskatnuss, Vanille und Haselnuss, Honig, Marzipan, Karamell und brauner Zucker ein symbiotisches Stelldichein geben. Es folgt der APPLETON ESTATE EXTRA 12, dessen jüngster Anteil, wie der Name schon signalisiert, zwölf Jahre alt ist. Dazwischen folgen noch etliche

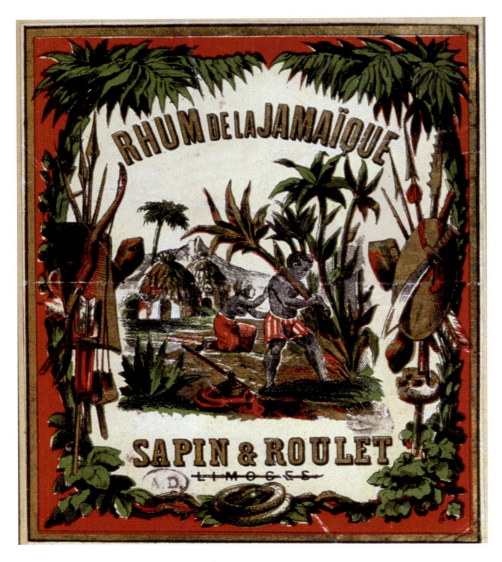

Last, but not least stellt sich der APPLETON ESTATE 21 vor. Dieser Super-Premium-Rum, dessen jüngstes Einzeldestillat 21 Jahre lagern durfte, repräsentiert die höchste Qualitätsstufe in der »Standardserie«. Der ›21er‹ wird in einer limitierten Menge geblendet, denn bei diesen Reserven ist es angebracht, mit ihnen behutsam und gut überlegt umzugehen. In der Nase gewährt der kupferfarbene Rum einen blumigen Duft, der sich zu einem einzigartigen nussigen Aroma entwickelt, wobei Noten von Vanille, Orangenschale und Kakao dominieren, während der weiche Geschmack mit Orange, Vanille, Muskat und Mandel, Kaffee und Kakao sowie gerösteten Nüssen, Melasse und Eiche unterlegt ist.

Verantwortlich für diese Blends ist eine der vier Frauen, die weltweit als Master Blender arbeiten. Joy Spence studierte in England Chemie und fing nach ihrer Rückkehr nach Jamaika als Meister-Chemikerin bei ›Appleton Estate‹ an. Dort lernte sie das Blenden von der Pike auf – und perfektionierte es mit der Zeit. Das spürt der Connaisseur beispielsweise bei jedem Schluck der Sondereditionen, für die sie ebenfalls verantwortlich zeichnet. Zu nennen sind hier etwa der MASTER BLENDERS' LEGACY wie auch der EXCLUSIVE – reich, glatt und vollmundig, spiegeln beide im Geschmack die Ele-

weitere Altersstufen, und der älteste Rum kann auf beachtliche 30 Jahre Fassreife zurückblicken. In der Nase überzeugen reife Aromen von Nüssen, Muskat, Orangenschale und Vanille, worauf sich ein buttrig-cremiger Geschmack einstellt, der durch Melasse, Orange und Vanille, Kaffee und Kakao, Eichenholz, Mandel und braunen Zucker geprägt ist.

mente des Terrains wider, auf dem das Zuckerrohr wächst, aus dem sie gebrannt worden sind.

Bleibt noch eine absolute Rarität zu erwähnen. Beim APPLETON ESTATE 30 ist jeder Rum individuell für acht Jahre gereift und geblendet, um dann für weitere 22 Jahre seine Lagerung in Eichenfässern anzutreten. Das Ergebnis dieses einzigartigen dualen Alterungsprozesses ist ein außergewöhnlicher Geist, der ein unvergleichliches Geschmacksprofil hervorbringt. Nur 1 440 Flaschen dieses sehr seltenen Rums sind in Handarbeit hergestellt worden – ein äußerst geringer Anteil jenes Lagerbestands, der in der Regel um die 250 000 Fässer beträgt. Wer also dieses sehr rare Destillat nicht bekommen kann, der hat immerhin noch reichlich Auswahl unter den verschiedenen Rums, die den hochgeschätzten Namen ›Appleton Estate‹ tragen. Trotz allem: Viel Erfolg beim Suchen!

Dem Geheimnis auf der Spur

Hierzulande findet man diese guten Tropfen nur von unabhängigen Abfüllern wie zum Beispiel ›Cadenheads‹, ›Bristol‹ oder ›Berry Brothers‹, allerdings immer seltener. Sie werden von Rum-Kennern gesucht, und dabei tun sie derart geheimnisvoll, als ginge es darum, den Heiligen Gral zu finden. Die Rede ist von alten Rums der Brennerei ›Hampden Estate‹.

In der Destille von ›Appleton Estate‹

Gelungene karibische Symbiose: Rum aus Jamaika und Tabak aus Kuba

Auf Dirk Beckers jüngster Jamaikareise hat er das Glück, die Destille ›Hampden Estate‹ besuchen zu können. Da die verstaatlichten Brennereien auf Jamaika nicht gerne gezeigt werden – lediglich bei ›J. Wray & Nephew Ltd.‹ und nun auch bei ›Hampton Estate‹ gibt es Besuchertouren –, ist es stets schwierig, den richtigen Kontakt zu finden. Endlich, nach Monaten sowie etlichen E-Mails und Telefonaten, steht die Verabredung.

Bevor man die Destille sehen kann, kann man sie riechen – unglaublich, wie rumgeschwängert die Luft in einem Umkreis von 500 Metern sein kann. Als Dirk Becker mit seinen Begleitern auf das Gelände fährt, ist sein erster Gedanke: »Über diesen Ort muss Captain Morgan gerade eben mit seinen Mannen hergefallen sein.« Ruinen, bis auf die Grundmauern niedergebrannt, und Maschinen, wie auf einem Schrottplatz abgestellt. Allerdings hat dieser Anblick auch seinen Reiz, erhöht er doch seine Spannung auf die Geheimnisse, die er hier zu entdecken hofft. Der desolate Zustand, der sich bei der Ankunft offenbart, ist zurückzuführen auf die Misswirtschaft der letzten Jahrzehnte, als ›Hampden‹ immer mal wieder über längere Zeit verstaatlicht gewesen ist. Der Vater von Andrew und Percy Hussey hat das nicht mehr mit ansehen können, und so kauft er im Jahre 2009 ›Hampden Estate‹ sowie die Zuckerrohrfelder von Long Pond. Allerdings stellt sich schnell eines heraus: Damit ist es nicht getan. Noch eine Menge Arbeit und eine weitere Investition von rund 6 Millionen US-Dollar sind nötig, um hier wieder alles auf Vordermann zu bringen. Wenn man sieht, wie hier gearbeitet worden ist, erklärt sich auch, warum es auf Jamaika nur noch sechs Destillen gibt.

Die Familie Hussey ist dabei, alles wiederherzustellen und eine Art produzierendes Museum entstehen zu lassen. Sie versucht, so viele Maschinen und Geräte wie möglich zu restaurieren, fahndet auf der gesamten Insel nach Ersatzteilen und Maschinen, und nur das, was nicht zu reparieren ist, wird ersetzt. Es ist ein Mammutprojekt. Was aber macht den Rum dieser Destille so besonders? Es kann nicht die Art und Weise sein, wie er produziert wird, denn das geschieht noch genauso wie vor 250 Jahren. Speziell wir Deutschen haben eine besondere Affinität zu jamaikanischem Rum – schließlich entstehen der gute alte ›Pott‹ wie auch der ›Hansen‹, um nur die beiden wohl bekanntesten Marken zu nennen, genau aus diesem Stoff.

Rückblick. Nachdem im Deutschland des 19. Jahrhunderts zum Schutz der einheimischen Industrie die Zölle stark erhöht wurden, lohnte der Kauf von jamaikanischem Rum nicht mehr. Allerdings war genau dieser Rum sehr beliebt, der vor allem über Flensburg, das damals zu Dänemark gehörte, nach Deutschland gelangte. Auch in Jamaika stand man vor einem Dilemma, und es wurde fieberhaft nach einer Lösung gesucht. Und Not macht bekanntlich erfinderisch: Der Rum wurde von nun an unverdünnt in der höchstmöglichen Alkoholstärke und mit dem höchstmöglichen Aroma verkauft, also praktisch als Konzentrat. Das wurde dann mit Neutralalkohol und Wasser verdünnt, und so wurde aus einem Fass Rum, das man bezahlt und verzollt hatte, sehr, sehr viel mehr. Der Siegeszug des jamaikanischen Rums erfuhr seine Fortsetzung.

Wieder zur Jetztzeit. Um einen so einmaligen Rum zu schaffen, wie er bei ›Hampden Estate‹ produziert wird, bedarf es vieler prägnanter Arbeitsschritte. Zunächst muss die Melasse extrem lange fermentiert werden, was hier, eingeleitet mit einer eigens gezüchteten Hefe, ganze zwei Wochen dauert. Bei diesem Herstellungsschritt wird der Grundstock für jenes einzigartige Aroma gelegt, das wir gerne mit Weihnachten und mit Grog in Verbindung bringen. Zur Fermentation werden außerdem Skimming, also der Schaum, der bei der Fermentation entsteht, und Dunder zugegeben, jene Substanz, die sich während der Fermentation am Boden absetzt, das heißt: Es werden immer wieder Stoffe aus dem vorherigen Durchlauf verwendet – ein enormer Aufwand (und einer, der höchst selten betrieben wird). Der Dunder wird übrigens unter freiem Himmel in Gruben aufbewahrt, die nur mit Stroh abgedeckt sind. Niemand weiß, wie tief diese Gruben sind, und es ist nicht angeraten, das auf

> **SIPPING RUMS**
>
> Mit »Sipping Rums« sind Destillate gemeint, die aufgrund ihrer Qualität pur getrunken werden sollten. »Sipping« kommt aus dem Englischen. So lässt sich beispielsweise »sipping from his drink« mit »an seinem Getränk nippend« übersetzen.

Pot Stills vollzogen und trägt einen weiteren Teil zur Intensität des Rums bei. Zur Verfügung stehen insgesamt drei Pot Stills, zwei alte und eine neue. An diesen Pot Stills befinden sich jeweils zwei Kolben für die sogenannten hohen und tiefen Weine. Ist die Destillation abgeschlossen, werden die Destillate auf bekannte und übliche Weise gelagert.

Als die Familie Hussey ›Hampden‹ übernimmt, ist kein gelagerter Rum vorhanden, und sie hat praktisch bei Null angefangen. Zunächst sind deshalb zwei neue Lagerhäuser gebaut worden, um den jungen Rum überhaupt lagern zu können. Mittlerweile gibt es denn auch die ersten beiden Rums. RUM FIRE VELVET heißt der eine, ist ein Overproof mit 63 Volumprozent und typisch für Jamaika. Er wartet mit einer unglaublich intensiven Nase von überreifer Banane und exotischen Früchten auf – und riecht übrigens genauso wie die gesamte Luft auf dem Gelände. Sicher nicht für jedermann zum Purtrinken, obwohl das gut geht, gewiss aber ein toller Rum zum Mixen, für Drinks wie beispielsweise ›Mai Tai‹ oder für einen kräftigen ›Daiquiri‹. Der zweite Rum trägt den Namen HAMPDEN GOLD, ist etwa ein Jahr gelagert und mit 40 Volumprozent abgefüllt. Somit ist er milder als der Overproof, hat aber annähernd das gleiche Aromenprofil.

eigene Faust herausfinden zu wollen. Der große Aufwand, der hier betrieben wird, geht aber noch weiter. In einige Fässer wird einheimisches exotisches Obst gegeben, das im Laufe der Zeit darin vergärt und später dem Rum zugesetzt wird. Alles wie vor zweieinhalb Jahrhunderten. Selbst die Fässer stammen teilweise noch aus jener Zeit. Erst wenn diese langwierigen Prozesse abgeschlossen sind, ist endlich die Destillation an der Reihe. Sie wird in den alten

Der Zukunft des ›Hampden‹ kann man entspannt entgegensehen. Zahlreiche Rum-Kenner freuen sich jedenfalls schon jetzt auf die ersten gelagerten und geblendeten Abfüllungen.

Zum Schluss noch ein Wort zum »Jamaika-Rum-Verschnitt«. Mit dem ›Reichsmonopolgesetz‹, das dazu gedacht ist, die heimische Produktion von Alkohol zu schützen, ist es ab 1885 nicht mehr rentabel, Alkoholika zu importieren, also auch Rum aus Übersee einzuführen. Vornehmlich in Flensburg sucht man eine Alternative. Und die sieht wie bereits erwähnt so aus: Unternehmen ordern bei ihren jamaikanischen Produzenten keinen normalen Rum mehr, sondern ein spezifisches Destillat – einen hocharomatischen Rum, den schließlich so benannten ›German Flavour Rum‹. Die Mischung aus Rum, Wasser und Neutralalkohol, also der »Rum-Verschnitt«, der in jedem Supermarktregal zu finden ist und der sich, so paradox es klingen mag, »Echter Rum« nennen darf, muss übrigens 5 Prozent »Original Rum« enthalten und einen Alkoholgehalt von 37,5 Volumprozent aufweisen. Zum Purgenuss nicht gerade geeignet, kann er durchaus für einen heißen Grog an gesundheitswidrigen Wintertagen verwendet werden, wobei es angeraten ist, statt des üblichen Zuckers einen guten Honig zu verwenden. Das wenigstens bringt einen Grog in die Nähe des Etiketts »Wohlergehen«.

Zum Mixen allerdings sollte man auf den »Original Rum« zurückgreifen, also auf ein Destillat, das nach der Einfuhr nicht mehr verändert worden ist, beispielsweise auf einen weißen Rum aus der Karibik, der in der Regel zudem nur wenige Euro teurer ist als ein Verschnitt.

Verwirrendes auf Colba

Nachdem Christoph Kolumbus am 12. Oktober 1492 vor der zu den Bahamas gehörenden Insel Guanahaní vor Anker gegangen ist und erstmals amerikanischen Boden betreten hat, segelt er 15 Tage später, am 27. Oktober, mit seinen Schiffen ›Santa Maria‹, ›Pinta‹ und ›Niña‹ in die schützenden Gewässer der Bahia de Gibara der Insel Colba, wie die Eingeborenen dieses große Eiland nennen. Kolumbus ist der Meinung, auf Zipangu gestoßen zu sein, jenes legendenumwobene Japan, das dem von Marco Polo beschriebenen Reich des Großkhans vorgelagert sein muss. Doch es ist nicht Japan, auf das er gestoßen ist, sondern, wie gesagt, Colba, das heutige Kuba.

Zwei Matrosen, die der Atlantiküberquerer für eine erste Erkundung an Land schickt, treffen dabei auf Eingeborene, die seltsame Stäbe aus getrockneten Blättern herstellen, um sie dann an der einen Seite »in Brand zu setzen« und an der anderen den durch das Anzünden entstandenen Rauch zu inhalieren. Die beiden Seeleute sind die ersten Europäer, die mit dem Tabakrauchen Bekanntschaft machen.

Auf Kuba ist Tabak gegen Ende des 15. Jahrhunderts schon lange bekannt und gehört dort, wenn man denn so will, zur Genusskultur. Demnach ist das Genussprodukt Zigarre etliche Jahre älter als das Genussprodukt Rum. Das entsteht bekanntlich erst, nachdem die Europäer das Zuckerrohr in die Karibik gebracht und somit erst die Voraussetzung für die Herstellung von Rum geschaffen haben.

Kuba. Flirrende Luft, Exotik und Erotik, US-Straßenkreuzer und eine einen morbiden Charme versprühende Altstadt von Havanna. Lebenslust pur. Dazu Zigarren und Musik – und natürlich Rum. Auch wenn Kuba, verglichen mit anderen Karibikstaaten, erst spät das Geschäft mit dem Rum für sich entdeckt hat, hat sich die größte Insel der Großen Antillen im Laufe der Zeit zu einem der wichtigsten Orte in der Geschichte des Rums entwickelt. Doch ist diese Geschichte alles andere als einfach nachzuvollziehen. Gleichwohl gibt es einige verlässliche Daten …

Irrungen und Wirrungen

1862 kauft Facundo Bacardí i Masso, Einwanderer aus Katalonien, in Santiago de Cuba eine kleine Rum-Destille und grün-

Solche alten US-amerikanischen Limousinen gehören wie selbstverständlich zum Straßenbild Havannas.

Die Altstadt von Havanna gehört zum Weltkulturerbe der UNESCO. In diesem Restaurant wird bestimmt auch kubanischer Rum serviert.

det die Firma ›Bacardi & Co.‹. Don Facundo produziert von Beginn an einen leichteren Rum als die bisher üblichen, also einen geschmacklich milden (siehe das Kapitel über die Bahamas, S. 71 ff.). 1878 gründet José Arechabala, ein gebürtiger Baske, in Cárdenas, einer Küstenstadt im kubanischen Norden, die Rum-Brennerei ›La Vizcaya‹ (heute eine Rum-Marke, die in der Dominikanischen Republik produziert wird). Das Geschäft floriert. 1910 beginnt ›Bacardi‹ zu expandieren und lässt eine Abfüllanlage in Barcelona bauen. Man startet also recht früh mit Aktivitäten im Ausland (siehe auch hier das Kapitel über die Bahamas). Neben anderen Gründen für die Expansion ist der wohl wichtigste die Umgehung von Einfuhrzöllen. 1921 schließt sich ›La Vizcaya‹ mit anderen Destillen zusammen. Die Firma nennt sich ›José Arechabala S.A.‹, und so heißt auch ihr erster Präsident, allerdings ohne den Kürzelappendix. 1935 ist dann die Geburtsstunde der Marke ›Havana Club‹. Das jedenfalls wird allgemein angenommen, denn im genannten Jahr verkauft ›Arechabala‹ erstmals Rum unter diesem Namen. Gleichzeitig beginnt die Firma mit dem Export in die Vereinigten Staaten und lässt dort Markenrechte eintragen. 1960 wird die Familie Bacardí gemeinsam mit den Besitzern weiterer 380 der größten kubanischen Unternehmen mit dem Gesetz Nr. 890 vom 14. Oktober entschädigungslos enteignet. Die 1910 begonnene Expansion ins Ausland erweist sich somit im Nachhinein als großer Glücksfall. Das Schicksal der Enteignung ereilt auch die Arechabalas. Noch im selben Jahr wird dann der ›Havana Club‹ in staatlichem Auftrag im gleichen Stil weiterproduziert. 1970 zieht die Produktion des

›Havana Club‹ von Cárdenas nach Santa Cruz del Norte, einer nur unweit von Cárdenas westlich gelegenen Hafenstadt, in eine neu gebaute Destille um. 1973 sichert sich die staatliche Gesellschaft ›Cubaexport‹ die auslaufenden Rechte an der Marke ›Havana Club‹ in rund 70 Ländern. Im November 1993 gehen ›Cubaexport‹ als Eigner der Destille ›Havana Club‹ und ›Cuba Ron‹, der kubanische Distributor des Rums, ein Joint Venture mit ›Pernod Ricard‹ ein. Der französische Wein- und Spirituosenkonzern übernimmt die Vermarktung außerhalb Kubas, was die Marke ›Havana Club‹ in neue Bekanntheits- und Verkaufsdimensionen führt. 1994 verkauft die Familie Arechabala, denen im Gegensatz zu den Bacardis ein Comeback nicht gelungen ist, Rechte und Rezept des ›Havana Club‹ an ›Bacardi‹ – nicht wissend, dass die Rechte schon lange bei ›Cubaexport‹ liegen. 2000 eröffnet ›Havana Club‹ ein Rum-Museum in der kubanischen Hauptstadt. 2007 kommt die ›Resolución Nr. 135‹ heraus. Sie schreibt unter anderem vor, dass Rum nur noch auf Grundlage von Melasse destilliert werden darf und nicht etwa aus Zuckerrohrsaft. Außerdem besagt sie, dass nur ehemalige Whiskyfässer aus Weißeiche für die Lagerung verwendet werden dürfen. Im selben Jahr eröffnet ›Havana Club‹ in San José de las Lajas in der damaligen Provinz La Habana eine weitere Destille.

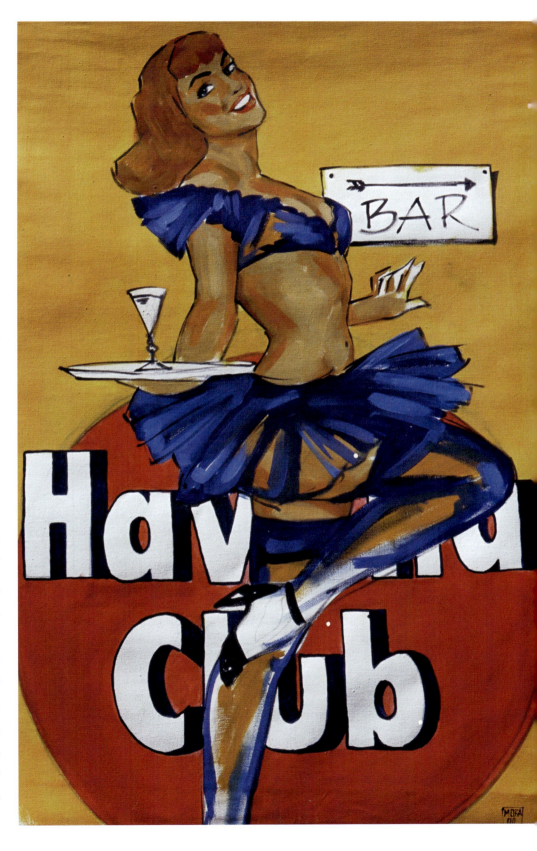

Heute leitet José Navarro die geschmacklichen Geschicke des ›Havana Club‹. Don José, anerkannter Rum-Experte, ist Chief Master Blender beziehungsweise Primer Maestro Ronero. ›Havana Club‹ bietet folgende Produkte an: Den ein zweites Mal im Fass gelagerten Añejo Especial, ferner den Añejo 3 Años und den Añejo 7 Años, dann den Selección de Maestros sowie die limitierte Abfüllung Añejo 15 Años, schließlich den Máximo Extra Añejo, das Flaggschiff, für das die ältesten vorhandenen Rums verwendet werden. Von den genannten Rums sollen drei kurz vorgestellt werden …

Añejo 3 Años. Der Dreijährige mit seinen fruchtigen Noten, angenehm ergänzt durch Vanille, ist immer eine sichere Bank für einen ›Daiquiri‹ wie auch für einen ›Mojito‹. Añejo Especial. Dieser feine Rum erhält durch die Lagerung in einem zweiten Fass deutlich hervortretende Vanille- und Karamellnoten. Durch das Double Aging verstärken sich auch die Holznoten in einer angenehmen Art und Weise. Selección de Maestros. Gemeinsam von den Maestros Roneros werden die besten gelagerten Rums ausgewählt, um diesen exzellenten Blend zu erstellen. Geschmacklich unterscheidet er sich von den anderen Familienmitgliedern vor allem durch seine würzigen Noten, die von einem Hauch Tabak begleitet werden. Im Geschmack sind sehr komplexe Noten zu finden, ergänzt von Kaffee und Schokolade. Ein Rum

mit Rückgrat, und es macht Spaß, ihn zu trinken.

Spurensuche

Es ist unglaublich schwierig, an gesicherte Informationen über Kubas Destillen und Marken zu gelangen. Auch die Frage, welche Marken wo produziert werden, muss oftmals unbeantwortet bleiben. Einfach zu finden sind jedoch jede Menge Widersprüche. Dabei täte Kuba gut daran, hier eine offene, international ausgerichtete Informationspolitik zu betreiben. Neben Zigarren ist nämlich Rum nahezu ein

Synonym für kubanische Lebensfreude. Wenn beispielsweise bei Degustationen nach der Herkunft von Rum und Zuckerrohr gefragt wird, lautet die Antwort in der Regel »Kuba«. Das grenzt schon an einen Mythos, und einer der wichtigsten Gründe dafür liegt weit zurück, liegt in den Umtrieben der Prohibition. In dieser Zeit ist Kuba für Vergnügungssüchtige das El Dorado schlechthin. Nicht nur viele US-Bürger suchen die Insel auf, um hier zu trinken, zu rauchen und sonstigen Vergnügen nachzugehen. Auch Bartender aus ganz Europa verlassen ihr Land, um

Nachfolgende Doppelseite: Selbst in den Hinterhöfen von Havanna ist die Revolution von 1959 allgegenwärtig.

auf Kuba in einer Bar zu arbeiten, und das erklärt, warum in dieser Zeit zahlreiche berühmte Cocktails entstehen. Auch das wahrscheinlich erste Barkeeper-Netzwerk der Welt, jedenfalls eines der bekanntesten, der ›Club de Cantineros‹, hat seinen Ursprung in jenen aufregenden Jahren. Als Rum-Produzent ist neben ›Havana Club‹ in erster Linie das Staatsunternehmen ›Tecnoazucar‹ zu nennen, das satte 90 Prozent des kubanischen Rums produzieren soll. Die Aufgaben von ›Tecnoazucar‹, 1982 durch das Ministerium für Zucker gegründet, umfassen das Exportwesen, zudem Beratungen sowie Dienstleistungen, technische Hilfe und Technologietransfer in verschiedenen Ländern.

In der Destille ›Santa Fe‹ werden der RON MULATA und wohl auch der SANTERO produziert. Heißt es. Genaue Informationen sind in diesem Punkt Mangelware, und jeder ausländische Berichterstatter bewegt sich hier im Vagen. Denn genannt wird auch die etwa 50 Jahre alte Brennerei von Heriberto Duquesne in Villa Clara, einer Provinz in Zentralkuba.

Als 1960 die Familie Bacardí enteignet wird und das Land verlässt, wird, wie bereits beschrieben, die Destille im Auftrag der Regierung von jenen Maestros Roneros weiterbetrieben, die hier schon arbeiten. Die Fabrik in Santiago de Cuba ist heute die Heimat des RON CANEY. Der Name ist übrigens abgeleitet von den gleichnamigen kleinen Hütten mit ihren spitzen Dächern, bewohnt von Farmern in der Gegend der Sierra Maestre, einem Gebirgszug im Osten des Landes, der durch eine üppige Vegetation beeindruckt und mit dem Pico Turquino auch den höchsten Berg Kubas aufweisen kann. In der Destille, die den ›Ron Caney‹ herstellt, entsteht auch der RON SANTIAGO DE CUBA, der die Nachfolge des allseits bekannten ›Ron Matusalem‹ angetreten hat, weil die Kubaner gezwungen gewesen sind, ihrem einstigen ›Matusalem‹ aus rechtlichen Gründen einen anderen Namen zu geben. Auch der RON VARADERO soll in dieser Destille seine Heimat haben. Der RON EDMUNDO DANTES wiederum wird wohl in der Destille von ›Havana Club‹ produziert. Er ist, wenn man so will, der Luxus-Rum Kubas, von dem jährlich nur 3 000 Flaschen abgefüllt werden, erhältlich als 15- oder 25-Jähriger.

REPÚBLICA DE CUBA

Lage: Große Antillen
Staatsform: Republik • **Hauptstadt:** Havanna • **Fläche:** 109 884 Quadratkilometer • **Einwohnerzahl:** circa 11 250 000 • **Bevölkerungsdichte:** etwa 105 Einwohner je Quadratkilometer
Währung(en): Kubanischer Peso (CUP) und Konvertibler Peso (CUC)

Erwähnt werden muss auch Sancti Spíritus, eine Provinz, die ebenfalls in Zentralkuba liegt und deren Hauptstadt ebenfalls Sancti Spíritus heißt. Hier gibt es eine Destille, die wohl zur Zuckerfabrik ›Melanio Hernandez‹ gehört und 22 Marken produzieren soll. Destilliert wird hier in einer Column Still. Interessanterweise ist ›Sancti Spíritus‹ auf allen unabhängigen Abfüllungen als Destille genannt.

Zum Schluss seien noch die bekanntesten Rum-Marken Kubas zusammenfassend genannt: ›Arecha‹, ›Ron Caney‹, ›Comandante Fidel‹, ›Corsario‹, ›Cubay‹, ›Daiquiry‹, ›Ron Edmundo Dantes‹, ›Guayabita del Pinar‹, ›Havana Club‹, ›Legendario‹, ›Liberación‹, ›Ron Mulata‹, ›Planchao‹, ›Ron Santiago de Cuba‹, ›Santero‹ und ›Ron Varadero‹.

Nicht alle der hier genannten Rums sind international präsent, was natürlich auch auf unsere Breiten zutrifft. Erwähnt werden sollten jedoch der RON SANTIAGO DE CUBA EXTRA AÑEJO 12 AÑOS, der sich mit Toffee und Schokolade, Vanille und Eichenholz präsentiert, wobei alle Aromen sehr schön ergänzend miteinander harmonieren, dann der siebenjährige RON ARECHA AÑEJO, der mit einer feinen Kombination aus Honig und Vanille besticht, während seine Fruchtnoten etwas zurückhaltend sind, schließlich der RON VARADERO GRAN RESERVA AÑEJO 15 AÑOS mit seinem leichten Ton von Melasse in Kombination mit Vanille und Nuss, der angenehm weich und harmonisch den Gaumen füllt. Bleibt noch anzumerken: Sehr beliebt sind auch Elixiere, also Rum-Liköre, so etwa der LEGENDARIO ELIXIR DE CUBA, der mit Traubensaft und mazerierten Rosinen verfeinert ist. Dementsprechend süß und rosinig ist auch sein Geschmack.

Ehemalige Hazienda, gelegen im »Tal der Zuckermühlen«, das sich in der Provinz Sancti Spiritus befindet

In der Heimat der ›Piña Colada‹

Es ist – wer sonst – wieder einmal Christoph Kolumbus. Auf seiner zweiten Reise lässt er am 19. November 1493 die Anker seiner 17 Schiffe vor einer Insel werfen und entdeckt für Europa ein neues Stück Land, das er zu Ehren Johannes des Täufers »San Juan Bautista« nennt.

Erst 15 Jahre später, im August 1508, gründen die Spanier hier ihre erste Siedlung, Caparra, die jedoch schon im Jahr darauf aufgegeben wird, weil die Kolonisten einen Hafen entdeckt haben, der viel geeigneter ist als der bisherige. Das drückt sich nicht zuletzt in dem Namen aus, den man der neuen Siedlung gibt: »Puerto Rico« (»Reicher Hafen«). Schließlich setzt sich um die Mitte des 18. Jahrhunderts im allgemeinen Sprachgebrauch ein Namenstausch durch: Die Insel, wie erwähnt von Kolumbus »San Juan Bautista« (kurz: »San Juan«) getauft, heißt nun »Puerto Rico«, während sich die Stadt fortan »San Juan« nennt.

Rund 100 Kilometer östlich von Puerto Rico befinden sich die Jungferninseln, circa 150 Kilometer westlich liegt Hispaniola, und Richtung Süden sind es etwa 800 Kilometer bis zu den nördlichen Küsten Südamerikas. Puerto Rico liegt also strategisch günstig, und so nimmt der »Reiche Hafen« mit seinen acht Nebeninseln in den frühen Jahren der Entdeckungsreisen und Eroberungen sowie der Kolonisation der Neuen Welt eine wichtige Rolle für Spanien ein. Die östlichste und kleinste Insel der Großen Antillen ist nicht nur ein bedeutender Militärstützpunkt, sondern auch ein wichtiger Brückenpfeiler auf dem Weg von Europa nach Hispaniola und Kuba, nach Mexiko und den übrigen Ländern Mittelamerikas sowie dem Norden Südamerikas. Das registrieren natürlich auch die europäischen Kolonialmächte, und so versuchen Engländer, Franzosen und Niederländer sowohl im 16. und 17. als auch im 18. Jahrhundert immer wieder, Puerto Rico zu erobern. In der ersten Zeit sieht sich die Insel auch nicht selten Angriffen von Piraten und Freibeutern ausgesetzt. Auf Dauer jedoch behalten die Spanier die Oberhand. Bis zum August des Jahres 1898. In diesem Monat endet der Spanisch-Amerikanische Krieg mit dem Triumph der aufstrebenden Großmacht USA, und die Iberer verlieren ihre letzten bedeutsamen Kolonien, darunter Kuba und eben Puerto Rico. Seitdem ist Puerto Rico als Freistaat Teil der Vereinigten Staaten.

Im Nordosten der Karibik gelegen, ist Puerto Rico im Zeitalter der Entdeckungen und der Kolonisation der Neuen Welt ein strategisch wichtiger Posten für das Spanische Imperium.

Die Wiedergeburt Don Quijotes

Nahezu drei Jahrhunderte nach Kolumbus und rund 100 Jahre vor den US-Amerikanern lässt sich Sebastián Serrallés, ein gebürtiger Katalane, auf Puerto Rico nieder. In dem Örtchen Ponce, einer Küstenstadt im Süden der Insel, gründet Don Sebastián im Jahre 1800 die ›Hacienda Teresa‹. Rund 60 Jahre später, 1861, ist es an seinem Sohn Juan, ebenfalls eine Farm zum Leben zu erwecken; auf der ›Hacienda Mercedita‹, benannt nach seiner Ehefrau Mercedes, baut Don Juan Zuckerrohr an, das er nach der Ernte weiterverarbeitet. Seine Methode, Zucker zu gewinnen, ist sehr einfach: Seine Arbeiter verwenden ein von Ochsen bewegtes Mühlenrad, das »Trapiches«, um das Zuckerrohr zu zerquetschen und den Saft auszupressen; der Saft wird erhitzt, bis der größte Teil der Flüssigkeit verdampft ist; danach gießt man den Zuckersirup in Holzkisten beziehungsweise Holzfässer, die an ihren Böden Löcher aufweisen – die Melasse tropft über die Löcher ab, während der Zucker im Fass kristallisiert. Im Jahre 1865 importiert dann Juan Serrallés eine in Frankreich erworbene Destille und beginnt, Rum zu brennen. Er gibt ihm den Namen ›Don Q‹ – in Anlehnung an die wohl populärste Romanfigur der klassischen spanischen Literatur, an Don Quijote. Fast ebenso populär wird auch recht bald die Rum-Marke, die auf Puerto Rico in kürzester Zeit weite Verbreitung findet. Der Familienbetrieb beginnt zu wachsen.

Gegenwärtig wird in der ›Destilería Serrallés‹ ein multipler Destillationsprozess mit einem Filtersystem aus Aktivkohle als Herstellungsverfahren angewandt. Dieser Prozess bringt als Ergebnis einen sauberen und reinen Rum hervor. Anschließend findet die Reifung in Fässern aus amerikanischer Weißeiche statt, ehe geblendet wird. Die Blends wiederum beruhen auf exklusiven Rezepten der Serrallés-Familie, jeweils perfektioniert über sechs Generationen. Bei Serrallés werden traditionelle Abläufe angewandt: Zuckerrohr wird zerkleinert und aus dem Saft Kristallzucker gewonnen; was bleibt, ist Melasse, die Grundlage für den Rum; die Melasse hat eine Zuckerkonzentration von 50 Prozent – Grundlage für den gesamten Herstellungsprozess; dann wird die beste Melasse ausgewählt, um eine gleichmäßige Gärung zu gewährleisten; schließlich verdünnt man die Melasse mit Wasser. Ein ganz wichtiger Assistent für die Aromenbildung ist Hefe. Beim Herstellungsprozess des ›Don Q‹ verwendet man übrigens einen eigenen Hefestamm, der seit 75 Jahren als Hefekultur gepflegt wird. Sobald nun die Hefe ihre Arbeit verrichtet hat, ist ein Zuckerwein mit nied-

---

ESTADO LIBRE ASOCIADO DE PUERTO RICO
Lage: Große Antillen • **Staatsform:** Nichtinkorporiertes US-amerikanisches Außengebiet
Hauptstadt: San Juan
Fläche: 8959 Quadratkilometer
Einwohnerzahl: circa 3 550 000
Bevölkerungsdichte: etwa 395 Einwohner je Quadratkilometer
Währung: US-Dollar (USD)

rigem Alkoholgehalt entstanden, der nun als Grundlage für die Destillation dient. Aber nicht für eine normale Destillation, denn der ›Don Q‹ wird fünf Mal destilliert. Danach werden alle Rums mindestens ein Jahr in getoasteten Fässern aus amerikanischer Weißeiche gelagert.

Wenn die Rums ihr entsprechendes Alter erreicht haben, beginnt die anspruchsvolle Kunst des Mischens. Die Aufgabe des Master Blenders alias »The Nose« ist dann die kunstvolle Vermählung der unterschiedlichen Fässer zu hellen und dunklen Rum-Sorten. Was noch zu erwähnen ist: Alle ›Don Q‹-Rums werden vor Ort in der Destille abgefüllt, um höchste Qualität zu gewährleisten. Und: ›Don Q‹ fühlt sich dem Thema Umweltschutz verpflichtet und zählt zu den modernsten Destillen in der Karibik.

Der DON Q CRISTAL ist ein klarer, leichter Premium-Rum, der aufgrund des Fünf-Säulen-Destillationsverfahrens sehr rein ist. Dieser Blend ist eine Mischung aus Rums, die zwischen anderthalb und fünf Jahren in Fässern aus amerikanischer Weißeiche gereift sind und im Anschluss über Holzkohle weißgefiltert werden. Der DON Q AÑEJO wiederum ist reich an Charakter – und ist ein Premium-Rum, der wegen seiner hohen Qualität geschätzt ist. Dieser Añejo ist eine Komposition von Rums, die drei bis zehn Jahre in Fässern aus amerikanischer Weißeiche gereift sind. Unbedingt zu erwähnen ist der Super-Premium-Rum DON Q GRAN AÑEJO. Dieser Rum der absoluten Spitzenklasse wird zunächst für sechs bis zwölf Jahre in Fässern aus amerikanischer

Ansicht einer Garnison aus der Frühzeit Puerto Ricos aus dem 16. Jahrhundert

PUERTO RICO 129

Verdiente Arbeitspause – Zuckerrohrarbeiter bei Rio Piedras, Puerto Rico (historische Aufnahme)

Es gibt zahlreiche Arten der Zuckerrohrpflanze. Manche können bis zu sechs Meter hoch werden.

Weißeiche gelagert, ehe er bis zu 20 Jahre in sorgfältig ausgesuchten spanischen Sherryfässern nach der Solera-Methode reifen darf, wodurch er subtile Aromen mit einem Hauch von Vanille und dunklem Karamell bildet. Neben den drei genannten Rums gibt es noch den ›DON Q GOLD‹ und den ›DON Q FLAVORS‹. Auch das zwei Rums, die es wert sind, sich mit ihnen etwas näher zu beschäftigen.

Ein Getränk geht um die Welt

Sie hat ihre Heimat auf Puerto Rico. Gemeint ist die ›Piña Colada‹. Dieser Cocktail wird 1954 in der Hotelanlage ›Caribe Hilton‹, genauer in der ›Caribe Hilton's Beachcomber Bar‹, erfunden beziehungsweise erstmals kreiert. Dann gibt es noch die Bar ›La Barrachina‹ in der Hauptstadt San Juan, die in Gestalt des damaligen Barkeepers Ron Ramon Portas Mingot für sich in Anspruch nimmt, Urheber der ›Piña Colada‹ zu sein. 1963 soll dem Meister der gehobenen Trinkkultur die Idee zu diesem Cocktail gekommen sein.

Wer nun wann und wo dieses Getränk aus der Taufe gehoben hat, ist eigentlich ziemlich egal, denn die Hauptsache ist doch wohl, dass es sie gibt, die ›Piña Colada‹. Auf jeden Fall ist die ›Piña Colada‹ eine Erfolgsstory und wohl auf der ganzen Welt bekannt. Sie ist einfach Kult. Das zeigt auch die folgende Geschichte: Am 17. Juli 1978 erklärt Gouverneur Rafael Hernández Colón die ›Piña Colada‹ zum Nationalgetränk von Puerto Rico. Vollends populär wird der Cocktail, der im Original aus Rum, frischer Kokosnusscreme und frischem Ananassaft besteht, im Jahre 1979, als der Sänger und Komponist Rupert Holmes mit dem Lied ›Escape‹ (später umbenannt in ›The-Piña Colada-Song‹) einen Hit landet, der es in den Vereinigten Staaten am 12. Januar 1980 sogar auf Platz 1 der Hitliste schafft. Bei einem solch weltverbreiteten Getränk ist es natürlich nicht verwunderlich, dass es unzählige Varianten in der Rezeptur gibt. Zudem kann man sich durchaus vorstellen, dass bereits in den frühen Tagen des Rums das Zuckerrohrdestillat möglicherweise aus einer Ananas getrunken worden ist.

Ein Rezept zum Nachmixen – zugleich unser geschmacklicher Favorit – besteht lediglich aus zwei Zutaten: 6 cl ›Belmont Estate Gold Coconut Rum‹ und 12 cl ungesüßter Ananassaft. Am besten im Elektroblender mixen. Ein hervorragender Cocktail, der nicht nur in jeder Hausbar einen guten Eindruck macht.

Auf einer Insel über dem Wind

Wie so oft in der Geschichte der Karibik ist es Christoph Kolumbus, der für Spanien jenes Eiland entdeckt, über das jetzt die Rede ist: Antigua. 1493 ist das, und der Seefahrer scheint wenig beeindruckt von der Insel zu sein, denn er setzt nie einen Fuß auf sie. Auch die übrigen europäischen Kolonialmächte zeigen wenig Interesse an der 650 Kilometer südöstlich von Puerto Rico gelegenen Insel, und so sind es lange Zeit Piraten, die sich auf dem Eiland festsetzen und es zu einem ihrer wichtigsten Stützpunkte im karibischen Raum ausbauen.

Erst allmählich kommt ein gewisses Begehr an der Insel auf, und schließlich sind es Engländer, die 1628 das Nachbareiland Barbuda in Besitz nehmen und vier Jahre darauf langsam damit beginnen, auch Antigua zu besiedeln. Es dauert allerdings Jahre, bis die ersten dauerhaften Siedlungen gegründet werden: 1663 auf Antigua, 1666 auf Barbuda. Das Ganze kostet wohl viel an Kraft und Energie, denn an einen anderen Namen für die Hauptinsel denken die neuen Bewohner nicht, und so übernehmen sie den einst von Kolumbus gewählten, der sich von »Santa María de la Antigua« ableitet, einem übergroßen Gemälde in der Kathedrale von Sevilla, das die Heilige Jungfrau darstellt. Auf den angelegten Plantagen wird zunächst Tabak kultiviert, während man Zuckerrohr erstmals im Jahre 1685 anbaut. Dieser Agrarzweig entwickelt sich dann jedoch relativ schnell, und um die kommende Jahrhundertwende boomt das Geschäft mit dem Zucker. Davon zeugt noch heute eine funktionierende »Zuckerwindmühle«, die auf der Plantage ›Betty's Hope‹ zu finden ist. In dieser Zeit ist man von einer nennenswerten Rum-Herstellung freilich noch weit entfernt.

Erst im Kleinen, dann im Großen

Doch zunächst ein Sprung in das 18. Jahrhundert: 1784 wählt Admiral Horatio Nelson, einer der gefeierten englischen Nationalhelden, einen sturmsicheren Hafen auf Antigua aus, um dort einen Flottenstützpunkt aufzubauen: In der Folgezeit wird ›English Harbour‹ zum Hauptquartier der auf den Antillen stationierten britischen Flotte ausgebaut, und jetzt, beim Namen ›English Harbour‹, klingelt es bei so manchem Rum-Freund. Doch der Reihe nach ...

Im Jahre 1834 wird die Sklaverei abgeschafft, wodurch eine große Zahl von

Sie funktioniert noch, die alte »Zuckerwindmühle« auf der Plantage ›Betty's Hope‹ aus dem 17. Jahrhundert.

Plantagenbetreibern in eine wirtschaftliche Schieflage gerät, die sich erst nach Jahren einigermaßen begradigt; 1860 werden Antigua und Barbuda zu einer Kolonie vereinigt, die von nun an »Antigua« heißt; erst mit Beginn des 19. Jahrhunderts beginnen Plantagenbesitzer auf Antigua, erste Rums für den Eigenbedarf zu destillieren, während auf Barbuda die Rum-Herstellung überhaupt keine Rolle spielt. Anfang des 20. Jahrhunderts, mit dem Ende der Rum-Produktion auf den Gütern, verlagert sich der Handel auf einzelne Rum-Geschäfte, deren Besitzer ihre eigenen Mischungen zusammenstellen und sie dann unter Namen wie ›Red Cock‹ und ›Silver Leaf‹ verkaufen. Im Jahre 1932 schließt sich dann eine Reihe dieser Rum-Shop-Betreiber zusammen und gründet die ›Antigua Distillery Ltd.‹.

In den Anfängen produziert man zwei Typen von Rum, von denen einer ›Cabal-

Sklaven verladen große Fässer. Bild aus dem Jahre 1823

lero‹ genannt wird. Später kauft man Zuckerrohrfelder, produziert Zucker und erhält damit die Melasse. In den fünfziger Jahren bekommt der Rum den heute noch existierenden Namen ›Cavalier‹. Als sich im nächsten Jahrzehnt der bevorzugte Geschmack unter den Rum-Freunden mal wieder ändert, ändert auch die ›Antigua Distillery‹ die Prozedur der Destillation, und nun entstehen relativ leichte Rum-Sorten. Seitdem wird mit einer Vierfach-Säulenanlage aus dem Hause ›John Dore & Co.‹ gearbeitet. Es handelt sich hierbei um eine kupferne Anlage, was aufgrund der höheren Kosten eher selten ist, aber geschmacklich ein ausgesprochen intensives Ergebnis hervorbringt. Für das Aging wird auf 70 bis 80 Prozent Alkoholgehalt verdünnt. Verwendet werden hauptsächlich getoastete 200-Liter-Eichenfässer, die auf ihren Bäuchen liegend gelagert werden.

Heute gibt es neben dem CAVALIER mit seinen Sorten GOLD, LIGHT und 151 PROOF, 5 YEAR OLD und EXTRA OLD, wobei letzterer zunächst in Fässern gelagert wird, deren Volumen lediglich 22 Liter beträgt, noch die Marke ›English Harbour‹. ENGLISH HARBOUR hat neben einem weißen Rum einen drei, einen fünf und einen zehn Jahre (RESERVE) gereiften Rum im Portefeuille. Dazu kommt der ENGLISH HARBOUR DISTILLED 1981, ein Rum, der nach seiner Destillation satte 25 Jahre in Eichenfässern gelagert worden ist. Die letztgenannten Rums zeichnen sich durch ein elegantes Aroma aus, sind nicht übersüßt und kommen mit vielen sehr angenehmen geschmacklichen Nuancen daher, so etwa Apfel, Kokosnuss und Zimt, Kirsch und Zitrone, gekrönt durch einen vollmundigen, warmen Abgang. Mit zunehmendem Alter werden die Noten übrigens komplexer.

Synonym für Rum

Es ist im Jahre 1625, als die Engländer eine verwaiste Insel der Kleinen Antillen von den Portugiesen übernehmen. Den Namen hat das Eiland von seinem portugiesischen Entdecker erhalten, von Pedro Campos, der sich durch die frei herabhängenden Wurzeln der Feigenbäume an Bärte erinnert fühlt und die Insel nach ihnen benennt: Barbados.

Diesem Umstand messen die neuen Herren wenig Bedeutung zu. Ihr Augenmerk ist auf etwas anderes gerichtet: Zuckerrohranbau. Schon bald nach Inbesitznahme der Insel lassen sich erste Siedler auf Barbados nieder, und bereits 20 Jahre später kann von einer nennenswerten Rohrzuckerproduktion gesprochen werden. Es dauert nur kurze Zeit, bis die Insel zu einem der weltweit größten Zuckerlieferanten aufsteigt – im Jahre 1655 werden rund 8 000 Tonnen Rohrzucker allein nach England verschifft. Acht Jahre zuvor, 1647, berichtet übrigens der englische Historiker Richard Ligon von einem Getränk namens »Kill Devil« – und das ist der wohl erste Name für Rum. Alsbald boomt auf der Insel auch das Rum-Geschäft, und die ersten Brennereien entstehen. Eine von ihnen nennt sich ›Mount Gay‹, und sie ist wohl die allererste. Nicht nur das: Trifft dieser Umstand zu, ist diese Destille die nachweislich älteste produzierende auf dieser Welt – was nicht unbedingt bedeutet, dass es zuvor keine andere gegeben hat. Allerdings: Solange es den Existenzbeweis einer älteren Rum-Brennerei nicht gibt, bleibt dieser Status eben ›Mount Gay‹ vorbehalten.

Von Menschen und Rum

Bevölkert wird Barbados von – falls denn dieser Ausdruck erlaubt ist – drei Gruppen. Die erste bilden Menschen, die über genügend Geldmittel verfügen, um sich zum einen von England aus die Überfahrt leisten und zum anderen Land kaufen zu können; die zweite setzt sich schon aus weniger privilegierten Zeitgenossen zusammen, und zwar aus solchen, die sich für sieben Jahre verpflichten, auf einer Farm zu arbeiten, um im Anschluss ein Stück Land zu erhalten, wobei, das sei angemerkt, für die Überfahrt stolze sechs Pfund Sterling zu entrichten sind; zu der dritten Gruppe gehören Gestalten, die sich beispielsweise als Diebe, Räuber und Schwerverbrecher durchs Leben geschlagen haben und ins Exil verbannt worden sind.

Einst bedeckte tropischer Regenwald beinah die gesamte Insel. Heute dagegen haben ihn weitläufige Zuckerrohrplantagen und Weideflächen weitgehend verdrängt.

Aber es gibt noch eine vierte Gruppe: Das sind die Sklaven, die man für die Arbeit auf den Plantagen braucht, ob sie nun wollen oder nicht. Gesundheitsfördernd sind die Lebensumstände für die meisten wohl kaum zu nennen – gleichwohl wächst die Bevölkerung auf Barbados binnen kürzester Zeit von 80 (1627) auf mehr als 75 000 (1650).

Zurück zum Rum. Seit dem Jahre 1703 produziert ›Mount Gay‹ Rum. Das ist schriftlich belegt – und das hebt diese Destille heraus, denn die älteste Scotchbrennerei, die noch produziert, ist im Jahre 1780 und die älteste noch existierende US-amerikanische Destille im Jahre 1860 in Betrieb genommen worden. Alter hat jedoch nicht zwingend etwas mit Qualität zu tun, aber im Falle Barbados hat das eine das andere nicht ausgeschlossen – immerhin verwöhnt George Washington bei seiner Amtseinführung im Jahre 1789 seine Ehrengäste mit einem Fass guten Rums made in Barbados, wobei anzumerken ist, dass ein solches Fass satte 64 Gallonen beziehungsweise gut 240 Liter enthält.

Sind Destillen und Handelsbetriebe anfangs getrennte Firmen, greifen mit der Zeit die Aufgaben mehr und mehr ineinander, und so entstehen neben ›Mount Gay‹ Marken wie ›Cockspur‹, ›Doorly's‹, ›E.S.A. Field‹, ›Foursquare‹, ›Old Brigand‹, um die bekanntesten zu nennen.

Bleiben wir jedoch bei der schon mehrfach erwähnten Brennerei. Bei ›Mount Gay‹, mittlerweile zur französischen Gruppe ›Rémy Cointreau‹ gehörend, werden aktuell fünf Linien produziert: Silver‹, ›Eclipse‹, ›Black Barrel‹, ›Extra Old‹ und ›1703‹.

Der weiße SILVER wird zwei Jahre im Holzfass gelagert, um dann über Holzkohle weißgefiltert zu werden; der leichte und frische Rum wartet mit Aromen von Zuckerrohr, Zitrus, Pfefferminze und Banane auf. Dagegen hat der ECLIPSE, ein Blend aus zwei bis sieben Jahre gelagerten Rums, einen mittelschweren Körper; der Rum gibt florale und fruchtige Noten (Aprikose, Banane) sowie ein wenig Vanille frei. Der BLACK BARREL wiederum kommt mit einem kräftigen Körper daher, verfügt über komplexe Noten von Gewürzen, begleitet von

> **BARBADOS**
> **Lage:** Kleine Antillen
> **Staatsform:** Parlamentarische Monarchie • **Hauptstadt:** Bridgetown • **Fläche:** 430 Quadratkilometer • **Einwohnerzahl:** circa 285 000 • **Bevölkerungsdichte:** etwa 660 Einwohner je Quadratkilometer • **Währung:** Barbados-Dollar (BBD)

Wo alles seinen Anfang nimmt: Karibik

Bis weit ins 20. Jahrhundert sind Windmühlen bei der Rum-Herstellung unersetzlich. Historische Aufnahme aus dem Jahre 1920

Panorama von Bridgetown. Kupferstich aus dem 17. Jahrhundert

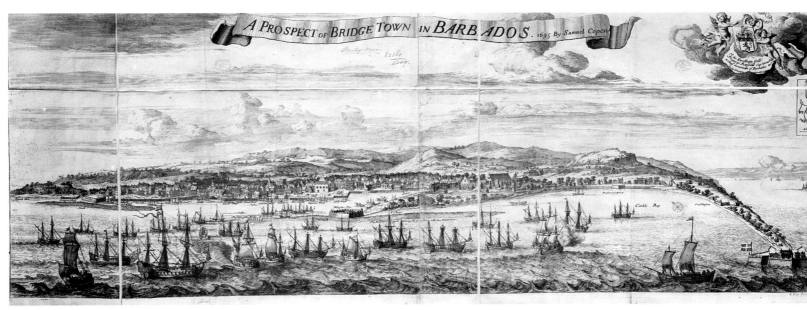

BARBADOS 139

fruchtigen Aromen; im Mund dominieren Vanille und süßer Karamell. Es folgt der ›Extra Cld‹ (›XO‹), ein Blend aus acht bis 15 Jahre alten Destillaten, mit eindeutig floralen und fruchtigen Noten (Banane); das Finish überzeugt mit einem lang anhaltenden und süßlichen Abgang. Beim ›1703‹ schließlich handelt es sich um einen Blend aus zehn bis 30 Jahre alten Rums, also den ältesten Beständen der Brennerei, weshalb er natürlich der Super-Premium-Rum aus dem Hause ›Mount Gay‹ ist; er wartet mit Aromen von Karamell sowie Noten von Gewürzen und geröstetem Brot auf, ehe er sich mit einem herrlich vollmundigen und weichen Abgang verabschiedet.

Einige Fakten sollen nicht unerwähnt bleiben: ›Mount Gay‹ arbeitet mit Single- und Double-Destillation, fermentiert seine Destillate zwischen 36 und 48 Stunden und verwendet für die abschließende Lagerung ausschließlich ehemalige Bourbonfässer, während zuvor gelegentlich auch Eichenfässer zum Einsatz kommen; der ›Eclipse‹ wird einmal, der ›Extra Old‹ gar dreimal gefiltert; insgesamt werden drei Blending-Tanks durchlaufen, während vor dem Abfüllen in Flaschen der Rum auf minus 10 Grad Celsius gekühlt wird, um das Sediment abtrennen zu können.

Die Grundnoten bei allen ›Mount Gays‹ sind, ausgenommen beim ›Silver‹, reife Bananen, Karamell und Vanille, aber auch Gewürzaromen und solche von geröstetem Brot kommen vor. Besonders der ›Extra Old‹ und der ›1703‹ sind äußerst komplexe Rums mit einem sehr angenehmen Mundgefühl, gut balanciert, warm und mit einem überzeugend langen Finish.

NACHGEFRAGT BEI ALLEN SMITH

Allen Smith, Sie sind Master Blender bei ›Mount Gay‹. Was braucht ein Rum in Ihren Augen, um ein guter Rum zu sein? Ein guter Rum braucht Charakter, einen gewissen Körper. Selbstverständlich zeichnet der Geschmack einen guten Rum aus. Was man aber unbedingt braucht, um einen guten Rum zu kreieren: einen geduldigen Gaumen.

Können Sie, mit Ihrer Erfahrung als Master Blender, bereits anhand der Farbe etwas über die Qualität eines Rums sagen? Die vernünftige Bewertung eines Rums sollte sich natürlich nicht ausschließlich auf die Farbe stützen, auch wenn sie etwas verrät. Eine sichere Aussage trifft man bei Rum letztendlich aber nur über Aroma und Geschmack.

Mister Smith, ›Mount Gay‹ hat eine lange Tradition. Erzählen Sie etwas über die Geschichte dieses Rums von Barbados? ›Mount Gay‹ ist für seine lange Geschichte wohlbekannt. Bereits seit dem 17. Jahrhundert wird bei ›Mount Gay‹ auf Barbados Rum hergestellt, über Jahrhunderte hinweg auf demselben Hügel. Das früheste nachweisbare Datum in Bezug auf den Rum von ›Mount Gay‹ ist der 20. Februar 1703.

Demnach ist Mount Gay der älteste Rum-Hersteller in der ganzen Welt. Ohne Geheimnisse Ihrer Arbeit zu verraten: Was sind beispielsweise die Besonderheiten bei der Herstellung, der Reifung und beim Geschmack des ›Mount Gay Black Barrel‹? Der ›Black Barrel‹ ist ein bemerkenswerter Blend aus besonders behutsam selektierten und gereiften einfachen und zweifachen Destillaten. Zunächst reifen sie in ausgebrannten Eichenfässern. Sein Finish erfährt der Blend in stark verkohlten Bourbonfässern. Das Ergebnis ist ein kräftiger Geschmack mit Noten von Pfeffer, Gewürzen, Vanille, süßem Karamell, Früchten und Holz.

Was es mit einem 300 Jahre alten Hut auf sich hat

Wie ausgeführt, ist Rum auf Barbados seit mehr als 300 Jahren Bestandteil der Kultur. Die moderne Technik kann – Gott sei Dank – nicht alles revolutionieren, und so bleibt es wie ehedem dabei: Es ist immer noch dem Menschen, in diesem Fall dem Master Distiller, vorbehalten, aus der in großen Bottichen blubbernden Melasse, also aus dem mit Hefe versetzten Zucker, einen schmackhaften, gut zu trinkenden Rum werden zu lassen. In diesem Zusammenhang besonders hervorzuheben ist die relativ neue Mikrobrennerei in St. Nicholas Abbey in der Nähe von Cherry Tree Hill. In diesem sehr beliebten Urlaubsort steht ein über 350 Jahre altes, restauriertes Herrenhaus im jakobinischen Stil. Umgeben von etwa 250 Hektar Ackerland, auf dem Zuckerrohr angebaut wird, wird hier

unter der Aufsicht von Inhaber Larry Warren und seiner Familie eine eigene Marke erzeugt: ST. NICOLAS ABBEY RUM. Alles wird hier von Hand erledigt: Die Flaschen werden graviert, dann abgefüllt, etikettiert und mit einem Korken verschlossen, der einen »Hut« aus mehr als 300 Jahre altem Mahagoni trägt. Besucher werden herzlich empfangen, durch Haus und Destille geführt, können sich zudem einen alten Film anschauen, der das Leben auf Barbados um das Jahr 1930 zeigt.

Den Rum gibt es als weißen Rum sowie als zehn, zwölf und 15 Jahre gereifte Variante. Die Destille selbst stammt aus Deutschland und ist praktisch nagelneu, was man hingegen von der alten, dampfbetriebenen Zuckerwalze nicht sagen kann, die aber gleichwohl beeindruckend ihren Dienst tut. Das Destillat präsentiert sich süß, mit Aromen von Bourbon, die aber nicht zu dominant sind, wozu sich Töne von Honig, Karamell, Mandeln und Kaffee gesellen. Der Geschmack wiederum überzeugt mit angenehmen Noten von Holz, süßem Bourbon und Mandeln, begleitet von floralen Anklängen, aber auch erdige Töne sind zu finden. Ein sehr angenehmes Mundgefühl mit einem langen, warmen Finish ist der letzte Eindruck. Bei ›St. Nicolas Abbey Rum‹ destillieren sie übrigens in einer Kombination aus Pot und Column Still, wobei als Basis, ähnlich wie bei ›Zacapa‹, ein Zuckersirup verwendet wird.

Was der Seemann so braucht ...

In der Nähe des Docks, das im Hafen von Bridgetown für die großen Kreuzfahrtschiffe reserviert ist, befindet sich die ›West Indies Rum Distillery‹ (›W.I.R.D.‹), die vor allem für den MALIBU, einen Kokosrum, verantwortlich zeichnet, aber auch für den COCKSPUR RUM aus der zu ›W.I.R.D.‹ gehörenden Destille ›Hanschell Inniss Limited‹. Diese Destille wiederum geht auf einen gewissen Valdemar Hanschell zurück, der sie im Jahre 1884 auf Barbados gründet. Der Auswanderer aus Dänemark betreibt neben der Brennerei auch einen blühenden Handel mit Schiffszubehör in der geschäftigen Hafenstadt Bridgetown und verkauft eine breite Warenpalette an Schiffsbesatzungen aus aller Herren Länder. Sein Name bleibt jedoch in erster Linie mit dem Rohrzuckerdestillat verbunden, denn Rum wird mit der Zeit immer beliebter – und avanciert in der Region zu einem wichtigen »Rohstoff« für die Seeleute, die auf Barbados Halt machen.

›COCKSPUR 12‹ heißt der Premium-Rum der Destille. Geblendet wird er jedes Jahr vom Master Blender aus ein paar ausgewählten Fässern, die die am längsten gelagerten Rums der Brennerei beherbergen, von denen die meisten zwölf Jahre alt, die

Qualitätskontrolle des edlen Tropfens in der Destille ›St. Nicolas Abbey‹

Platz für Rum ist in der kleinsten Hütte.

übrigen sogar noch älter sind. Der kupferfarbene ›Cockspur 12‹ wartet mit Aromen von Eichenfässern, Banane und Brot auf. Samtweich mit einem abgerundeten Geschmack, werden die würzigen Holz- und Erdtöne von einem langen, warmen, trockenen Abgang begleitet. Destilliert wird bei ›Hanschell Inniss Limited‹ mit zwei Pot Stills (Kupferbrennblasen) und zwei Column Stills (Säulen). Daraus kreieren die Master Blender dann ihren Rum.

Übrigens: Es sind zwei Brüder mit Namen Stade, die ›W.I.R.D‹ im Jahre 1893 gründen – und die beiden Deutschen gehören in ihrer Zeit zu den Vorreitern in der Rum-Herstellung. Heute ist das Unternehmen im Besitz der Familie Goddard (›Goddard Enterprises Limited‹), die auf Barbados beheimatet ist. Noch etwas: Die Flaschen ziert seit Gründung der Brennerei ein stolzer Hahn, das Wahrzeichen von Barbados.

Tradition im Modernen

In früherer Zeit hat auf Barbados praktisch jede Zuckerrohrplantage – und davon hat es viele gegeben – auch ihre eigene Destille. Mit Beginn des letzten Jahrhunderts jedoch ist eine merkliche Konzentration in diesem Bereich zu beobachten. Heute gibt es noch lediglich vier Brennereien auf der Insel. Gleichwohl ist das Angebot an guten Rums breit gefächert – und somit auch für eine reichhaltige Geschmacksvielfalt gesorgt. Die ›Foursquare Distillery‹ beispielsweise ist eine der modernsten Rum-Brennereien der westlichen Hemisphäre – und vielleicht auch die bedeutendste auf Barbados,

Außenansicht der renovierten Kirche im ›Foursquare Rum Distillery & Heritage Park‹

bestimmt jedoch die wichtigste, was die Entwicklung des Rums angeht. Richard Seale, Master Distiller bei ›Foursquare‹, der in der Branche einen hervorragenden Ruf genießt, hat mit ›Green Engineering‹ eine moderne und effektive Anlage bauen lassen, bei der auch Faktoren wie Umweltschutz mit einbezogen worden sind. Eingebettet im historischen Anwesen ›Foursquare Heritage Park‹, bietet die Anlage mit ihrem wunderschönen Garten neben der Destille unter anderem ein Amphitheater sowie eine Kunstgießerei, und auch – wichtig für Besucher – ein Kinderspielplatz fehlt nicht. Richard Seale setzt auf eine kontinuierliche Entwicklung unter Nutzung modernster Anlagen der Brenntechnologie, ohne dabei die Tradition zu vergessen. Besonders lobenswert ist, dass die Brennerei sehr transparent arbeitet und der Besucher all das sehen kann, was ihn interessiert – was nicht bei allen Destillen eine Selbstverständlichkeit ist. Außerdem wird hier dem Aspekt umweltverträglicher Methoden viel Aufmerksamkeit gewidmet. So wird zum Beispiel Abwasser mit Sauerstoff angereichert, damit der unterstützende Abbau der verschiedenen Komponenten besser gelingt. Um die Gärung einzuleiten, verwendet der Rum-Enthusiast Seale Industriehefe für die Fermentation, wobei er allerdings auf einen offenen Gärtank verzichtet. Vielmehr nutzt er die semikontinuierliche Gärung, die, computergesteuert, bei 30 Grad Celsius in einem geschlossenen und gekühlten Tank stattfindet. Das ermöglicht eine genaue Kontrolle des Prozesses, bei dem am Ende eine Maische von 9 bis 10 Volumprozent entsteht – ein Verfahren, das für alle Marken angewendet wird. Die Maische wird dann entweder in zwei Pot Stills oder in einer dreifachen Säulenanlage destilliert. Schließlich wird in Fässer abgefüllt, und auch hier ist Richard Seale eher ein Modernist, denn er experimentiert mit unterschiedlichen Fässern, um herauszufinden, welche Hölzer welche Rums bei Lagerung und Reifung optimal unterstützen. Zudem versteht es sich praktisch von selbst, dass bei ›Foursquare‹ weder künstliche Zusatzstoffe noch Süß- und Aromastoffe in irgendeiner Form Anwendung finden. In diesem Punkt ist Seale ein Hardliner, der hier nicht mit sich verhandeln lässt.

›Foursquare‹ produziert zahlreiche Marken, die allesamt auf Barbados angeboten werden. Im Einzelnen handelt es sich um folgende Rums: DOORLY'S, ESA FIELD, FOURSQUARE SPICED RUM, OLD BRIGANT, RL SEALE, SIXTY SIX und TOMMY BAHAMA, während der MAHIKI für die gleichnamige Bar in London kreiert worden und nur dort erhältlich ist. Vor allem zu nennen: Der ›DOORLY'S XO‹ – die Marke ist von Martin Doorly in den frühen zwanziger Jahren des letzten Jahrhunderts gegründet und von der ›R.L. Seale & Company Limited‹ 1992 erworben worden – ist ein meisterhaft destillierter Rum, der in Eichenfässern sechs bis zwölf Jahre gelagert wird. Dann erfolgt das Finish in ehemaligen Sherryfässern, wodurch er ein rötliches Braun erhält. Dieser Rum gefällt mit seinem mittleren Körper und seiner schönen Viskosität, wobei Aromen von Eichenholz und Sherry, Zucker, Karamell und Obst dominieren. Der Geschmack ist eher trocken und wartet mit Noten von gerösteten Nüssen und braunem Zucker, Sherry und Bourbon auf, ist zudem warm und lang anhaltend. Besonders erwähnenswert ist auch der zehn Jahre alte R.L. SEALE'S FINEST BARBADOS RUM, eine Mischung aus Pot und Column Still. Vom Pot Still kommt die Komplexität und Tiefe des Geschmacks, während der Anteil aus der Säule für ein ausgewogenes Aroma sorgt. Dieser Rum, zunächst in ehemaligen Bourbonfässern aus amerikanischer Eiche und anschließend in Madeira- und Brandyfässern aus Eichenholz gereift, hat einen großen Körper und ist zugleich wunderbar harmonisch. In ihm finden sich Butter und Nuss mit einem Hauch Vanille und Eichenholz. Der ›RL Seale Finest Barbados Rum‹ erfreut aber nicht nur den Gaumen, sondern auch das Auge: Die Flasche ist durch ihre einzigartige asymmetrische Form und das dunkel gefärbte Glas sowie eine aufgebrachte Goldmünze ein absoluter Hingucker.

Eine Muskatnuss auf der Landesflagge

Auf seiner dritten Reise, die am 30. Mai 1498 in Spanien beginnt, wählt Christoph Kolumbus eine weiter südlich führende Route als bei seinen vorhergehenden Reisen. Auf dieser Reise entdeckt er eine Insel, die sich rund 200 Kilometer nordöstlich von der Küste des heutigen Venezuela befindet.

Er tauft die Insel auf den Namen »Concepción«, doch in den Jahren danach wird sie von spanischen Seefahrern »Grenada« genannt, wohl in Anlehnung an die andalusische Stadt Granada; die Franzosen wandeln den Namen in »La Grenade« um, ehe die Engländer die ehemalige und noch heute gültige Bezeichnung »Grenada« wählen. Die Namensänderungen deuten es an: Grenada hat eine wechselvolle Geschichte hinter sich. Nachdem Kolumbus die Insel zwar entdeckt, aber nicht weiter beachtet, nimmt England von ihr Besitz, verkauft sie aber 1650 an eine von Kardinal Richelieu gegründete französische Gesellschaft, die im selben Jahr eine erste europäische Siedlung auf La Grenade errichten lässt. Ein gutes Jahrhundert später, 1762, haben dann die Briten wieder das Sagen auf der Insel, doch die Franzosen geben nicht auf und erobern das Eiland, das südlichste der Inseln über dem Winde, im Jahre 1779 zurück. Erst 1783 kommt Grenada zur Ruhe, als im ›Frieden von Paris‹ Frankreich dazu verpflichtet wird, die Insel an Großbritannien zurückzugeben.

Mehr als Muskatnuss und Gewürze

Grenada ist eine »Gewürzinsel«. Neben Zimt, Gewürznelken und Ingwer muss vor allem die Muskatnuss genannt werden – 20 Prozent des weltweiten Verbrauchs an Muskatnüssen stammen von hier. Das erklärt auch, warum die Muskatnuss auf der Flagge des seit 1974 unabhängigen Staates zu sehen ist. Dagegen verblassen Anbau, Ernte und Herstellung anderer Erzeugnisse und Produkte. Gleichwohl hat die Gewürzinsel auch in Sachen Rum einiges zu bieten … An erster Stelle muss hier ›River Antoine‹ genannt werden, eine der wohl ursprünglichsten Destillen, die in der Karibik produzieren. Wenn man auf dem Gelände der Brennerei ankommt, fühlt man sich, als würde man eine Zeitreise unternehmen. Das erste, was man wahrnimmt, ist die von Rum geschwängerte Luft, und über dem ganzen Areal wabert dieser leicht süßliche Geruch. So oder ähnlich muss es auch gegen Ende des 18. Jahrhunderts gewesen sein, denn seit dieser Zeit wird hier Rum gebrannt.

Eine verlassene Kanone auf dem Areal eines verlassenen Forts auf Grenada

Jedenfalls wird die Zahl 1785 genannt, wenn man nach dem Alter der Destille fragt – um sogleich aufgeklärt zu werden, dass hier aber auch schon in der Zeit davor Rum destilliert worden ist. Die ›Rivers‹-Rum-Destille findet man übrigens im Norden der Insel, nicht weit entfernt vom See Antoine.

Die Brennerei ist das ganze Jahr in Betrieb. Zerpresst wird das Zuckerrohr von einer Mühle, die durch ein Wasserrad angetrieben wird – allerdings nur dann, wenn der nahe Fluss auch Wasser führt. Es ist zwar ein Dieselaggregat vorhanden, aber das wird eigentlich nicht genutzt. Die Begründung dazu ist die, dass sich durch den Einsatz dieses Aggregats der Geschmack negativ verändern würde. Das Zuckerrohr wird zerbrochen und durch die ächzende Walze geschoben, der gewonnene Saft grob gefiltert und mittels einer Rinne in das Hauptgebäude geleitet. Dort erhitzt man den Saft in Metallpfannen, die von unten mit Bagasse, also Faserresten des Zuckerrohrs, befeuert werden. Wenn die richtige Zuckerkonzentration erreicht ist, füllt man den Saft in Tanks, damit er abkühlt. Dort bleibt er ein paar Tage, ehe die spontane Gärung beginnt, die von der Luft ausgelöst wird – man gibt also keine Hefe zu. Wenn die Gärung in Gang gekommen ist, leitet man die Flüssigkeit in Gärtanks

Zahlreiche Arbeiter auf den Plantagen und in den Destillen haben afrikanische Wurzeln.

Bei ›River Antoine‹ werden die Etiketten noch von Hand aufgeklebt.

Keine Seltenheit bei ›River Antoine‹: Eine ausrangierte Maschine rostet vor sich hin.

um, in denen nun über etwa acht Tage die Fermentation beendet wird.

Im Anschluss daran destilliert man den Zuckerwein in alten ›Vandome‹-Kesseln, die man mit Holz und Bagasse befeuert, wobei man Holz bevorzugt, weil man dann die Hitze besser kontrollieren kann. Schließlich wird der Rum in zwei Stärken abgefüllt, und zwar in stolzen 69 und 75 Volumprozent Alkoholgehalt. Trotz dieser imposanten Zahlen sind beide Rums (RIVERS 69 und RIVERS 75) gut trinkbar – sehr fruchtig und frisch mit einer schönen Süße.

Eine weitere Destille befindet sich im Süden der Insel, im Bezirk St. George. Hier, in dem Tal Woodlands, ist seit 1937 die Heimat der ›Grenada Distillers Limited‹, der größten und bekanntesten Brennerei auf Grenada, und hier wird ein Rum namens ›Clarkes Cort‹ erzeugt. Die Destille produziert einige Flavoured- sowie Overproof- und Sipping-Rums. Einer der Sipping-Rums trägt den Namen ›Old Grog‹. CLARKES OLD GROG ist ein Premium-Rum, den die Brennerei seinerzeit an den König von England, Seine Majestät George III., in Fässern verschifft hat, wobei die Fässer mit den Buchstaben GROG (»Georgius Rex Old Grenada«) markiert worden sind. Daneben gibt es noch den OLD GROG EXTRA OLD. Beide Rums haben exotische Noten, sind fruchtig (Banane) und mild. Relativ neu ist der Rum NR. 37, der acht Jahre reift, ehe man den Blend erstellt und den Rum nochmals zurück in Fässer füllt. Durch diese zweimalige Lagerung hat der Rum etwas mehr Holz in der Struktur als normalhin und erhält eine recht elegante Note.

Der dritte im Bunde ist ›Westerhall‹. Da man sich hier voll auf das Blending konzentriert, destilliert ›Westerhall‹ seit geraumer Zeit nicht, wobei die Rums für die Blends aus Trinidad angeliefert werden. Das Unternehmen produziert sechs Marken, darunter die Hauptmarke WESTERHALL PLANTATION RUM. Besonders erwähnenswert ist der VINTAGE, der mindestens zehn Jahre gereift ist – Noten von Karamell, Ahornsirup, Vanille und Gewürzen bilden hier eine harmonische Balance. Wie bei den anderen Destillen lohnt sich auch auf jeden Fall ein Besuch bei ›Westerhall‹.

STATE OF GRENADA

Lage: Kleine Antillen • **Staatsform:** Konstitutionelle Monarchie
Hauptstadt: St. Georg's
Fläche: 344 Quadratkilometer
Einwohnerzahl: circa 110 000
Bevölkerungsdichte: etwa 320 Einwohner je Quadratkilometer • **Währung:** Ostkaribischer Dollar (XCD)

Auf der Insel der schönen Wasser

Etwas anderes wäre wohl kaum denkbar: Natürlich, so möchte man sagen, ist es Christoph Kolumbus, der Guadeloupe für die Alte Welt entdeckt. Im Jahre 1493 ist das gewesen, zu jener Zeit, als die Insel von den Einheimischen »Karukera«, »Insel der schönen Wasser«, genannt wird. Um es vorweg zu sagen: Es gibt auch einen Rum dieses Namens (auf den noch näher eingegangen werden wird).

Zurück zu Kolumbus. Gegen Ende des Jahres 1493, genauer am 4. November, stößt er auf seiner zweiten Reise erstmals auf eine ihm bis dahin nicht bekannte Insel. Er löst ein Versprechen ein und nennt sie »Guadalupe«. Besagtes Versprechen – eine neu entdeckte Insel so zu benennen – hat er den Mönchen des Klosters ›Real Monasterio de Nuestra Señora de Guadalupe‹ (»Königliches Kloster unserer Frau von Guadalupe«) in der Extremadura gegeben, als er das zu der damaligen Zeit bedeutendste Kloster Spaniens nach der Rückkehr von seiner ersten Entdeckungsfahrt am Ende einer Pilgerreise erreicht. Anmerkung am Rande: ›Real Monasterio de Nuestra Señora de Guadalupe‹ ist 1993 von der ›Unesco‹ zum Weltkulturerbe erklärt worden.

Wie üblich, nimmt Kolumbus die Insel für die spanische Krone in Besitz, natürlich ohne auf die Befindlichkeiten der Einheimischen auch nur im Ansatz zu denken. Doch die zeigen sich empfindlich: Die Kariben wehren sich in der Folgezeit erfolgreich gegen die spanischen Eroberer, ja, sie widerstehen dem Ansinnen wie auch den Angriffen der Europäer nahezu eineinhalb Jahrhunderte, denn erst 1635 gelingt es – nein, nicht den Spaniern, sondern den Franzosen –, Guadalupe in Besitz zu nehmen und zu kolonisieren. Seitdem gehört das Eiland, lediglich abgesehen von kurzen Ausnahmen, zu Frankreich, und seitdem heißt die Insel »Guadeloupe«.

Im Wandel der Zeiten

Was machen Kolonialherren in jener Zeit, wenn sie auf einer Insel in der Karibik das Sagen haben? Sie errichten eine Plantagenwirtschaft. Die Franzosen lassen vor allem Zuckerrohr und Kaffee anbauen. Das ist ein mehr als einträgliches Geschäft, denn Arbeitskräfte gibt es genug – und die verursachen nur äußerst geringe Kosten: Sklavenschiffe sorgen mit ihrer menschlichen Ware aus Afrika für den gewünschten Nachschub. Und der wird praktisch ständig gebraucht, ist es doch

Aufgegebene Zuckerrohrmühle aus dem 19. Jahrhundert in Saint-François, Guadeloupe

die absolute Ausnahme, wenn ein Sklave auf einer Plantage zehn Arbeitsjahre überlebt. Diese Zustände herrschen auf Guadeloupe schon lange nicht mehr. Im Jahre 1848 wird die Sklaverei endgültig abgeschafft, gegen Ende des 19. Jahrhunderts räumt das Mutterland der schwarzen Bevölkerung das Wahlrecht ein, und im Jahre 1946 wird Guadeloupe französisches Überseedépartement, ist also seitdem integraler Bestandteil Frankreichs – und gehört somit seit geraumer Zeit auch zur ›Europäischen Union‹. Guadeloupe, von den Einheimischen auch »Gwada« genannt, ist eine Inselgruppe, bestehend aus acht bewohnten und mehreren kleinen unbewohnten Inseln, wobei sich das Leben überwiegend auf den beiden Hauptinseln Basse-Terre und Grande-Terre abspielt. Wer sich diesen beiden Inseln etwa aus der Luft nähert, der hat den Eindruck, es handele sich um eine Insel, denn Basse-Terre und Grande-Terre sind nur durch eine Meeresstraße getrennt, die an ihrer engsten Stelle gerade einmal 50 Meter breit ist. Diesen

Hier entsteht bestimmt ein ›Mojito‹. Bei einem Rum mit 59 Volumprozent wohl einer der kräftigen Art

Eindruck wird auch Kolumbus gehabt haben, als er zum ersten Mal auf Guadeloupe stieß.

Seit dieser Zeit hat sich, wie schon ausgeführt, sehr viel getan auf diesen Inseln der Kleinen Antillen, die zu den Inseln über dem Winde gehören und zusammen mit Martinique die Französischen Antillen bilden. Womit wir beim Rum beziehungsweise beim Rhum Agricole wären, denn nach wie vor wird auf Guadeloupe Zuckerrohr angebaut, neben Bananen das wichtigste Agrarprodukt des Überseedépartements. Zuckerrohr und Rum gehören zum Alltag auf Guadeloupe. Die Einheimischen kennen kein hektisches Leben, und wenn sie auf die Anfänge des Zuckerrohrdestillats angesprochen werden, dann grübeln sie augenzwinkernd darüber, was zuerst da war: War es die Insel oder der Rum?

Ihr Rhum Agricole, jenes Destillat aus reinem, frisch gepresstem Saft des Zuckerrohrs, bildet jedenfalls die Grundlage für das gesamte Inselleben und ist tief in der Lebensphilosophie der Einwohner verwurzelt. Weltweit von Kennern geschätzt, wird er gerne als der beste seiner Art bezeichnet. Dieses Privileg wird natürlich von jedem in Anspruch genommen, der Rum oder Rhum produziert. Doch ohne Zweifel gehört er zu den besten seiner Art.

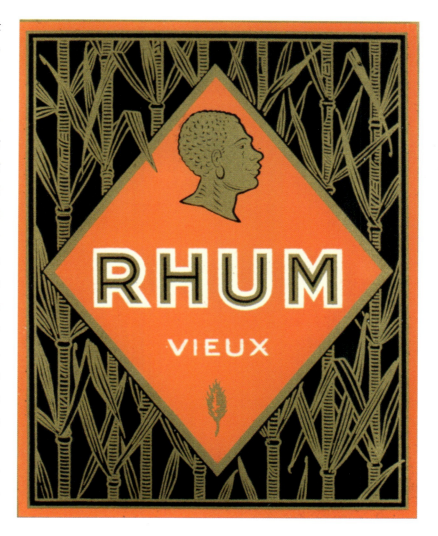

Wie eh und je

In diesem Zusammenhang ist allen voran die Familie Longueteau zu nennen. Ihre Destille, die im Jahre 1895 ihre Arbeit aufnimmt, ist die älteste auf Guadeloupe, die noch in Betrieb ist. Gegründet worden ist sie von Henri Longueteau auf dem Areal der ›Domaine du Marquisat de Sainte-Marie‹, einer Zuckerrohrplantage, die 1890 von ihrem Besitzer, dem Marquis

Die ›Domaine de Séverin‹ ist die letzte Rum-Destille mit historischem Wasserrad auf Guadeloupe.

de Sainte-Marie, aufgegeben werden muss. Grund ist die seit dem Jahre 1883 herrschende Zuckerkrise gewesen, hervorgerufen durch das in Europa reichlich vorhandene Angebot an heimischem Rübenzucker, wodurch die Exporte karibischen Zuckers in die Alte Welt drastisch zurückgehen.

In der Rum-Fabrik selbst geht alles wie eh und je vonstatten. Hier hat sich seit dem Gründungsjahr praktisch nichts geändert. Die Destille funktioniert wie vor über 100 Jahren: Weder Elektrizität noch Benzin oder Öl kommen hier zum Einsatz. Der Kolben, der die Presse antreibt, funktioniert mit Dampf, der aus den faserigen Resten des gequetschten Zuckerrohrs, der Bagasse, entsteht, die für diesen Zweck verfeuert wird. Auf der Destille ›Longueteau‹ wird fast alles von Hand erledigt, wobei die zum Einsatz kommenden alten Maschinen unfraglich aufwändiger Pflege bedürfen. Mit genau derselben Hingabe wird der typische Rhum Agricole hergestellt: Nur der frische Saft des Zuckerrohrs wird in einer Säule destilliert, also der Column Still. ›Longueteau‹ hat insgesamt acht Rum-Sorten im Sortiment, davon vier weiße, die BLANC genannt und in den Stärken von 40, 50, 55 und 62 Volumprozent abgefüllt werden. Dazu gesellen sich der AMBRE, der VIEUX VS, der VIEUX VSOP und der VIEUX XO als gelagerte Varianten. Der mit seiner satten Bernsteinfarbe und seinem intensiven fruchtigen Duft neugierig machende LONGUETEAU RHUM VIEUX VSOP beispielsweise reift sechs Jahre in ausgesuchten Eichenfässern, in denen zuvor Cognac gereift ist. Am Gaumen entfaltet er starke Fruchtnoten und blumige Töne sowie angenehme Fassaromen, ist zudem samtig weich, während der Nachklang feine süße Nuancen und florale Noten bereithält. Außer diesem sechs Jahre alten Rum werden hierzulande noch weitere fassgereifte Destillate sowie einige der ›Blancs‹ angeboten. Leider ist die gesamte ›Longueteau‹-Palette nicht immer zu bekommen. Es empfiehlt sich daher etwas Recherche im Internet, denn diese Rhums Agricole aus Guadeloupe sind es allemal wert, einen gewissen Aufwand zu betreiben …

An dieser Stelle noch einige Ausführungen zum Rhum Agricole made in Guadeloupe. Bei den Brennereien handelt es sich nahezu ausschließlich um Kleinbetriebe, die Zuckerrohrplantagen in einer Größe zwischen 20 und 200 Hektar bewirtschaften. Da der Ertrag nicht immer den Bedarf deckt, liefern Kleinbauern zusätzliches Zuckerrohr. Wie seit Jahrhunderten üblich, wird das Zuckerrohr für den Rhum Agricole übrigens ausschließlich mit der Machete geschlagen. Schließlich bleibt noch zu erwähnen: Während ein Drittel des produzierten Rums für den einheimischen Konsum vorgesehen ist, gehen zwei Drittel in den Export.

Beeindruckendes Portefeuille

Von dem Unternehmen, das den ›Rhum Longueteau‹ produziert, kommt auch der ›Rhum Karukera‹. In der ältesten Brennerei auf Guadeloupe, der ›Hope Distillery‹,

Details einer Zuckermühle, die auf dem Gelände der Destille ›Longueteau‹ zu finden ist.

GUADELOUPE 159

gelegen im Herzen der ›Domaine du Marquisat de Sainte-Marie‹, haben es sich die Macher auf die Fahne geschrieben, heute mehr denn je einen Rhum Agricole mit unbestreitbarer Qualität zu produzieren. Die Domaine ist in der glücklichen Lage, völlig autonom arbeiten zu können. Ist nur das beste Zuckerrohr gut genug, so wird auch von der Entwicklung bis zur Reifung des Rums alles selbst kontrolliert. Beim Destillieren kommt eine Säule zum Einsatz, die komplett aus Kupfer besteht. Überwacht wird jeder einzelne Schritt übrigens von der Familie Drouin, Calvadosproduzenten seit drei Generationen.

Die Range reicht vom ›Karukera Blanc‹ bis hin zu Vintage-Abfüllungen, die mit zehn Jahren Lagerung aufwarten, wobei es sich bei allen Erzeugnissen um sehr charaktervolle Rums handelt. Ein Grund dafür liegt im Rohstoff, denn verwendet wird überwiegend Zuckerrohr von der Sorte »Cane bleu«, das eine äußerliche, natürliche Wachsschicht hat, wodurch eine bläulich-violette Farbe entsteht. Diese Sorte ist sehr aromatisch.

Dass diese kleine, aber äußerst feine Marke in ganz bestimmten Dimensionen denkt, beweisen einige Zahlen. So sind

Wandmalerei auf dem Gelände der Destille ›Bellevue au Moule‹. In dieser Brennerei wird der ›Damoiseau‹ hergestellt, einer der beliebtesten Rhums Agricole in Frankreich.

zum Beispiel vom VIEUX MILLÉSIME 2000 gerade einmal 7 000 Flaschen abgefüllt worden. Zu den kleinen Mengen gibt es daneben auch besondere Abfüllungen, etwa den OLD AGRICOLE DOUBLE CASK MATURED, der rund fünf Jahre in alten 350-Liter-Cognacfässern gelagert wird, ehe er für sechs bis neun Monate in nagelneuen Fässern weiterreifen darf.

Aktuell umfasst die Range acht Abfüllungen, die auch in unseren Breiten erhältlich sind. Hier lohnt sich auf jeden Fall ein Blick ins Glas, vor allem für Freunde und Anhänger von Calvados, Cognac und Co. Neben den Abfüllungen KARUKERA RHUM VIEUX AGRICOLE und KARUKERA RHUM VIEUX MILLÉSIME 1997, wie der ›Vieux Millésime 2000‹ ebenfalls ein Spitzenprodukt, seien noch die Folgenden genannt …

KARUKERA RHUM BLANC AGRICOLE: angenehm frische Noten von Zuckerrohrsaft und Zitrusfrüchten; eignet sich perfekt für einen ›Ti' Punch‹-Cocktail. KARUKERA RHUM GOLD: sehr schön ausbalanciert; Noten von Vanille sowie leichten Holztönen; etwas Pfirsich am Ende. KARUKERA RHUM RÉSERVE SPÉCIALE: über fünf Jahre in Bourbonfässern gelagert; würzig mit Pfeffer und Nelken; dazu Fruchtaromen und Noten von reifer Banane. KARUKERA RHUM VIEUX MILLÉSIME 1999: kräftige Noten von Muskat, Zimt und Gewürzen; Kokos und Banane am Ende. KARUKERA RHUM VIEUX MILLÉSIME 2000: abgefüllt in Fassstärke; kräftige Nase mit geröstetem Kaffee und Macadamianuss; dann Mango und eine etwas blumige Note, zudem Schokolade und ein Strauß gemahlener Gewürze. KARUKERA TRÈS VIEUX RHUM CUVÉE 1493 HORS D'ÂGE: limitierter mahagonifarbener Premium-Rum, abgefüllt zu Ehren von Christoph Kolumbus; sehr komplex und ausdrucksstark mit Tönen von reifem Zuckerrohr.

Der Name dieser Rum-Marke ist, wie schon zu Beginn angedeutet, der Sprache

---

GUADELOUPE

Lage: Kleine Antillen

Staatsform: Demokratie

Hauptort: Basse-Terre

Fläche: 1628 Quadratkilometer

Einwohnerzahl: circa 410 000

Bevölkerungsdichte: etwa 250 Einwohner je Quadratkilometer • **Währung:** Euro (EUR)

der Ureinwohner entlehnt. ›Karukera‹ ist abgeleitet von einem Wasserfall, denn »Karukera« bedeutet nichts anderes als »fließendes« beziehungsweise »schönes Wasser«. Letzteres ist eine gelungene Bezeichnung für diese Rhums Agricole, denn ein schönes Wässerchen beziehungsweise Tröpfchen ist ein jeder von ihnen.

Ein starker Auftritt

Vom ›Karukera‹ zum ›Damoiseau‹. Hergestellt werden die einzelnen Sorten dieser ebenfalls interessanten Rum-Marke in der Brennerei ›Bellevue au Moule‹, die gegen Ende des 19. Jahrhunderts ein gewisser Monsieur Rimbaud aus Martinique ins Leben ruft. Beträchtliche Zeit später erwirbt dann Roger Damoiseau Senior die Destille. Das geschieht im April des Jahres 1942, und seitdem sind Marke und Brennerei in Familienbesitz. Derzeit ist Hervé Damoiseau für das gesamte Unternehmen verantwortlich. Auf Guadeloupe sind die Rums aus dem Hause ›Damoiseau‹ mit einem Marktanteil von ziemlich genau 50 Prozent absoluter Marktführer. In Frankreich wiederum ist der ›Damoiseau‹ einer der Top-Namen in seinem Marktsegment, was nicht allein durch seine recht starke Präsenz in den Fachgeschäften und den Spirituosenabteilungen der Kauf- und Warenhäuser sowie in den Bars, den Hotels und Restaurants der Grand Nation zu erklären ist. Hier verhält es sich wie mit allen Produkten: Erst eine gute Qualität ermöglicht in dem entsprechenden Segment auch eine nachhaltige Präsenz. Bleibt noch anzumerken: ›Damoiseau‹ produziert und verkauft mehr als zwei Millionen Liter pro Jahr, wovon 75 Prozent auf Guadeloupe und in der Karibik verbraucht werden, und exportiert in mehr als 40 Länder. ›Damoiseau‹ kann mit mehr als 30 Rumsorten aufwarten. Einige von ihnen sind hier unbedingt zu erwähnen. Doch zunächst Grundsätzliches …

Rhum Blanc, auch »Grappe Blanche« (Weißer Rum), wird durch die Vergärung von reinem Zuckerrohrsaft, dem »Vesou«, auf etwa 70 Volumprozent in einer Kolonne destilliert. Nach der Destillation lagert man den Rum bei voller Alkoholkonzentration in Holzfässern mit einem Fassungsvermögen von 10 000 bis 60 000 Litern für drei bis sechs Monate. Während der Rum reift, bauen sich ganz allmählich flüchtige Alkoholnoten ab. Um diesen Prozess effektiver zu vollziehen, werden die Fässer belüftet. Schließlich wird vor der Abfüllung, der letzten Stufe der Produktion, der DAMOISEAU RHUM BLANC AGRICOLE (Trinkstärken: 40, 50 und 55 Volumprozent) durch Zugabe von Wasser verdünnt. Die nächste Stufe ist der ›RHUM AMBRÉ‹, der zwischen 12 und 18 Monate in Eichenfässern lagert. R(h)um, der länger reifen soll, damit er verstärkt Aromen durch Tannine und Holz entwickeln kann, wird dann RHUM VIEUX oder OLD RHUM genannt. Er muss mindestens drei Jahre in Eichenfässern lagern. Bei ›Damoiseau‹ verwendet man für diese Qualitäten ausschließlich ehemalige Bourbonfässer, die höchstens 650 Liter fassen dürfen. Während dieser Zeit verdampfen bestimmte aromatische Verbindungen (bekannt als »Angel's Share«), und es entsteht die goldbraune Farbe. Bemerkenswert: Um 70 Deziliter zehn Jahre alten Rhum Vieux zu produzieren, benötigt man zwei Liter weißen Rum.

Folgende interessante Produkte aus dem großen ›Damoiseau‹-Sortiment verdienen besondere Beachtung: DAMOISEAU RHUM VIEUX AGRICOLE 3 ANS D'ÂGE: kräftige Nase; Aromen von Orange, Limette, Trockenfrüchten, Kardamom und Zimt, aber auch Noten von gerösteter Paranuss und Eichenholz; am Gaumen weich und viskos; milder, leicht fruchtiger Geschmack, hintergründige Süße, etwas Holz, eine Spur Mineralien, langer Nachhall. DAMOISEAU RHUM VIEUX AGRICOLE 5 ANS D'ÂGE: wundervolles Bouquet, geprägt von gerösteten Trockenfrüchten, Zitrus und Gewürzen; würzig-süßer Geschmack, bereichert durch Vanille, Noten von getrockneten Aprikosen und Holztönen; schöner und fruchtiger Abgang, lang und weich; diese matt bernsteinfarbene Spitzen-Assemblage eines Rhum Agricole reift mindestens fünf Jahre in 180 Liter fassenden Bourboneichenfässern aus Kentucky. DAMOISEAU RHUM VIEUX AGRICOLE XO: mindestens sechs Jahre im Eichenfass gereift; in der Nase deutliche Rauch- und Holztöne, dennoch mild und elegant; Trockenfrüchte und Gewürze; feiner, langer Abgang; ein wunderbarer Digestif.

DAMOISEAU RHUM VIEUX AGRICOLE 8 ANS D'ÂGE: Jahrgangs-Rum aus reinem Zuckerrohr, mindestens acht Jahre in 180-Liter-Bourbonfässern gelagert; duftet ganz wunderbar nach Vanille und Zimt; am Gaumen samtig-weich mit fein-fruchtigem, komplexem Geschmack; sehr schön ausbalancierter Rum mit dezenter Süße; erinnert an Trockenpflaumen und frisches Zuckerrohr; langes Finish mit feinen Eichennoten und Anklängen von Trockenobst; abgefüllt in Flakons, die ebenso elegant sind wie ihr Inhalt; wie die zuvor erwähnten Destillate sollte auch dieser harmonische Jahrgangs-Rum nicht für Longdrinks oder Cocktails vergeudet werden – am besten zeigt er seine ganze Aromenvielfalt, wenn man ihn chambriert und aus einem Nosingglas oder einem Cognacschwenker pur genießt.

Dann gibt es noch den vorzüglichen DAMOISEAU RHUM VIEUX AGRICOLE MILLÉSIME 1989, der seit seiner Destillation im Jahre 1989 in 180-Liter-Eichenfässern ruht, in denen zuvor zwei Jahre Bourbonwhiskey gereift ist. Bedingt durch die enorme Verdunstung (ca. 7 Prozent per anno), steht nur eine geringe Menge von etwa 7000 Litern des 1989er zur Verfügung. Weil bei diesem Rum eine Verdünnung auf Trinkstärke nicht stattgefunden hat, ist er »full proof«. Das heißt in dem konkreten Fall: 58,4 Volumprozent Alkoholgehalt. Anmerkung: Aus dieser Reihe gibt es auch noch einen sehr zu empfehlenden 1991er.

Bleibt schließlich der DAMOISEAU RHUM VIEUX AGRICOLE MILLÉSIME 1953. Bei diesem dunkelbraunen Jahrgang-Rum handelt es sich um eine echte Rarität. Schon sein sehr intensiver Duft ist höchst beeindruckend. Zuerst verwöhnt er die Nase mit Aromen von Zitrusfrüchten und edlen, alten Hölzern, während später feine Noten von Rauch und Tabak folgen, die in würziger Süße münden. Diese vielversprechende Aromenpalette bestätigt sich am Gaumen und wird ergänzt durch Geschmacksnoten von Zimt und buttrigem Vanillekuchen. Bemerkenswert lang ist der Nachklang, zudem warm, gehaltvoll und elegant. Der ›Damoiseau Rhum Vieux Agricole Millesime 1953‹ ist vor mehr als 60 Jahren aus dem Saft des besten zur Verfügung stehenden Zuckerrohrs destilliert und zu seiner Vollendung in französischen Cognacfässern gelagert worden, hat also eine Reifung hinter sich, wie sie nur wenigen Rums – pardon Rhums – zuteil wird. Bleibt noch zu erwähnen, dass ein wunderschöner Kristalldekanter die exzellente Qualität dieses edlen Destillats auch nach außen hin sichtbar werden lässt.

Auf jeden Fall sollte man mindestens einen dieser hervorragenden Rhums Agricole unbedingt probieren. Es lohnt sich …

Wandmalerei mit Zuckerrohrarbeitern, zu besichtigen im ›Musée du Rhum in Sainte-Rose‹, Guadeloupe

Ruhm durch Rhum – Besuche auf Madinina

Auf dieser Insel der Karibik, die zu den »Inseln über dem Winde« gehört, die wiederum den nördlichen Teil der Kleinen Antillen ausmachen, werden auf den pittoresken Märkten als heimische landwirtschaftliche Erzeugnisse vor allem Bananen und Ananas angeboten. Bezahlt wird übrigens in Euro. Aber Martinique hat noch mehr zu bieten …

Eigentlich ist es unnötig zu erwähnen, doch um der Wahrheit Genüge zu tun, sei es gesagt: Wie bei nahezu allen Inseln in der Karibik ist es auch im Falle von Martinique der Genuese in spanischen Diensten, ist es Christoph Kolumbus, der als erster Europäer seinen Fuß auf dieses Eiland setzt. Wie die Chroniken berichten, geschieht das am 15. Juni 1502 auf seiner vierten Reise in die Neue Welt, wodurch die spanischen Überseebesitzungen um mehr als 1 100 Quadratkilometer erweitert werden.

Nach gut 130 Jahren, genauer gesagt 1635, geht Madinina (»Blumeninsel«), wie die Insel von den Ureinwohnern genannt wird, in französischen Besitz über, indem sie in die von Kardinal Richelieu, Frankreichs »Roter Eminenz«, gegründete ›Compagnie des Isles d'Amerique‹ eingegliedert wird, ehe sie schließlich, nach dem Konkurs der Compagnie, im Zuge der Gründung der ›Französischen Ostindienkompanie‹ durch Jean-Baptiste Colbert im Jahre 1664 der französischen Krone unterstellt wird.

Obwohl seit Mitte des 17. Jahrhunderts auf Martinique Zuckerrohr angepflanzt wird, spielt hier das Geschäft mit der Melasse eine eher marginale Rolle. Auch der Handel mit Zucker kommt nur langsam auf Touren. Erst in den zwanziger Jahren des 18. Jahrhunderts lässt sich auf der Blumeninsel ein ordentliches Wachstum der Zuckerindustrie beobachten. Dagegen gestaltet sich der Markt im europäischen Mutterland, in Frankreich, recht schwierig, da Wein- und Cognacproduzenten den Import von Melasse und Rum blockieren. Diese Situation ruft geschäftstüchtige englische Kaufleute auf den Plan, die sich in den französischen Karibikbesitzungen günstig mit Melasse eindecken, wobei oftmals getrockneter Fisch, Pferde und Holz als Zahlungs- beziehungsweise Tauschmittel dienen. Das wiederum hat Folgen, die sich in eine andere Richtung bewegen: Der Verkauf

Imposant: Das herrschaftliche Haupthaus der Brennerei ›Depaz‹

ckelnd, und schon bald wird das Gesetz systematisch durch regen Schmuggelhandel untergraben und bleibt somit mehr oder weniger wirkungslos.

Die Geburt des »Rhum Agricole«

Anfangs wird auf Martinique, wie auf den übrigen Karibikinseln auch, Rum aus Melasse hergestellt. Lediglich ein paar Schwarzbrenner nutzen den frischen Saft des Zuckerrohrs für sich. Eine nennenswerte, gar boomende Rum-Produktion ist hier jedoch nicht zu beobachten. Das ändert sich aber schlagartig ab Mitte der sechziger Jahre des 19. Jahrhunderts. Grund ist die Reblausplage, die zwischen 1858 und 1863 fast den gesamten Bestand an französischen Weinstöcken vernichtet, woraufhin Rum in Frankreich regelrecht gesellschaftsfähig wird. Den Herstellern auf Martinique kann das nur recht sein, und so zählt man um 1880 etwa 500 Destillen auf der Insel. Dann kommt in Europa die Zuckerrübe auf, und im Zuge ihrer Kultivierung ändert sich erneut alles: Der Zuckerhandel zwischen der Karibik und Europa bricht fast vollständig ein, was wiederum zur Folge hat, dass es bald keine Melasse mehr gibt, aus der sich Rum destillieren lassen könnte. Es sind dann Pioniere wie Henri Dormoy und Homère

Die leicht romantisierte Darstellung dieser Plantagenarbeiter auf Martinique von Le Masurier aus dem Jahre 1755 hat mit der Wirklichkeit auf den Zuckerrohrfeldern der Zeit wohl kaum etwas zu tun.

von Melasse, die aus britischen Besitzungen stammt, halbiert sich, was dem englischen Mutterland naturgemäß überhaupt nicht zupass kommt. Rufe nach einem Gesetz, das den Melassehandel verbieten soll, werden immer lauter – das Ganze eskaliert zu einem regelrechten Politikum. Im Jahre 1733 schließlich tritt der ›Molasses Act‹ in Kraft, und von nun an wird das Erzeugnis mit einem Importzoll belegt. Viele Kaufleute finden das gar nicht pri-

Clément, Jean Neisson und Victor Depaz, die auf Martinique das Destillieren aus frischem Zuckerrohrsaft professionalisieren. Der »Rhum Agricole« ist geboren.

Bis zu dem Jahr, in dem der Erste Weltkrieg endet, kann man auf der Blumeninsel von einer regelrechten Hoch-Zeit des Rhum Agricole sprechen, doch auch in der Folgezeit prosperiert die Rum-Industrie auf der karibischen Insel. Noch bis 1945 werden zahlreiche neue Marken gegründet, doch nach Ende des Zweiten Weltkriegs wird die Luft für viele spürbar dünner: Als Frankreich die Einfuhrmengen von Rum merklich beschränkt, um die einheimische Industrie zu stärken, führt das auf Martinique zu einer Konzentration auf dem Rum-Markt, und es überleben nur diejenigen Produzenten, die rechtzeitig erkennen, dass nur hervorragende Qualität ein Fortbestehen sichert. Immerhin sind es in diesen Jahren noch ungefähr 120 Destillen, die weiterhin Rhum Agricole in die Flaschen bringen. Heute sind nicht einmal zehn von ihnen übrig. Die jedoch produzieren allesamt hervorragende Rhums Agricole. Einige dieser Destillen werden mit ihren Produkten auf den folgenden Seiten vorgestellt. Den Anfang macht die Brennerei, die seit den Anfängen die Entwicklung des Rums auf Martinique entscheidend mitprägt.

> **ANGEL'S SHARE**
> Der Angel's Share, also der Anteil, der bei der Holzfasslagerung während eines Jahres verdunstet, beträgt auf Martinique etwa 7 Prozent.

Karte von Martinique (Ausschnitt) von Matthäus Seutter (1678–1757)

Ein Graf macht den Anfang

Die Historie sei kurz skizziert: Im Jahre 1749 erwirbt der Franzose Graf Ferdinand Poulain eine große Zuckerrohrplantage auf Martinique. Da der Adlige auch den Titel »Count de Mauny« führt, liegt es nahe, die Plantage sowie die bald entstehende Rum-Fabrik nach diesem Titel zu benennen: ›La Mauny‹ ist entstanden – und entwickelt sich in den Folgejahren zur vollen Zufriedenheit des Grafen. Auch seine Nachkommen haben mit der Plantage über lange Zeit ihr Auskommen. Anfang der siebziger Jahre des 20. Jahrhunderts wird ›La Mauny‹ schließlich an die Brüder Georges und Théodore Bellonnie verkauft, wobei es vor allem letzterer ist, der sehr viel Engagement an den Tag legt, um die Plantage und das Geschäft mit dem Rum nach vorne zu bringen. Mit Erfolg: Heute ist ›La Mauny‹ der größte Produzent auf Martinique, wenn es um Rhum Agricole geht – und um den geht es ja in erster Linie auf dieser Karibikinsel.

Während man 50 Prozent des für die Rum-Herstellung benötigten Zuckerrohrs von Plantagen kauft, die (selbstverständlich) auf Martinique beheimatet sind, baut man die andere Hälfte auf eigenen Feldern an, auf denen man zwischen Februar und Juni die Ernte vornimmt, die

Straßenverkaufsstand auf Martinique. Neben Gewürzen und Stoffen wird hier auch Rum angeboten.

– höchst selten in unserer technisierten Welt – zu großen Teilen noch von Hand betrieben wird. Nebenbei bemerkt: Eine Tonne Zuckerrohr ergibt etwa 100 Liter Rum mit einem Alkoholanteil von circa 55 Prozent, und bei ›La Mauny‹ verarbeitet man insgesamt circa 28 000 Tonnen Zuckerrohr. Eine sehr beachtliche Menge. Noch etwas Bemerkenswertes: Die Walzen für das Pressen des Zuckerrohrs werden von Dampfmaschinen betrieben, in deren Kesseln die Bagasse, also die Reste des Zuckerrohrs, verbrannt werden. Auf Martinique übrigens werden auf diese Weise rund 30 Prozent des Energiebedarfs gedeckt. Das ist nicht die einzige interessante Zahl: Auf ›La Mauny‹ gibt es exakt 36 Fermentationstanks mit einem jeweiligen Fassungsvermögen von stattlichen 30 000 Litern, wobei der Inhalt eines Tanks für rund 2 200 Liter Rum mit einem Alkoholgehalt von 55 Volumprozent gut ist.

Für die Fermentation selbst werden zwei Hefen verwendet – je nachdem, für welchen Rum die Maische benutzt wird. Der Prozess der Fermentation verläuft über einen Zeitraum von 24 bis 36 Stunden, und am Ende hat man dann einen Zuckerwein mit einem Alkoholanteil von 4 bis 5 Volumprozent. Die anschließende Destillation erfolgt nun entweder in einer komplett aus Kupfer gefertigten Column Still oder in einer der beiden aus Stahl mit einem Kupferboden gefertigten, die schließlich einen Rum liefern, dessen Alkoholgehalt zwischen 65 und 75 Volumprozent liegt. Die weißen Rums müssen dann drei Monate im Stahltank ruhen, bevor sie in die Flasche gefüllt werden, während diejenigen, die etwas länger reifen dürfen, in Cognac- oder Whisk(e)y-

Vor lauter Kitsch fast wieder schön: Werbeplakat für den Rhum Agricole ›La Mauny‹

> **›Ti' Punch‹**
>
> ›Ti' Punch‹ wird auf Martinique praktisch an jeder Ecke getrunken, ist also so etwas wie ein Nationalgetränk. Der Cocktail ist relativ einfach zuzubereiten. Rezepte hierfür gibt es einige. Hier eine Variante, die gerne in Deutschland getrunken wird: 4–6 cl weißer Rhum Agricole, 1 cl Rohrzuckersirup, 0,5–1 cl Limettensaft, 1 Limettenscheibe. Alle Zutaten außer der Limettenscheibe auf Eis geben, gut verrühren und dann die Limettenscheibe dazugeben. Ohne Trinkhalm servieren.
>
> Soweit der ›Ti' Punch Blanc‹. Man sollte aber auch mal unbedingt einen ›Ti' Punch Vieux‹ probieren. Die Zutaten sind dieselben – nur wird der weiße Rhum Agricole durch dieselbe Menge eines dunklen, also fassgelagerten Rhums ersetzt. Das ergibt einen wunderbaren Digestif.
>
> Und noch eine Spielart: Auf Martinique selbst wird der ›Ti' Punch‹ ohne Eis getrunken. Auch hierzulande durchaus zu empfehlen.

fässer kommen, wobei man vorwiegend auf Bourbonfässer zurückgreift. In den Reifekellern finden übrigens bis zu 4 000 Fässer Platz.

›La Mauny‹ kann mit einer ganzen Reihe sehr unterschiedlicher Abfüllungen aufwarten, angefangen mit dem BLANC, der als ›Ti' Punch‹ gerne mit Rohrzucker und Limettensaft getrunken wird. Überhaupt sind die weißen Rhums Agricole von ›La Mauny‹ besonders fruchtig in den Aromen, und hier herrschen nicht selten Noten von Birne und Himbeere vor. Für den puren Genuss eignet sich dann beispielsweise der VSOP, der aufgrund seiner Bezeichnung mindestens vier Jahre gereift sein muss und der dem Genießer mit Aromen von Pflaumen, Kräutern und etwas Holz begegnet. Weiter geht es mit dem XO, wobei das Kürzel auf eine Lagerung von mindestens sechs Jahren verweist. In diesem Fall besteht der Blend aus zwölf Rums, von dem der jüngste sieben Jahre alt ist, und jene zusätzlichen Jahre schlagen sich denn auch sofort geschmacklich nieder: Er kommt, vor allem mit seinen Kräutertönen, kräftiger daher als der zuvor genannte, und man gewinnt den Eindruck, die Zunge werde gekühlt – kein R(h)um, der einem Anfänger zu empfehlen wäre. Ein Highlight im Portefeuille von ›La Mauny‹ ist der EXTRA RUBIS RHUM VIEUX, ein Blend aus sechs unterschiedlichen Fässern, in denen Destillate lagern, die zwischen sechs und 30 Jahre alt sind. Dieser Rum ist mit einer deutlichen Süße ausgestattet, die zuweilen Assoziationen von Honig zulässt, sowie einem merkbaren Holzton, während zusätzlich Noten von Pfeffer und Muskat hervortreten, vermischt mit Apfel. Bleibt noch zu erwähnen: ›La Mauny‹ bringt immer wieder interessante Jahrgangsabfüllungen auf den Markt, die aufgrund ihrer Qualität stets Beachtung finden sollten. Schließlich sei noch angemerkt: Hier werden auch die bekannten Marken ›Trois Rivières‹ und der ›Duquesne‹ destilliert.

Der Gottesmann und die Windmühlen

Und schon geht es um ›Trois Rivières‹. Die Destille existiert schon seit geraumer Zeit nicht mehr, aber die bei Kennern

›St. James‹-Destille und Rum-Museum auf Martinique

Windmühle der Destille ›Trois-Rivières‹

äußerst geschätzte Marke mit der Windmühle, ihrem berühmten Wahrzeichen, das auf den Etiketten wiederzufinden ist, ist nach wie vor präsent. Die Windmühlen gehen übrigens zurück auf den Dominikanerpater Jean-Baptiste Labat. Der geht Ende des 17. Jahrhunderts als Missionar nach Westindien, besitzt dort irgendwann eine Plantage, und auf der brennt er nicht nur Rum, sondern bemüht sich auch um eine verbesserte Rum-Destillation. Was das mit den Windmühlen zu tun hat? Der Gottesmann lässt sie von seinen Sklaven erbauen, um sie für die Energiegewinnung zu nutzen …

Wie nahezu alle anderen Destillen der Karibik hat auch ›Trois Rivières‹ (»Drei Flüsse«) eine bewegte Geschichte, um die sich zahlreiche Legenden ranken. Eine beispielsweise erzählt von einem Beamten, der unter Ludwig XIV. ein hohes Amt im Fiskaldienst bekleidete. Der Staatsdiener besaß für eine begrenzte Zeit die Kontrolle über die Plantage, doch durch irgendwelche Geschichten – mal munkelte man, es seien Frauen im Spiel gewesen, mal hieß es, er habe sich den Karten und dem Alkohol zu sehr hingegeben – fiel der gute Mann in Ungnade. Vielleicht war er auch einigen einfach zu mächtig geworden. Wie gesagt, Genaues weiß man nicht. Wie dem auch sei: Eine andere Geschichte ist es ebenfalls wert, kurz erzählt zu werden ...

Die Briten hatten eine kleine Insel namens Diamond Rock besetzt. Dieses Eiland war strategisch sehr wichtig. Um sich der Engländer wieder zu entledigen, kramte man in der Antike herum, bis man auf Homer stieß, genauer auf das Trojanische Pferd. Die karibische Variante der Homerschen Erzählung soll nach der Überlieferung wie folgt abgelaufen sein: Die Franzosen warfen mit Rum gefüllte Fässer in einen der drei durch die Plantage fließenden Flüsse von ›Trois Rivières‹. Neugierig, was es wohl mit diesen Behältnissen auf sich habe, angelten sich die Engländer die Fässer, brachen sie auf, untersuchten ausgiebigst ihren Inhalt – um dann am nächsten Morgen von den Franzosen überfallen zu werden. Betrunken, wie die Briten waren, hatten sie den Angreifern recht wenig entgegenzusetzen – und verloren die Insel wieder.

Natürlich ist die Entwicklung der Brennerei auch an Fakten festzumachen, die historisch belegt sind: Im Jahre 1905 wird ›Trois Rivières‹ von Amédée Aubéry erworben, einem mächtigen Industriellen und einflussreichen Grundbesitzer. Er modernisiert die Anlage, lässt jedoch keinen Zucker mehr produzieren, sondern widmet sich ausschließlich der Herstellung von Rhum Agricole. Sein Sohn erweitert 1940 die Plantage, übernimmt zudem eine Brennerei mit Namen ›Dizac‹, die somit Teil von ›Trois Rivières‹ wird. Von diesem Moment an wird nur noch landwirtschaftlicher Rum aus Zuckerrohrsaft produziert, also Rhum Agricole. Für ›Trois Rivières‹ folgt ein knapp 20 Jahre langes Intermezzo. Die schon seit Generationen auf Martinique ansässige Familie Marraud Des Grottes, die bereits eine Brennerei betreibt und die Marke ›Duquesne‹ besitzt, kauft 1953 das Anwesen und vermarktet ›Trois Rivières‹ bis 1972 unter dem Namen ihrer Marke.

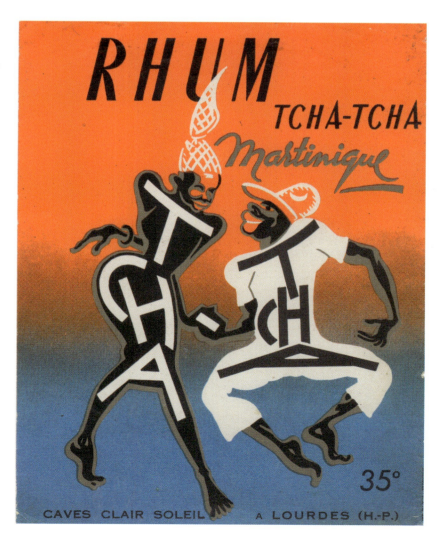

> **MARTINIQUE**
> Lage: Kleine Antillen • Staatsform: Demokratie • **Hauptort:** Fort-de-France • **Fläche:** 1128 Quadratkilometer **Einwohnerzahl:** circa 385 000 **Bevölkerungsdichte:** etwa 340 Einwohner je Quadratkilometer • **Währung:** Euro (EUR)

Schließlich übernimmt das Unternehmen ›BBS‹, das schon ›La Mauny‹ besitzt, im Jahre 1994 die Destille ›Trois Rivières‹ – und zwei Jahre später erhält die Marke ›Trois Rivières‹ das begehrte Qualitätssiegel ›AOC Martinique‹. Es kommt also wieder ›La Mauny‹ ins Spiel. Die Destille ›Trois Rivières‹ wird zwar, wie gesagt, schon seit geraumer Zeit nicht mehr betrieben, doch ist die alte Plantage heute ein gerne besuchtes Museum, während der Rum, wie gesagt, bei ›La Mauny‹ hergestellt wird.

Unter dem Label ›Trois Rivières‹ gibt es einige interessante Abfüllungen zu entdecken. Angefangen beim BLANC, der in drei Alkoholstärken abgefüllt wird, bis hin zum Paradestück, einer Jahrgangsabfüllung von 1953. Solche Abfüllungen findet man bei ›Trois Rivières‹ übrigens des Öfteren. Aktuell sind der 98-er, ein Single Cask, und der 99er im Angebot. Doch nun zu einigen Rums, die wie alle Destillate dieser Marke nach den ›AOC Martinique‹-Regeln produziert werden: TROIS RIVIÈRES FÛT UNIQUE 1998. Destilliert wurde dieser Rhum 1998, lagerte dann sechs Jahre in ehemaligen Bourbonfässern, ehe er 2004 etwa acht Monate in Cognacfässern weiterreifte. Ein würziger, intensiver Vertreter, der im Geschmack lebendig und floral ist und der mit einem Hauch von Zimt und Muskat, Trockenaprikose und Orange aufwartet. Auf jedem Etikett dieses Rums ist übrigens festgehalten, wann er destilliert und wann er abgefüllt worden ist, wie viele Flaschen von ihm existieren und aus welchem Fass er stammt. TROIS RIVIÈRES RHUM VIEUX 1999. Diese Abfüllung hat neben dem üblichen Etikett ein zusätzliches, das in Gold gehalten und mit dem Aufdruck ›Millésime 1999 Vintage‹ versehen ist. Nach acht Jahren Reifung in kleinen Eichenfässern überzeugt der Rhum mit einer präsenten, gleichwohl feinen Würze, begleitet von reifen Fruchttönen, Vanille, Tabak und Ingwer, zudem flankiert mit einem feinen Hauch von Nelke und Süßholz, ehe er in seinem langen Abgang angenehm würzig-süß daherkommt. TROIS RIVIÈRES 5 ANS D'ÂGE MARTINIQUE. Auch nach »nur« fünf Jahren Reifung hat der Rum-Genießer feine Aromen von Vanille, Gewürzen und eingelegten Früchten im Glas, die sich recht weich im Mund präsentieren. TROIS RIVIÈRES VIEUX AGRICOLE 8 ANS. Dieser acht Jahre alte Rum besitzt Aromen von Trockenfrüchten und reifen Beeren, bietet zudem sehr schöne florale Noten, die sich in einen langen und harmonischen Nachklang ergießen. TROIS RIVIÈRES 1953. Man muss von der Kraft, die dieser 1953 destillierte Rum besitzt, mehr als angetan sein. Ein Highlight – komplex, würzig, mit viel Finesse sowie einem langen Nachklang. Wer also einmal die Gelegenheit hat, diesen Tropfen zu probieren, und bereit ist, sich jenes Vergnügen etwas kosten zu lassen, der sollte die Chance unbedingt nutzen. Aber auch alle anderen genannten Destillate sind es wert, sich wenigstens einmal mit ihnen auseinanderzusetzen.

Eine besondere Flaschenform

Der Franzose Jacques Bally, Sohn eines Notars, kauft im Jahre 1917 im Norden von Martinique ein Anwesen, auf dem sich eine Destille befindet, die jedoch zu diesem Zeitpunkt schon lange in Vergessenheit geraten ist. Rund drei Jahre später beginnt er mit der Restaurierung des Wohnkomplexes und der Brennerei, und in der Folgezeit konzentriert sich Jacques Bally auf die Herstellung absolut hochwertiger Rhums Agricole. Den Anstoß hierfür liefert ein Zufall, der sich geraume Zeit zuvor ereignet: Eines Tages stolpert Jacques Bally über etliche Fässer, in denen seit einigen Jahren insgesamt 500 Hektoliter Rum lagern, weshalb sich eine »braune« Farbe und ein einzigartiger Geschmack entwickeln haben. Ab dem Jahre 1924 nutzt der Franzose dann einen Teil der Produktion, um beim Rum die Entwicklung des Alterns zu studieren. Schließlich, im Jahre 1930, entwirft er jene markante dreieckige Flasche, die seinen Rhum Agricole in der ganzen Welt berühmt machen wird. Nach dem Tod von Jacques Bally im Jahre 1963 wandert in den darauffolgenden siebziger Jahren die Produktion zunächst zur Destille ›Simone‹ und anschließend zur Brennerei ›St. James‹. Wiederum einige Zeit später, 1986, verkauft die Familie Bally die Marke, ehe sich im Jahre 1996 das Unternehmen ›Cointreau‹ Name und Kontrolle über ›Bally Rhum‹ sichert. Inzwischen gehören sowohl die Marke ›Bally‹ als auch die Brennerei ›St. James‹ zum Unternehmen ›La Martiniquaise‹, das seinen Sitz in Charenton-le-Pont hat, einer französischen Kleinstadt in der südlichen Peripherie von Paris. Mittlerweile werden etwa 2 500 Hektoliter Rhum, die das Etikett ›J. Bally‹ tragen, jedes Jahr auf der Karibikinsel produziert, von denen neben den Marken Rhum Blanc Agricole Martinique J. Bally und Rhum Ambré Agricole Martinique J. Bally die folgenden Erzeugnisse besonders erwähnenswert sind: Rhum Vieux Agricole Martinique J. Bally 3 Ans d'Âge. Dieses Destillat – als Aperitif ebenso geeignet wie als Digestif – wartet in einem klaren, nahezu glänzenden Kupferbraun mit intensiven fruchtigen Aromen auf, deren Noten – cremige Vanille und trockenes Holz, Trockenfrüchte (Feigen, Datteln)

sowie kandierte Zitrusfrüchte – sehr schön miteinander harmonieren. Eine perfekte Balance. Durch die kandierten Zitrusfrüchte ist der Geschmack zunächst frisch, um dann zunehmend lebendig und reichhaltig zu werden, wobei Andeutungen von Vanille und Holz hervortreten. Der intensive Nachklang offenbart noch einmal die Fruchtigkeit dieses über drei Jahre gereiften Rums. RHUM VIEUX AGRICOLE MARTINIQUE J. BALLY 7 ANS D'ÂGE. Auch der ältere mahagonifarbene Bruder kann als Aperitif sowie als Digestif genossen werden. Die ausgeprägten und lebendigen Aromen geben eine Vielzahl unterschiedlicher Noten frei: Zu den für das lange Reifen typischen Farbnoten treten zahlreiche fruchtige Andeutungen (Likör-Brandy-Früchte) hervor, gesellen sich ferner würzige (Zimt, Muskat) und delikate Noten (Zigarre sowie leicht geröstete Schokolade). Der reichhaltige erste Geschmack wird zunehmend lebendiger, begleitet von einer schmeichelnden Frische, bis er sein fruchtiges Aroma voll entfaltet, das auch in seinem intensiven Nachklang spürbar ist. RHUM VIEUX AGRICOLE MARTINIQUE J. BALLY 12 ANS D'ÂGE. Das klare, glänzende, dunkle Mahagoni lässt die lebendige Intensität dieses Rhums – wie seine beiden jüngeren Geschwister in der »Pyramide« abgefüllt – mehr als erahnen. In der Nase offenbaren sich ein Anteil von Likör-Brandy-Früchten, darunter Walnuss, sowie würzige (vor allem Muskat) und dezente Noten von Zimt, begleitet von Kakao und ›Virginia‹-Tabak. Der Geschmack ist zu Beginn reich und voll, während sich anschließend ein Füllhorn von Aromen ausbreitet, wobei ein geradezu schmeichelnder Holzgeschmack deutlich hervortritt, eingebettet in einen voluminösen Körper, der auch im lang anhaltenden Nachklang präsent ist. Dieser zwölf Jahre gereifte Rhum Agricole empfiehlt sich als genussvoller Abschluss einer reichhaltigen Menüfolge, ist zudem, wie auch seine beiden Geschwister, willkommener Begleiter einer guten Zigarre. RHUM VIEUX AGRICOLE MARTINIQUE J. BALLY MILLÉSIME 1999. Dieses ausgezeichnete mahagonifarbene Jahrgangsdestillat gefällt zunächst mit reichen und intensiven Aromen, die vor allem ausgeprägte trockene und getoastete fruchtige Noten freigeben. Der runde, gleichwohl lebendige Geschmack überzeugt mit kräftigen und würzigen Noten (Muskat), begleitet von schmeichelnden Tanninen und gerösteten Trockenfrüchten, die auch im nicht enden wollenden Nachklang, unterstützt von einer leicht holzigen Note, lange präsent sind. Dieser besondere Vintage gefällt ebenfalls als ausgezeichneter Digestif sowie als Begleiter einer mittelkräftig-cremigen Zigarre.

Am Fuße des ›Mont Pelée‹ befindet sich das Gelände der Destille ›Depaz‹, Garant für erstklassige Rhums Agricole.

Klein, aber fein

Die altehrwürdige Destille ›Depaz‹ befindet sich im Nordwesten der Insel Martinique. Hier, am Fuße des Vulkans Mont Pelée, der höchsten Erhebung der Insel, wird seit dem Jahre 1651 Rum gebrannt. Heutzutage produziert ›Depaz‹ herausragende weiße Rhums Agricole sowie braune Rum-Sorten, von denen einige lange gereift sind, die zudem allesamt mit einem spürbaren Alkoholgehalt aufwarten.

Kurz nach der vorletzten Jahrhundertwende, 1902, zeigt der Mont Pelée, welch feuriges Leben noch in ihm steckt: Der Ausbruch des Vulkans ist außergewöhnlich heftig, und die Zerstörungen, die die Eruption anrichtet, sind vernichtend. Rund 15 Jahre nach der verheerenden Naturkatastrophe kehrt der einzige Überlebende der Familie, Victor Depaz, auf die Insel zurück, um das Anwesen wieder aufzubauen und die Destille instand zu setzen. Derartige Ausbrüche bringen nicht zwangsläufig nur Schlechtes hervor – auf der Vulkanasche wachsen seitdem hervorragende Zuckerrohrsorten mit einem sehr hohen Zuckergehalt. In kleinen Mengen im Frühjahr geerntet und schonend bearbeitet, liefert das Zuckerrohr beste Voraussetzungen für eine außergewöhnliche Qualität des Endprodukts – und so zeichnen sich die Rhums Agricole, die den Namen ›Depaz‹ tragen, nahezu generell durch einen »explosiven« Geschmack aus, jeweils begleitet von einem Aromenspiel, das ihnen einen unverwechselbaren Charakter verleiht. Womit sie jenen hohen Anspruch erfüllen, der von einem Rhum Agricole der Spitzenklasse erwartet wird. Heute bewirtschaftet ›Depaz‹ eine Plantage von etwa 160 Hektar, zu denen noch rund 90 Hektar hinzukommen, auf denen weitere Farmer Zuckerrohr anbauen. Bleibt noch anzumerken: Auf allen Feldern überwiegt die Sorte ›Canne bleu‹, neben der Brennkunst ein Garant für erstklassige Rhums Agricole.

DEPAZ RHUM AGRICOLE MARTINIQUE DORÉ. Dieses ein Jahr im Holzfass gelagerte Destillat wartet mit Aromen von Vanille, Kokosnuss, Honig und exotischen Früchten auf – und eignet sich ideal für ein erfrischendes Mixgetränk. DEPAZ RHUM VIEUX AGRICOLE MARTINI-

QUE. Nach einer drei Jahre dauernden Lagerung in kleinen Eichenholzfässern präsentiert sich ein fruchtiger Rum mit feinen Aromen von Vanille, Schokolade und Kokosnuss sowie von Zimt, Pflaume und Muskatnuss. DEPAZ RHUM VIEUX AGRICOLE MARTINIQUE RÉSERVE SPÉCIALE VSOP. Nach einer Reifung von sieben Jahren, für die ebenfalls kleine Eichenholzfässer zum Einsatz kommen, hat dieser Rum einen delikaten Geschmack von gerösteten Früchten und Schokolade sowie von Pflaume, Tabak und Vanille entwickelt. DEPAZ RHUM VIEUX AGRICOLE MARTINIQUE XO GRANDE RÉSERVE. Dieser Rum lagert zwölf Jahre, und auch hier vertrauen die Macher kleinen Eichenholzfässern. Mit einem intensiven Geschmack von Schokolade und Datteln sowie Vanille und Rosen, flankiert von milden Holznoten, überzeugt er jeden Kenner.

Bewegte Geschichten

›Rhum Dillon‹. Hinter diesem Namen verbirgt sich zuvorderst die bewegte Geschichte eines Franzosen irischer Abstammung, der in die Armee Ludwigs XVI. eintritt, für die amerikanische Unabhängigkeit kämpft, im Rang eines Generals in den Wirren der Französischen Revolution Truppen befehligt, mit seinen Soldaten eine preußische Einheit in die Flucht schlägt, um letztendlich, im April 1794, den Gang zur Guillotine anzutreten, nachdem ihm zuvor Parteinahme zugunsten der Royalisten vorgeworfen worden war. Doch einige Jahre vor der einmaligen Bekanntschaft Dillons mit dem Fallbeil, das schließlich seinen Kopf vom Rumpf trennt, heiratet er die Kreolin Laure Girardin de Montgérald, Cousine von Josephine de Beauharnais (der späteren Gemahlin Napoleons) und Besitzerin einer Zuckerrohrplantage auf Martinique. Nach dem gewaltsamen Tod Dillons begibt sich seine Witwe wieder in die Karibik, führt dort Plantage sowie Destille weiter, und zu Ehren ihres Ehemanns tragen die Rhums Agricole fortan seinen Namen. Irgendwann geht der Besitz an einen gewissen Pierre Hervé über, doch der muss sein Engagement im Jahre 1866 aufgrund der zu dieser Zeit in der Karibik herrschenden Zuckerkrise aufgeben, woraufhin Plantage und Destille fortan von einer Gesellschaft mit beschränkter Haftung geführt werden, die den gebürtigen Franzosen Louis Domergue zum Verwalter ernennt. Das Auf und Ab der Destille wie auch der Marke ist hiermit aber noch nicht beendet. Der gute Louis Domergue kann seine Kenntnisse immerhin ein Vierteljahrhundert lang einbringen – ehe 1891 ein Wirbelsturm nicht nur die Plantage verwüstet, sondern auch ihn aus dem Leben wirft. Im Jahre 1900 baut dann sein

Sohn Raoul die komplette Anlage wieder auf, um 19 Jahre später, bei einem Vulkanausbruch, erneut alles zu verlieren. Als schließlich im Jahre 1967 der Konzern der Familie Bardinet aus Bordeaux die Geschicke übernimmt, wendet sich endlich alles zum Besseren. In mehr als 20 Jahren vervierfacht das Unternehmen die jährliche Produktionskapazität der Brennerei durch Investitionen in Destillationskolonnen, Gärbottiche und Lagerhäuser auf 3000 Fässer beziehungsweise 3000 Hektoliter.

Nachdem sich ›Bardinet‹ 2007 dazu entschlossen hat, ›Dillon‹ zu schließen, wird der Rhum Agricole mit den bewegten Geschichten ganz unaufgeregt bei ›Saint James‹/›Depaz‹ produziert. Eine der Abfüllungen ist besonders erwähnenswert, und zwar der RHUM TRÈS VIEUX AGRICOLE XO 7 ANS, der sich in der Flasche von leicht mahagonifarben bis dunkelrot präsentiert. Im Geruch dieses sieben Jahre alten Destillats herrschen komplexe, reiche Aromen vor, die an geröstete Kokosnuss sowie an Schokolade und Lakritze erinnern. Es folgen fruchtige Noten von kandierten, gerösteten Trockenfrüchten, ferner Haselnuss, Quitte und Pflaume, aber auch würzige Noten von Zimt und geschmackvollen Vanillearomen treten hervor. Daneben sind unter anderem auch noch die traditionellen weißen Rums (DILLON RHUM BLANC AGRICOLE), einmal mit 43,5, einmal mit 50 und einmal mit 55 Volumprozent, zu erwähnen sowie die gelagerten Rhums Agricole mit drei Jahren (DILLON RHUM VIEUX AGRICOLE), vier Jahren (DILLON RHUM VIEUX AGRICOLE VSOP), mindestens sechs Jahren (DILLON RHUM TRÈS VIEUX AGRICOLE XO HORSE D'AGE) Reifezeit. Krönender Abschluss ist dann der zwölf Jahre gelagerte DILLON RHUM VIEUX AGRICOLE EXTRA OLD AGED 12 YEARS SELECTION, der mit einer goldenen Farbe und mit komplexen Aromen von Vanille, Kakao und Kaffee sowie subtilen Holznoten daherkommt.

Der Rum mit dem Namen ›Dillon‹ wird heutzutage ebenfalls in der Destille ›Depaz‹ produziert.

Ein Arzt widmet sich dem Alkohol

Homère Clément, Arzt und Bürgermeister von Le François, einer Gemeinde im südlichen Osten von Martinique, erwirbt im Jahre 1887 die prestigeträchtige ›Domaine de l'Acajou‹, eine 43 Hektar große Zuckerrohrplantage – und wird zu einem der herausragenden Pioniere des Rhum Agricole. So richtig nachvollziehen lässt sich das erst 30 Jahre später, als Homère Clément seine Brennerei 1917 eröffnet, die er auch deshalb hat errichten lassen, weil gegen Ende des Ersten Weltkriegs die Nachfrage nach Alkohol immer größer wird. Nach dem Tod des Firmengründers übernimmt sein Sohn die Anlage. Nicht nur das: Charles Clément perfektioniert die Rhum-Agricole-Methode während seines Studiums der Destillation am berühmten ›Institut Pasteur‹ in Paris (das übrigens ebenfalls auf das Jahr 1887 zurückgeht). Darüber hinaus ist Charles Clément der erste, der auf Martinique seine Rhum-Agricole-Flaschen mit einem Markennamen versieht; er wählt schlicht und einfach ›Clément‹ – einmal zu Ehren seines Vaters, zum anderen mit Blick auf die Zukunft, ist doch ein eingeführter Markenname stets von Vorteil für das Renommee wie für den Verkauf. Und Charles Clément ist auch der erste, der in Flaschen abgefüllten Rhum Agricole nach Frankreich exportieren lässt; hierfür ruft er eigens die Marke ›Acajou‹ ins Leben.

Heute hat ›Clément‹ verschiedene Produktserien in seinem Portefeuille, und die sind allesamt eine Sünde wert. Eine dieser Serien hat den Namen ›Prestige‹, und aus ihr ragt der ›CLÉMENT TRÈS VIEUX RHUM AGRICOLE CUVÉE SPÉCIALE XO‹ heraus, ein wunderbarer Rum aus verschiedenen gereiften Sorten, darunter den Jahrgängen 1976, 1970 und 1952, wobei jeder Jahrgang sein eigenes Aroma ein-

NACHGEFRAGT BEI ROBERT PERONET

Robert Peronet, Sie sind Master Blender bei ›Clément‹. Was macht einen Rhum Agricole zu einem guten Rum? Ein guter Rhum Agricole entspricht den Kriterien, die im Zertifikat der ›Appellation d'Origine Contrôlée‹ (›AOC‹) festgelegt sind. Beim weißen Rum dominieren blumige, pflanzliche, fruchtige oder Gewürznoten. Ein gutes Gleichgewicht zwischen den Sinnen ist wichtig, zwischen Nase und Gaumen. Beim gereiften Rum wiederum muss die Farbintensität dem Alter des Rums entsprechen. Hier dominieren Vanille-, Kokos-, Kaffee- und Kakaonoten.

Was lesen Sie aus der Farbe eines Rums? Die Farbe unseres Rums hängt vom Alter des Fasses und seiner Reifedauer ab. Rum färbt sich schneller, wenn er in einem neuen Fass liegt, während in älteren Fässern die Farbintensität langsamer zunimmt.

Können Sie ein bisschen was über die Geschichte Ihrer Marke erzählen? Homère Clément erwarb die ›Domaine de l'Acajou‹ auf Martinique im Jahre 1887. Auf dem Höhepunkt der großen Zuckerkrise Martiniques machte Clément aus der einst berühmten Zuckerplantage eine Destille. Er imitierte die französischen ›Armagnac‹-Destillen und perfektionierte seine Methode. Das Ergebnis ist heute bekannt als Rhum Agricole. Wir pressen das Zuckerrohr in alter Tradition wie eine Frucht, und aus dem frischen Saft destillieren wir unser »Eau de vie«. Viele Rum-Kenner entdecken die komplexen Nuancen und das einzigartige Geschmacksprofil des ›Rhum Agricole Clément‹ gerade wieder.

Erlauben Sie einen kleinen Blick hinter die Kulissen: Was ist das Besondere am ›Clément VSOP‹? Wir versuchen unser Sortiment unentwegt zu erweitern, um unseren Kunden Neuheiten bieten zu können. Der ›Clément VSOP‹, der vier Jahre lang in einer Kombination aus Limousinfässern und solchen aus Weißeiche reift, ist der Auftakt zu einer ganzen Reihe verschieden gereifter Rums. Dieser ›VSOP‹ ist der jüngste unter den gereiften Rums von ›Clément‹. Er vereint die Geschmacksnoten des weißen und des gereiften Rums – und so paaren sich in einer Flasche sanfte Vanillenoten mit der Frische des fermentierten Zuckerrohrs.

bringt, weshalb dieser Rum unglaublich komplex ist: Nicht übermäßig holzig, vereinen sich herrlich tiefe, zugleich angenehm süße Aromen von Gewürzen, Toffee und Tabak mit würzigen Fruchtnoten, ehe der lange Abgang einen bleibenden Eindruck hinterlässt – und somit den sinnesfrohen Verheiß widerspiegelt, den seine ausnehmend schöne Karaffe verspricht.

Wo der Leguan über dem Wind lebt

»Iouanalao« haben ehemals die Ureinwohner ihre Insel genannt. Nach einem dominikanischen Missionar bedeutet das so viel wie »There where the Iguana is found« (»Dort, wo der Leguan lebt«). Heute wird dieses herrliche, wohl 1500 von Christoph Kolumbus entdeckte Stückchen Erde, das zu den »Inseln über dem Winde« gehört, die wiederum zu den nördlichen Kleinen Antillen zu zählen sind, schlicht und einfach »Saint Lucia« beziehungsweise »St. Lucia« genannt.

Im Roseau Valley auf St. Lucia ist einst das Zuckerrohr die wichtigste landwirtschaftliche Kulturpflanze gewesen, ehe es von der Banane abgelöst worden ist. Wie vielerorts in der Karibik geraten seinerzeit infolge der Konzentration des Zuckerrohranbaus auf bestimmte Regionen und nicht zuletzt aufgrund des Aufkommens der Zuckerrübe in Europa zahlreiche Destillen in ein wirtschaftlich turbulentes Fahrwasser und müssen ihre Rum-Produktion einstellen. Ohne das Geschäft mit dem Zucker sind sie einfach nicht mehr lebensfähig.

Auf St. Lucia wird die zur Herstellung von Rum unerlässliche Melasse schon seit einigen Jahrzehnten überwiegend importiert – in diesem Fall meist aus Guyana. Hier unterscheidet sich der Inselstaat nicht von vielen anderen Regionen der Karibik – obwohl: Zurzeit gibt es Versuche, im besagten Roseau Valley verschiedene Zuckerrohrsorten zu kultivieren. Die Idee dahinter ist die, neue Rum-Stile zu entwickeln, wobei auch Rums in den Fokus gelangen sollen, die aus reinem Zuckerrohrsaft destilliert werden.

Es lebe die Vielfalt!

Im Jahre 1945 haben von den einstmals zahlreichen Brennereien auf St. Lucia nur die drei Destillen ›Cul de Sac‹, ›Dennery‹ und ›Roseau‹ den Zweiten Weltkrieg überlebt. Knapp eineinhalb Dezennien später, 1959, werden sowohl ›Cul de Sac‹ als auch ›Roseau‹ vom niederländischen Bananenproduzenten ›Geest Industries‹ erworben. Bereits zwei Jahre zuvor, 1957, haben die Verantwortlichen von ›Dennery‹ den Zuckerrohranbau aufgegeben, woraufhin die Destille damit beginnt, mit importierter Melasse Rum zu produzieren. Die ›St. Lucia Distillers Group of Companies‹ wiederum ist ein Unterneh-

Wohl auf seiner dritten Fahrt entdeckt Christoph Kolumbus um 1500 das Eiland, das heute zu den Kleinen Antillen gehört.

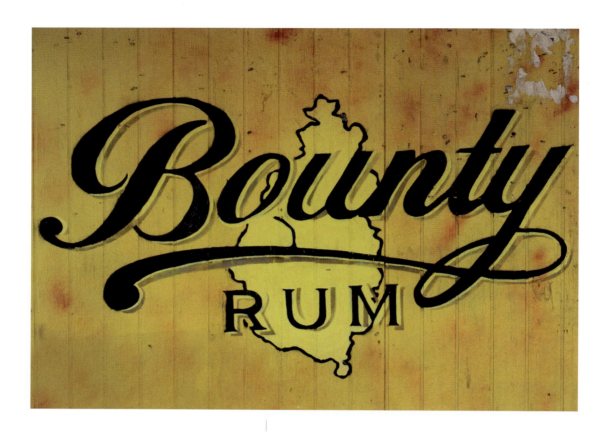

St. Lucia

Lage: Kleine Antillen • **Staatsform:** Parlamentarische Monarchie
Hauptstadt: Castries
Fläche: 616 Quadratkilometer
Einwohnerzahl: circa 180 000
Bevölkerungsdichte: etwa 290 Einwohner je Quadratkilometer • **Währung:** Ostkaribischer Dollar (XCD)

men, dessen Gründung auf das Jahr 1972 zurückgeht, als sich die ›Geest Industries‹ und die ›Dennery Factory Company Limited‹ zusammenschließen, um zu einer Brennerei, genauer gesagt der einzigen auf St. Lucia, zu fusionieren. Man beginnt mit einem Erzeugnis namens Denro Bounty Rum. Später wird die Produktion in das Roseau Valley verlegt, da es dort einen Tiefseehafen gibt, von dem aus die Melasse ohne große Probleme auf die Transportfahrzeuge der Brennerei verladen werden kann. Im Jahre 1997 kauft dann die auf Trinidad ansässige ›Angostura Limited‹ 24,9 Prozent der Anteile von ›St. Lucia Distillers‹. Schon bald darauf erfährt die Brennerei eine Modernisierung, in deren Folge 1998 eine neue Abfüllanlage gebaut wird. So ausgestattet, ist man heute in der Lage, eine breite Palette von verschiedenen Rum-Sorten und -Likören zu brennen, und zwar mehr als 25 an der Zahl.

Die einzelnen Schritte bis zum fertigen Rum sind auch hier, ebenso wie in nahezu allen Destillen der Karibik, Fermentation der Melasse, Destillation, Reifung, Blending und schließlich das Abfüllen in Flaschen. Während die Fermentation zwischen 24 und 30 Stunden bei kontrollierter Temperatur dauert, stehen für die

Destillation drei Pot Stills und eine Column Still bereit, wobei mit zwei Kupferbrennblasen des Unternehmens ›John Dore‹ – 1830 von Aeneas Coffey gegründet und im Übrigen der älteste Destillenhersteller der Welt – eine dreifache Destillation durchgeführt wird. Das Ergebnis ist ein schwerer und schmackhafter Rum mit komplexen Aromen. Die ›Coffey Still‹, ebenfalls ein Column-Still-Verfahren, produziert wiederum einen leichten, fruchtig aromatisierten Rum mit subtilen Aromen. Schließlich gibt es noch die ›Kentucky Bourbon Vendome Pot Still‹, mit der in einem hoch innovativen Verfahren beim Rum eine zusätzliche Komplexität entsteht. Im Grunde handelt es sich hier um eine Pot Still, auf der eine kleine Column Still aufgebaut ist.

Genug zum Rum-Probieren

Jetzt aber zu wichtigen einzelnen Rums, wobei jene Marken vorgestellt werden, die auch hierzulande erhältlich sind: Der ADMIRAL RODNEY wird zu 100 Prozent im Column-Still-Verfahren destilliert. Das Flaggschiff der Brennerei ›St. Lucia Distillers Group of Companies‹ wird aus durchschnittlich zwölf Jahre alten Rums geblendet, wobei das Ziel für die Zukunft bei durchschnittlich 15 Jahren liegen soll. Gelagert wird das Destillat separat in ehemaligen ›Jim Beam‹- und ›Buffalo Trace‹-Fässern. Die Nase ist komplex, dabei honigsüß, begleitet von exotischen Fruchtaromen und solchen von Backpflaumen und Rosinen. Am Gaumen präsentiert sich der Rum konzentriert und samtig-komplex mit Karamell- und Crème-brûlée-Aromen sowie auch einem Hauch von Vanille, Gewürzen und Schokolade. Schließlich sorgt ein gut ausgewogener, dazu außergewöhnlich langer Abgang für ein recht harmonisches Ende. Ein Blend aus Pot- und Column-Still-Destillaten, die im Durchschnitt fünf Jahre gelagert sind, ist der CHAIRMAN'S RESERVE. Der 1999 erstmals hergestellte Rum hat in der Nase Honig, Obst und würzige Vanille sowie Eiche zu bieten. Der Gaumen ist ausgewogen, mit einer sanften, aber komplexen Mischung von reifen Früchten, Rosinen, Tabak und Gewürzen. Der Rum CHAIRMAN'S RESERVE – THE FOR-

Der TØZ ist ein Rum, der erst 2008 auf den Markt gekommen und der ebenfalls ein Blend aus Pot- und Column-Still-Destillaten ist. Im Durchschnitt aus sieben Jahre gelagerten Rums hergestellt, wird dieser Blend vor der Abfüllung für sechs Monate in Portweinfässern perfektioniert. Während sich der TØZ GOLD mit intensiven Aromen von süßen Früchten, Rosinen und Melasse präsentiert und sich im Geschmack Gewürznoten hinzugesellen, handelt es sich bei dem TØZ WHITE GOLD um einen Rum, der mit frischen, spritzigen Zitrustönen daherkommt und ideal zum Mixen ist. Der ›ELEMENT 8‹ ist an der Reihe. Bei diesem vorzüglichen Rum, den es als ›PLATINUM‹ (vier Jahre gereift) und ›GOLD‹ (sechs Jahre gereift) gibt, handelt es sich um einen Blend aus zehn verschiedenen Rum-Sorten. Diese Marke gehört nicht zum Portefeuille der ›St. Lucia Distillers‹, sondern wird für die in England ansässige ›Element Eight Rum Company Limited‹ von Andreas Redlefsen und Carl Stephenson gefertigt. Gewährt der ausgewogene und aromareiche ›Platinum‹ delikate Zitrusfruchtnoten sowie die Aromen von reifen Früchten, von Mokka und Rosinen, wobei der lang

GOTTEN CASK weist eine Geschichte auf, die vom Zufall geschrieben worden ist. Im Jahre 2007 bricht auf der Anlage ein Brand aus, worauf man in hastiger Eile die Fässer vor dem Feuer in Sicherheit bringt – und überall dort lagert, wo man gerade Platz findet. Einige Fässer werden dabei so gut versteckt, dass man erst Jahre später auf sie stößt – und vom Geschmack des Rums positiv überrascht ist. So entsteht der ›Forgotten Cask‹, dessen Blend aus Rums entsteht, die zwischen sieben und zwölf Jahren in ›Jack Daniels‹-, ›Jim Beam‹- und ›Buffalo Trace‹-Bourbonfässern gereift sind.

anhaltende, fruchtige Nachklang mit einer leichten Süße versehen ist, wartet der ›Gold‹ zusätzlich mit Noten von Trockenfrüchten sowie zarten Röstaromen auf und begeistert mit einem langen Abgang.

Bleiben noch zwei Spiced Rums zu erwähnen, zum einen der von ›Chairman's Reserve‹ und zum anderen der von ›Element 8‹. Von den »Zutaten« – Zimt, Gewürznelke und Muskatnuss, Ingwerwurzel und Sternanis, Orange, Vanille und Zitronenschale, Kokosnuss und Honig – und deren Anteilmengen nahezu identisch, sind sie auch geschmacklich nahe verwandt.

Der weitaus größte Teil der heutigen Bevölkerung stammt von Schwarzafrikanern ab, die während der Kolonialzeit als Sklaven hierher gebracht wurden.

Auf der Insel der Dreifaltigkeit

Bei der Entdeckung dieser Insel hat Christoph Kolumbus seine Hände im Spiel – so wie meistens, wenn es um die neue, die einschneidende Epoche in der Geschichte Mittelamerikas geht, insbesondere jedoch um die der Karibik, denn bekanntlich öffnet der Seefahrer im Jahre 1492 für die Alte die Neue Welt. Auf seiner dritten Reise entdeckt er jedenfalls dieses Eiland. Genauer gesagt, ist es der am 31. Juli 1498 im Ausguck der ›Santa Maria‹ diensttuende Matrose, der auf der Steuerbordseite eine Insel mit drei Bergspitzen ausmacht (die heute »Trinity Hills« genannt werden). Der Name »Trinidad« ist geboren.

Was macht man in damaliger Zeit in solch einer Situation? Man schlägt die Trommeln. Die Inselbewohner interpretieren jenes von den Matrosen verursachte Geräusch als kriegerische Ankündigung – und so zwingen sie die Seeleute, wieder abzuziehen. Im weiteren Verlauf der Reise wird dann auch Tobago entdeckt. Obwohl Kolumbus praktisch unverrichteter Dinge von Trinidad aus weitersegeln muss und keinen Spanier auf dem Eiland zurücklässt, nimmt er am 13. August die Inseln Trinidad und Tobago in den Besitz der spanischen Krone.

Erst Jahrzehnte später nähern sich wieder Europäer jener »Insel der Dreifaltigkeit«: 1532 gehen hier spanische Eroberer unter dem Konquistador Antonio Sedeño an Land, doch erst im Jahre 1592, also ein knappes Jahrhundert nach der Entdeckung der Inseln, gelingt es einem gewissen Antonio de Berrío, auf Trinidad die erste dauerhafte spanische Siedlung zu gründen.

Von da an ähnelt der Verlauf der Geschichte von Trinidad und Tobago dem nahezu aller Inseln in der Karibik. Zahlreichen Überlieferungen zufolge treiben Piraten sowie französische Korsaren auch in diesem Teil der Karibik ihr Unwesen, und im 17. Jahrhundert wechselt allein Tobago mehr als 30 Mal den Besitzer: Briten, Franzosen und Niederländer sowie das Herzogtum Kurland streiten sich um die nordöstlich des heutigen Venezuela gelegene Insel, ehe sie 1704 zum neutralen Territorium erklärt wird. Schließlich fällt Trinidad 1802 an die englische Krone, zwölf Jahre darauf auch Tobago. Es gehen dann noch mehr als eineinhalb Jahrhunderte ins Land, ehe Trinidad and Tobago 1962 gemeinsam als eigenständiger Staat die Unabhängigkeit erlangen.

Sir Walter Raleigh, englischer Seefahrer und Entdecker, der hoch in der Gunst von Königin Elisabeth I. steht, steuert 1595 mit seiner Mannschaft Trinidad an. Radierung aus späterer Zeit

Den Anfang macht ein Abenteurer

Der Konquistador Antonio Sedeño ist übrigens auf der Suche nach Eldorado gewesen, dem sagenumwobenen Goldland. Wie wir heute wissen, wartet dieses Land noch immer auf seine Entdeckung, und auch Klaus Kinski alias Aguirre konnte es 1972 nicht ausmachen. Aber Eldorado existiert. Wohl nicht das sagenhafte Goldland, aber der vorzügliche Rum ›El Dorado‹, der seit Jahrhunderten in Guyana hergestellt wird. Womit wir beim Rum angekommen sind. Der in Guyana interessiert hier weniger, denn schließlich dreht sich auf diesen Seiten alles um Trinidad – fast alles, denn zunächst muss ein Blick auf Tobago gestattet sein: Bereits 1793 wird hier eine halbe Million Gallonen Rum produziert. Heute spielt die Rum-Herstellung auf der kleineren der beiden Inseln praktisch keine Rolle mehr, während es auf Trinidad einige hervorragende Destillen gibt – so hat beispielsweise der Name ›Fernandes Distillers‹ bei Kennern einen guten Klang. In unseren Breiten dürfte jedoch der ›Angostura‹ der bekannteste Rum aus Trinidad/Tobago sein. Seine Erfolgsgeschichte beginnt allerdings ohne einen einzigen Tropfen des Zuckerrohrdestillats …

Im Jahre 1820 zieht ein 24-jähriger deutscher Arzt, Johann Gottlieb Benjamin

Siegert mit Namen, Chirurg von Beruf, Abenteurer aus Leidenschaft, in die Welt hinaus. Er schließt sich den Truppen von General Simon Bolívar an, die in Venezuela gegen die spanische Kolonialmacht kämpfen. In dieser Zeit entwickelt der Doktor der Medizin ein Heilmittel aus tropischen Kräutern, Gewürzen und Alkohol, das noch heute verwendet wird, wenn es angebracht ist, gewisser Krankheiten im Dschungel Herr zu werden. Diese Medizin hat nichts, wie oftmals angenommen wird, mit der Rinde des in Südamerika wachsenden Angosturabaums zu tun, sondern ist nach der Stadt

---

›**Manhattan**‹

Der ›Manhattan‹ gehört zweifelsohne zu den weltweit bekanntesten Aperitifs, geht aber auch ohne weiteres als Cocktail durch.
Zutaten: 2 cl Wermut, 6 cl Bourbon, 1 Spritzer Angostura Bitter, 1 Cocktailkirsche
Zubereitung: Alle Zutaten außer der Cocktailkirsche im Mixglas mit viel Eis verrühren. Danach in eine gut gekühlte Cocktailschale abseihen und mit der Cocktailkirsche garnieren.
Der ›Manhattan‹ hat übrigens nichts mit New Yorks Stadtbezirk zu tun. Das Wort kommt vielmehr aus einer Indianersprache. Es besagt: »Der Ort, an dem wir betrunken waren.« Na denn …

Angostura benannt, dem heutigen Ciudad Bolívar in Venezuela, denn dort hat Johann Gottlieb Benjamin Siegert jene Medizin entwickelt. Später ist der ›Angostura Bitter‹ eine wesentliche Ingredienz eines der wohl beliebtesten Aperitifs in den Bars dieser Welt, des ›Manhattan‹.

Das Heil- und Stärkungsmittel des in Schlesien geborenen Arztes ist ein Erfolg auf der ganzen Linie. Seefahrer mischen es mit Gin und bringen es in ihre Heimat, und europäische Söldner und Seeleute machen das Tonikum in der ganzen Welt bekannt. Als das Mittel immer beliebter wird, gibt ihm Siegert einen neuen Namen: Aus ›Dr. Siegert's Aromatic Bitter‹ beziehungsweise ›Amargos Aromáticos‹ wird ›Angostura Aromatic Bitter‹. Auch gibt er seinen Arztberuf auf, gründet eine kleine Firma, um sich voll und ganz der Herstellung seines Tonikums zu widmen – und 1850 beginnt er sogar mit dem Export seines Heilmittels, unter anderem nach England. Als er 1870 stirbt, weiß er seine florierende kleine Firma in den guten Händen seiner Söhne.

Die revolutionäre Stimmung im Venezuela des Jahres 1875 veranlasst die Söhne Siegerts, ihr Unternehmen auf die zum britischen Weltreich gehörende Insel Trinidad zu verlagern. Erst Jahre später beginnt man, sich auch mit der Rum-Produktion zu beschäftigen, wobei man anfangs Destillate von anderen Produzenten verwendet. So verfährt man lange Jahre. Nach und nach wird das Team gezielt erweitert: 1936 verstärkt der qualifizierte Chemiker Robert Siegert das Unternehmen; 1942 stößt der Zuckertechnologe Albert Clyde Gomez dazu; 1944 tritt dann noch der Industriechemiker Thomas Gatcliffe in die Firma ein. Erst in diesen Vierzigern lässt ›Trinidad Distillers Limited‹ eine eigene Destille mit einer neuen Säulendestillationsanlage als Kernstück bauen.

Heute ist sicherlich John Georges, der Master Blender bei ›Angostura‹, eine der wichtigsten Personen des Unternehmens. Von weitem ähnelt die Rum-Fabrik mit ihren fünf Säulen eher einer Erdölaufbereitungsanlage. ›Angostura‹ kauft heimische Melasse und pumpt sie nach der

Wenn der Rum auf Briefmarken schon staatliche Weihen erhält, dann schwingt damit auch der Stolz eines Landes auf die heimische Brennkunst mit.

TRINIDAD UND TOBAGO

Laborprüfung in die Gärbottiche. Mithilfe einer eigenen Hefe wird der Beginn der Fermentation innerhalb von 48 Stunden erreicht, während die Fermentation selbst schon mal bis zu 72 Stunden dauern kann. Für die leichteren Rums werden alle fünf Säulen der Column-Still-Anlage genutzt, für die kräftigeren hingegen nur die erste Säule. Die so entstandenen Destillate haben dann zwischen 80 und 95 Volumprozent Alkohol. Bevor schließlich der Rum in Holzfässern gelagert wird, verbringt er zunächst eine Zeit in großen Stahltanks. Die Kombination von leichten und schweren Destillaten ermöglicht es ›Angostura‹, eine Vielzahl von verschiedenen Rum-Sorten zu produzieren. Es werden auch Rums für andere Marken hergestellt, so beispielsweise für die Serie ›Plantation‹, eine Abfüllung von ›Cognac Ferrand‹. Nun aber zu den einzelnen Abfüllungen mit dem Label ›Angostura‹, und zwar zunächst zu jenen, die seit Jahren zum Standardsortiment gehören …

Der sehr milde Blend ANGOSTURA RESERVA aus bis zu dreijährigen Rums wartet mit Noten von exotischen Früchten, Kokos und Bananen auf. Mit Noten von Karamell und Vanille sowie Gewürzen kommt der ANGOSTURA 5 YEARS OLD RUM daher, ein Blend aus Destillaten, die mindestens fünf Jahre gereift sind. Aus mindestens sieben Jahre gelagerten Rums, die in Fässern reifen, die nur einmal mit Bourbon belegt worden sind, besteht der zart rauchige Blend ANGOSTURA 7 YEARS OLD RUM, der in der Nase Ahornsirup und Schokolade vereint, während er im Geschmack recht intensiv ist, zudem kraftvoll daherkommt und von feinen Röst- und Gewürznoten begleitet wird. Der ANGOSTURA 1919 wiederum ist ein Rum, dessen Blend aus fünf- bis zehnjährigen Rums besteht und der mindestens acht Jahre in stark ausgebrannten Fässern gelagert wird. Eigentlich glaubte man diesen Rum als verloren, nachdem bei ›Angostura‹ ein Brand Lagerhaus und Teile der Destille zerstört hatte. Der

---

REPUBLIC OF TRINIDAD AND TOBAGO

Lage: Kleine Antillen • **Staatsform:** Parlamentarische Republik
Hauptstadt: Port of Spain
Fläche: 5128 Quadratkilometer
Einwohnerzahl: circa 1 340 000
Bevölkerungsdichte: etwa 260 Einwohner je Quadratkilometer
Währung: Trinidad and Tobago Dollar (TTD)

Blend Master probierte aus den vom Feuer gezeichneten Fässern – und zu seinem Erstaunen hatte der Rum das Unglück bestens überstanden und ein ganz besonderes Aroma entwickelt. Schließlich muss noch der ANGOSTURA 1824 erwähnt werden, ein Rum, der mindestens zwölf Jahre im Fass gereift ist. Der Master Blender sucht die Fässer aus, mischt von Hand den Blend, ehe der Rum dann ein zweites Mal im Fass reift. Aromen von Vanille und Honig, Orangenschalen und Rosinen sowie feinen Gewürzen in der Nase machen Lust, ihn zu probieren. Gibt man der Lust nach, präsentiert sich der Rum am Gaumen äußerst kraftvoll und mit einem würzigen Reifecharakter. Bleibt noch zu erwähnen: Alle Abfüllungen lagern in ehemaligen Bourbonfässern aus amerikanischer Weißeiche – und ihre erstaunliche Zahl beläuft sich immerhin auf rund 80 000 Fässer.

Vor nicht allzu langer Zeit, 2013, hat der ANGOSTURA NO. 1 das bestehende Sortiment bereichert – der erste Vertreter einer neuen Serie, bei der es um Cask Finish geht und die ständig erweitert werden soll, was bedeutet: Irgendwann kommt die ›No. 2‹. Das also ist ein Stück Zukunft. Die Gegenwart: Der ›Angostura No. 1‹ ist zehn bis zwölf Jahre in ehemaligen Bourbonfässern aus amerikanischer Weißeiche gereift, um im Anschluss nochmals für weitere zwölf Monate in First-Fill-Bourbonfässern zu lagern. Ein großes Getränk, allerdings mit einem kleinen Wermutstropfen: Insgesamt sind nur 9 600 Flaschen des ›Angostura No. 1‹ abgefüllt worden. ›No. 1‹. Bei diesem Begriff kommt einem James Bond, der Geheimagent Ihrer Majestät, in den Sinn, wenngleich dieser Rum nichts mit einem ›Martini‹ und auch nichts mit irgendwelchen Bösewichtern zu tun hat. Aber er könnte 007 durchaus gefallen. Außergewöhnlich weich mit herrlichen Aromen, die auf der Zunge explodieren, gut abgerundet, dazu ein exotisches Finish mit holzigen Noten, erinnert er bei jedem

Mühlrad einer alten Zuckerrohrmühle. Über viele Jahre sind sie bei der Zucker- und somit auch für die Rum-Herstellung unentbehrlich gewesen.

Schluck an warme Nächte auf karibischen Inseln.

Eine sinnvolle Liaison

Neben ihrem berühmten »Carnival«, dem Karneval, von dem die Einwohner auf Trinidad behaupten, hierbei handele es sich um die »Greatest Show on Earth«, und neben den genannten Rums ist da noch der 10 CANE RUM zu erwähnen. Dieser Rum wird aus frisch gepresstem Zuckerrohrsaft hergestellt. Der international tätigen Unternehmensgruppe ›Moët Hennessy‹ ist es vor einiger Zeit gelungen, mit etlichen Landwirten, die im Besitz von kleinen Plantagen sind (und bis 2003 ihre Ernten an die Destille ›Caroni‹ verkauft haben), einen Vertrag abzuschließen, der ihnen zugleich Autonomie und Absatzsicherheit zugesteht. Zudem ist eigens für diesen Rum eine neue Brennerei gebaut worden.

Im südlich-zentralen Bereich von Trinidad sind die Klima- und Bodenbedingungen sehr gut. Angebaut wird ein Zuckerrohr, das seine Blätter selbst abwirft, das heißt, die Blätter fallen vom

198 WO ALLES SEINEN ANFANG NIMMT: KARIBIK

Rohr ab, wenn die Zeit dafür reif ist, wodurch weniger Verunreinigungen im gepressten Saft vorkommen. Gepresst wird in einer Mühle, die aus zwei Sätzen von je drei Walzen besteht. Durch das besonders schonende Pressen kann der Saft direkt in den Tank gepumpt werden. Für die Fermentation werden geschlossene Gärtanks verwendet, die mit Kühlschlangen versehen sind, um während der fünftägigen Gärung eine konstante Temperatur gewährleisten zu können. Nach der Gärung führt man in einem 10 000 Liter fassenden Kupferkessel die erste Destillation durch. Das Ergebnis nach circa zwölf Stunden ist ein Alkoholgehalt von etwa 30 Volumprozent. Für die zweite Destillation stehen zwei kleinere Brennblasen zur Verfügung, mit deren Hilfe auf einen Alkoholgehalt von etwa 75 Volumprozent destilliert wird. Nach der Destillation darf sich der frische Geist in den Hallen von ›Angostura‹ in französischen Eichenfässern für etwa sechs Monate ausruhen. Das Blenden, das Reduzieren auf Trinkstärke und das Abfüllen finden ebenfalls bei ›Angostura‹ statt. Der Name ›10 Cane‹ ist übrigens dem traditionellen Ernteverfahren geschuldet, bei dem jeweils zehn Zuckerrohrstangen, die von Hand geschnitten sind, gebündelt werden. Bleibt noch zu erwähnen, dass der blassgoldene ›10 Cane Rum‹ mit Aromen von Birne, Vanille und Zimt aufwartet.

Auch wenn die verschiedenen Rums aus Trinidad gerne von erfahrenen Rum-Genießern getrunken werden, so sollte sich auch derjenige, der gerade die vielfältige Welt des Rums für sich entdeckt, nicht scheuen, hin und wieder ein Destillat aus Trinidad zu probieren. Neue Erfahrungen und Entdeckungen, auch solche der durchaus angenehmen Art, sind garantiert.

Diese auf Tobago stehende, nicht gerade eindrucksvolle Hütte mit ihrem Wellblechdach erfährt durch die imposanten Kokospalmen eine gewisse Aufwertung. Die Aufnahme könnte auch auf Trinidad oder jeder anderen Insel der Karibik gemacht worden sein.

Auf den Inseln der 11 000 Jungfrauen

»Santa Ursula y las Once Mil Vírgenes«. Warum Christoph Kolumbus den Archipel mit den sieben großen und etlichen kleinen Inseln »Sankt Ursula und die 11 000 Jungfrauen« nennt, ist nicht überliefert. Womöglich ist er von der mittelalterlichen Legende sehr angetan, wie er ohnehin einigen Inseln, auf die er stößt, Namen gibt, die einen sakralen Bezug haben.

Fest steht dagegen: Als er auf seiner zweiten Fahrt mit »Kurs auf Indien« am 14. November 1493 auf einer der Inseln des Archipels anlegt, nimmt er zugleich die gesamte Inselgruppe für die spanische Krone in Besitz, ohne jedoch nur eine von ihnen zu besiedeln. Damit beginnen rund ein gutes Jahrhundert später Freibeuter und solche Zeitgenossen, die für sich den Schmuggel als lohnenden Erwerbszweig entdeckt haben. Es sind jedenfalls Piraten, die auf Tortola, der Hauptinsel, die ersten dauerhaften Siedlungen errichten lassen. Zu erwähnen ist auch Joost van Dyk, der das Eiland als Basis wählt, um von hier aus einträgliche Kaperfahrten zu unternehmen. Ob der Niederländer durch seine Betriebsamkeit genug Ertrag angesammelt hat oder des unsteten Lebens überdrüssig geworden ist, ist nicht überliefert, wohl aber, dass er irgendwann sesshaft wird, Baumwolle und Tabak anbaut sowie 1620 das ›Fort Recovery‹ errichten lässt, das übrigens heute noch zu besichtigen ist. Nebenbei bemerkt: Die kleinste der vier Hauptinseln, die heute zu den Britischen Jungferninseln gehören, heißt »Jost Van Dyke« – der niederländische Seeräuber, Baumwoll- und Tabakfarmer muss also auf dem Archipel einen bleibenden Eindruck hinterlassen haben. Ein Jahr nach dem Bau des Forts nehmen die Niederländer Besitz von Tortola. Überhaupt sind die Virgin Islands ob ihrer strategischen Lage ein ständiger Zankapfel unter den Kolonialmächten: Spanier wie Niederländer, Dänen wie Briten, später auch US-Amerikaner versuchen immer wieder, die Inselgruppe, zumindest jedoch Teile von ihr zu erobern. Heute ist der Archipel in Britische, Amerikanische und Spanische Jungferninseln aufgeteilt, wobei letztere dem US-amerikanischen Puerto Rico administrativ angegliedert sind.

Gründungskapital aus Beutezügen

Zurück zur Pirateninsel. Auf Tortola kauft der Bukanier Richard Callwood im Jahre

Das ›Estate Whim Plantation Museum‹ auf Saint Croix (Virgin Islands) vermittelt noch heute einen guten Eindruck der Arbeit auf einer Zuckerrohrplantage im frühen 18. Jahrhundert.

Historische, einst von Zugtieren betriebene Zuckerrohrpresse (oben) und Sudpfannen für Zuckerrohrsaft sowie Überreste einer dampfbetriebenen Presse im ›Estate Whim Plantation Museum‹ auf Saint Croix

1800 für seinen Sohn Richard jr. die Immobilie ›Arundel Estate‹ in der Cane Garden Bay. Dort entsteht schließlich die ›Callwood Rum Distillery‹, die noch heute von der Familie Callwood – Michael Callwood ist der jetzige Besitzer – betrieben wird und somit als die älteste kontinuierlich betriebene Brennerei in der östlichen Karibik gilt. Zudem ist sie die einzige Destille auf den Jungferninseln.

Zwischen März und September wird das lokal angebaute Zuckerrohr in der Mühle gepresst, dann der Saft ein paar Stunden gekocht und anschließend in Fässer gegeben, um eine spontane Fermentation ohne Zugabe von Hefe zu erreichen. Ist die Gärung abgeschlossen, destilliert man in einer feuerbeheizten Kupferbrennblase.

Die eigentliche Destillation nimmt dann immerhin einen ganzen Tag in Anspruch. CALLWOOD'S RUM bietet einen weißen und einen drei bis vier Jahre alten Rum an. Der weiße wird überwiegend von den Einheimischen getrunken, während Touristen gerne die gelagerte Version wählen. Zum Abfüllen werden alle möglichen recycelten Flaschen verwendet, wobei Michael Callwood die Etiketten höchstselbst auf die Flaschen klebt und sie in der Brennerei verkauft sowie an ein paar Läden auf Tortola liefert.

Die ›Navy‹ und der Rum

Wie schon mehrfach ausgeführt, sind Rum und Seefahrt untrennbar miteinander verbunden. Zieht man den Kreis etwas enger, ragt eine Rum-Marke heraus, die wie keine andere mit der Seefahrt in einem Atemzug zu nennen ist: ›Pusser's Rum‹. Im Jahre 1655 beginnt die ›Royal British Navy‹, ihren Matrosen ein Rum-Deputat zuzugestehen. Und warum der Name »Pusser's«? Er geht auf »Purser« zurück, wobei das Wort nicht nur für »Zahlmeister« steht, sondern auch für »Proviantmeister«, und aus diesem Zahlmeister – pardon: »Purser« – wird im Slang »Pusser«.

Die Tradition des Deputats hält bis 1970 an, genauer gesagt bis zum 31. Juli 1970, als mit dem »Black Tot Day« dieser Usus Geschichte wird. Bis zu besagtem Tag, also über 300 lange Jahre, hat es nicht nur jenes Deputat gegeben, sondern auch einen Rum, der käuflich nicht zu erwerben gewesen ist. Im Jahre 1979 kommt ein gewisser Charles Tobias, Unternehmer und begeisterter Segler, auf die Idee, die Tradition des »Zahlmeisters Rum« wiederzubeleben. Er erwirbt von der Admiralität die Rechte an ›Pusser's‹, was somit auch die Information über die Zusammensetzung des Blends impliziert, und gründet auf Tortola die ›Pusser Ltd.‹.

> **BRITISH VIRGIN ISLANDS**
> **Lage:** Kleine Antillen • **Staatsform:** Britisches Überseegebiet
> **Hauptort:** Road Town • **Fläche:** 153 Quadratkilometer • **Einwohnerzahl:** circa 30 000 • **Bevölkerungsdichte:** etwa 195 Einwohner je Quadratkilometer • **Währung:** US-Dollar (USD)

Historische Abbildung einer Zuckerrohrplantage auf der Insel Saint Croix aus der Zeit um 1850

Abfüllung wie auch Verkauf beginnen 1980. Der Blend für den ›Pusser's Rum‹ besteht traditionell aus fünf Rum-Sorten, drei davon aus Guyana und zwei aus Trinidad. Diese Mischung verleiht dem Rum seinen würzigen, komplexen Geschmack.

Bemerkung am Rande: Aus dem Verkauf jeder Flasche ›Pusser's Rum‹ erhält der ›Royal Navy Sailor's Fond‹, besser bekannt als ›Tot Fund‹, einen nicht unerheblichen Anteil. Diese Spende ist inzwischen die größte Einnahmequelle des Fonds; was zeigt, dass der ›Pusser'‹ seine Anhänger hat. Und das zu Recht, auch deshalb, weil die Blends der Rums in völliger Übereinstimmung mit der britischen Admiralität hergestellt, zudem keine Aromastoffe verwendet werden, der Rum also zu 100 Prozent natürlich ist. Dazu zählen auch die folgenden Abfüllungen, die unbedingt zu erwähnen sind …

Die beiden Rums, die den Namen BLUE LABEL tragen, warten mit 40 und 42 Volumprozent auf und sind kräftige, würzige Destillate, bei denen in der Nase brauner Zucker und Melasse vorherrschen. Es folgen Noten von Leder und Tabak, auch von getrockneten Rosinen, begleitet von Muskatnuss und Gewürznelke sowie ein wenig Zimt, ehe im Finish ein zurückhaltendes Eichenholzaroma auftaucht, begleitet von Karamell und sattem English Toffee. Die beiden Rums weisen einen sehr eigenen Charakter auf, wobei die Aromen des letzteren, der allerdings nur in Übersee angeboten wird, naturgemäß etwas intensiver sind, da hier der Alkoholgehalt ein wenig höher ist. Noch höher ist dieser Gehalt beim GUNPOWDER PROOF mit seinen 54,5 Volumprozent, der in Übersee mit einem schwarzen und in unseren Breiten mit einem blauen Etikett versehen ist. Volle Vanille- und leichte Toffeenoten sind die Hauptmerkmale dieses intensiv schmeckenden Rums. Allerdings trifft der Begriff ›Gunpowder‹ hier nicht ganz zu: Da man früher den Alkoholgehalt mit Schießpulver bestimmte und sich das Pulver erst bei 57,15 Prozent entzündete, waren jene Rums, die sich nicht entzündeten, für die Matrosen einfach nicht gut genug. Des Seemanns Vorlieben entspräche dann schon eher der nur in Deutschland angebotene OVERPROOF GREEN LABEL mit seinen satten 75 Volumprozent Alkoholgehalt. Obwohl es sich hier um einen sehr kräftigen Rum handelt, sollte man ihn auch ruhig einmal pur genießen – und sich von seiner angenehmen Süße überraschen lassen. Natürlich eignet sich dieser ›Overproof‹ vorzüglich als elementarer Bestandteil exotischer Cocktails. Ein solcher Cocktail, als ›Pusser's Painkiller‹ inzwischen weltweit bekannt, ist einst auch von Charles Tobias zum Leben erweckt worden. Der »Weckruf« ertönt auf der Insel Jost Van Dyke und entspringt einem launigen Wettstreit mit Daphne Henderson, die eine kleine Bar

Ein Rundgang bietet sich auch auf dem Gelände der ehemaligen Plantage ›Annaberg‹ auf St. John an.

> ›Pusser's Painkiller‹
>
> Das Rezept des ›Pusser's Painkiller‹, der übrigens klassisch in einer Blechtasse serviert wird, ist relativ einfach.
>
> **Zutaten:** 2 Teile ›Pusser's Rum‹, 4 Teile Ananassaft, 1 Teil Orangensaft, 1 Teil Kokosnusscreme, Muskatnuss.
>
> **Zubereitung:** Ein großes Glas ordentlich mit gestoßenem Eis füllen, alle Zutaten bis auf die Muskatnuss zugeben, mixen, ein- oder zweimal in ein anderes Glas füllen und dann in eine Blechtasse geben. Zum Schluss ein wenig frische Muskatnuss darüberreiben.

an einem langen, weißen Sandstrand der White Bay führt und mit Charles Tobias befreundet ist. Es gilt zu entscheiden, ob nun der Cocktail von Daphne oder der von Charles besser bei den Gästen der Bar ankommt, wobei die Ingredienzien exakt dieselben sind. Die »Jury« entscheidet sich am Ende für den Cocktail von Charles Tobias. Charles Tobias lässt danach alle Welt über die Printmedien von ›Pusser's‹ wissen, wem er das Rezept zu verdanken hat: »As inspired by Daphne at the Soggy Dollar Bar at White Bay on Jost Van Dyke«.

Bliebe noch ein ganz besonderes Destillat: Beim unglaublich komplexen ›Pusser's Navy Rum Nelson's Blood Aged

15 YEARS, der seinen starken Guyana-Anteil nicht verleugnen kann und mit rauchigen und holzigen Aromen, zudem mit Noten von Rosinen und Muskat, Toffee und Karamell überzeugt, bleibt der Geschmack sehr lange am Gaumen. Der Name des Rums weist, wie unschwer zu erraten, auf Horatio Nelson hin, den Vizeadmiral Seiner Majestät George III., nicht jedoch auf das Blut des Trafalgarsiegers. Den Leichnam des bei der Seeschlacht tödlich verwundeten Admirals steckt man, so wird kolportiert, in ein großes, mit Rum gefülltes Fass, um ihn, dermaßen konserviert, von Südspanien nach London zu überführen. Als man in England das Fass öffnet, erblickt man den Leichnam, der Rum jedoch ist durch ein Loch entwichen – und durch die Kehlen der Matrosen gelaufen. Somit könnte das Destillat auch durchaus ›Sailor's Pusser‹ heißen.

Was im Verlauf der vergangenen Jahrzehnte nicht verfallen ist, dient heute vielfach als Museum, wie das frühere Haus eines Plantagenbesitzers, heute das ›Lawaetz-Museum‹, auf der Insel Saint Croix.

Mittel- und Südamerika

Mittel- und Südamerika

IN DER SCHWEIZ MITTELAMERIKAS

»So geht es mit Tabak und Rum: Erst bist du froh, dann fällst du um.«
Wilhelm Busch (1832–1908)

Das Land ist ein kleines Juwel, nicht zu vergleichen etwa mit Nicaragua und Panama, seinen Nachbarländern. Seit den vergangenen fünfziger Jahren liefert es praktisch keine negativen Schlagzeilen – die Journaille kann sich weder über soziale Unruhen noch über einen Bürgerkrieg, gar eine militärische Auseinandersetzung mit einem anderen Land auslassen. Letzteres ginge auch gar nicht, denn diese Republik verfügt noch nicht einmal über eine Armee, zeichnet sich wohl durch eine seit den 1950er-Jahren gefestigte Demokratie aus, die unter anderem zahlreiche Bildungs- und Gesundheitsprogramme auf den Weg gebracht hat. Ebenfalls bemerkenswert: Das Land zwischen Karibik und Pazifik gewinnt rund 90 Prozent seines Energiebedarfs aus regenerativen Quellen und kann mit seinen mittlerweile 26 Nationalparks – rund 35 Prozent der Landesfläche stehen übrigens unter Naturschutz – auf einen einträglichen Ökotourismus zählen. Das sind Fakten, die in Mittel- und Südamerika ihresgleichen suchen.

Im Südwesten von Costa Rica: Eindrucksvolle Naturschauspiele bietet der Nationalpark ›Corcovado‹ im westlichen Teil der Halbinsel Osa.

Reiche Küste und Goldene Burg

So nennt Christoph Kolumbus das Land, an dessen Pazifikküste er im Jahre 1502 landet. Seine Bezeichnung »Costa Rica y Castillo de Oro« trifft aber absolut nicht zu, denn Costa Rica (»Reiche Küste«) ist weder gesegnet mit gewinnbringenden Goldvorkommen (was die Spanier sehr enttäuscht haben muss) noch mit sonstigen wertvollen Bodenschätzen. Es kann Bananen und Ananas, Urwald und Dschungel bieten – und auch erstklassigen Rum. Seit rund 35 Jahren produziert, im- und exportiert ›Centenario International S.A.‹ mit Sitz in der Hauptstadt San José (wo sich auch die Lagerhäuser befinden) Alkohol beziehungsweise alkoholische Getränke. Rund 135 Mitarbeiter sorgen für Topqualität auf allen Ebenen, wobei der ›Ron Centenario‹ eindeutig das Flaggschiff ist. Da es in Costa Rica niemandem gestattet ist, eine Firma zu gründen, um Alkohol zu destillieren, sondern das Brennrecht einzig beim Staat liegt, geschieht jede Art der Destillation in der ›Fábrica Nacionales de Licores‹, wohl in enger Zusammenarbeit mit ›Centenario‹. Verwendet wird hier nur Melasse aus Zuckerrohr, das auf firmeneigenen Plantagen im Nordwesten des Landes angebaut wird; dort herrscht ein gemäßigtes Klima bei einer Durchschnittstemperatur von 22 Grad Celsius; das sind ideale Bedingungen für ein gesundes Wachstum. Zudem verfügt man über eigene Wasserressourcen – ebenfalls ein Indiz hinsichtlich der hohen Qualität bei den verwendeten Rohstoffen. Die Fermentation, für die man eigens gezüchtete Hefekulturen verwendet, dauert circa 24 Stunden und findet in einem geschlossenen System statt. Im Anschluss übernimmt Susana Masis, eine der wenigen weiblichen Master Blender im Rum-Geschäft, die Kontrolle über alle weiteren Schritte.

Das Portefeuille besteht aus dem milden, sieben Jahre gereiften AÑEJO ESPECIAL mit seiner sanft-süßlichen Note, dann dem neunjährigen CONMEMORATIVO, der sich ebenfalls mild mit süßlichem Geschmack präsentiert, jedoch etwas runder ist als der Siebenjährige, gefolgt vom GRAN LEGADO mit zwölf Jahren Lagerzeit, ein Rum mit »Ecken und Kanten«, gleichwohl kultiviert und charaktervoll. Bis hierhin wird ganz klassisch in Fässern gelagert, ehe der Blend erstellt wird, was auch durch die Bezeichnung ›Clásica‹ für diese Serie unterstrichen wird. Bei den nächsten drei Abfüllungen handelt es sich um Rums der ›Línea Premium‹. Bei ihnen kommt das Solera-Verfahren ins Spiel. Der FUNDACION 20 AÑOS, der FUNDACION 25 AÑOS GRAN RESERVA und der FUNDACION 30 AÑOS EDICION

Und noch etwas Wichtiges: Man kann über einen langen Zeitraum ohne Geschmacksschwankungen abfüllen. Dass der Qualitätsanspruch bei ›Centenario‹ sehr hoch ist, beweist auch die Tatsache, dass man sich freiwillig unter die Aufsicht der ›FDA‹ gestellt hat, der ›Food and Drug Administration‹, also der amerikanischen Lebensmittelaufsicht. Die drei zuletzt genannten Rums sind wunderbare Destillate, die bei Verkostungen immer absolute Top-Platzierungen besetzen. Alle drei nebeneinander blind verkostet, wird sich in der Regel für den ›30er‹ entschieden, vor allem dann, wenn eine Verkostung ohne Kenntnis des Preisniveaus vonstatten geht. Der ›20er‹ ist angenehm weich mit Aromen von gerösteten Kaffee und Schokolade, fruchtigen Tönen sowie solchen von Vanille, begleitet von einem winzigen Touch Rauch. Beim ›25er‹ wiederum verstärkt sich die Komplexität noch etwas, wobei hier eine leichte Würze hinzukommt. Der ›30er‹ schließlich verbindet den ›20er‹ und den ›25er‹ auf eine sehr angenehme Weise.

Costa Rica lohnt sich. Wer einzigartige Natur liebt, sollte das Land zwischen Karibik und Pazifik unbedingt einmal bereisen – und sich dort bei einem guten ›Centenario‹ entspannen. Für Genießer, die lieber nicht so weit reisen, steht dieser Rum auch hierzulande zur Verfügung.

LIMITADA werden im Kaskadensystem nach dem Solera-Prinzip in vier Fassreihen gereift. Die hierfür verwendeten Fässer kommen aus Schottland, in denen zuvor Whisky reifen durfte. In diesem Zusammenhang gibt es eine Besonderheit: Wenn Susana Masis der Meinung ist, der Zeitpunkt der Abfüllung sei gekommen, entnimmt sie nur 30 Prozent aus dem letzten Fass, der sogenannten Solera-Reihe, bei der es sich immer um die Fässer der untersten Ebene handelt. Da man hier üblicherweise satte 45 bis 50 Prozent entnimmt, wird durch diese »Sparsamkeit« gewährleistet, dass die Altersangabe, sofern das beim Solera-System überhaupt möglich ist, sehr nahe an die angegebene Alterszahl heranreicht.

REPÚBLICA DE COSTA RICA

Lage: Mittelamerika • **Staatsform:** Republik • **Hauptstadt:** San José **Fläche:** 51 100 Quadratkilometer **Einwohnerzahl:** circa 4 870 000 **Bevölkerungsdichte:** etwa 95 Einwohner je Quadratkilometer • **Währung:** Colón (CRC)

Im Kleinen Land des Heilands

Noch nicht einmal 200 Jahre existiert dieser Staat, der sich 1821 von Spanien loslöst, für unabhängig erklärt, ehe er schließlich 1838 ein eigenständiger Staat wird. Guatemala und Honduras sind die Nachbarländer von El Salvador (»Der Erretter«, »Der Heiland«), dem kleinsten Land mit der höchsten Bevölkerungsdichte in Zentralamerika.

Wie viele Länder der Region blickt auch das Land am Pazifik auf wenig erfreuliche Zeiten zurück: Diktaturen und Korruption, verbunden mit sozialen Unruhen, haben über Jahrzehnte zu einer gewissen Lähmung im Hinblick auf eine bejahende gesellschaftliche Entwicklung beigetragen. Allmählich gleitet auch El Salvador in ein ruhigeres Fahrwasser. Dabei hat das Land durchaus Attraktives zu bieten. Etwa die noch vorhandenen Ruinenstädte der Maya. Diese kulturellen Zeugnisse lassen sich schwerlich exportieren, wohl aber Produkte wie Kaffee und Zucker. Vom Zucker beziehungsweise vom Zuckerrohr bis zum Rum ist es bekanntlich nicht weit, und bei den Stichwörtern »El Salvador« und »Rum« kommt man seit neuestem am RON MAJA nicht vorbei. Um diese Marke geht es hier.

Erst seit September 2014 auf dem lokalen Markt erhältlich, sorgte der ›Ron Maja‹ allerdings schon auf der ›Rum Conference‹ in Madrid und dem ›German Rum Festival‹ in Berlin mit je einer bronzenen Medaille für Beachtung. ›Ron Maja‹ ist ein von Majayín Comandari und Claudia Urrutia initiiertes Projekt, bei dem sie eng mit dem weltweit geschätzten Maestro Ronero Pancho Fernandez zusammengearbeitet haben, um ein qualitativ hochwertiges Produkt entstehen zu lassen. Von Beginn an will man bei gegebener Zeit einen Top-Rum präsentieren, und so kommt die Zusammenarbeit mit Don Pancho zustande (der übrigens auch im Kapitel »Panama« eine Rolle spielt). Vor allem soll der Rum auch auf dem internationalen Markt bestehen können. Kurze Rede, langer Sinn: Nach vielen Verkostungen einigt man sich auf zwei Varianten: einen acht- und einen zwölfjährigen Rum. Aus besten Rohstoffen destilliert, ist das Ergebnis ein Rum von höchster Qualität, der ohne Süß- und Farbstoffe auskommt, und für die Verschlüsse wird selbstverständlich Naturkork aus Portugal importiert. Ebenfalls wissenswert: Die Rums stammen aus einer einzigen Des-

El Salvador ist zwar das kleinste Land Zentralamerikas, kann aber mit der höchsten Bevölkerungsdichte aufwarten.

tille, werden nicht mit anderen Rums vermischt und reifen in Fässern aus amerikanischer Eiche, in denen zuvor Bourbon gelagert worden ist. Während der acht Jahre alte ›Maja‹ sehr weich mit einer angenehm süßen Note daherkommt, gepaart mit einem Hauch von Holz sowie Vanille- und fruchtigen Tönen, präsentiert sich der Körper des zwölf Jahre alten mit mehr Holznoten, einer reduzierten Süße sowie etwas Rauch in Verbindung mit hochwertigem Kakao und trockenem Sherry.

> **EL SALVADOR**
> **Lage:** Zentralamerika • **Staatsform:** Republik • **Hauptstadt:** San Salvador • **Fläche:** 21 041 Quadratkilometer **Einwohnerzahl:** circa 7 340 000 • **Bevölkerungsdichte:** etwa 350 Einwohner je Quadratkilometer • **Währung:** US-Dollar (USD)

Zuckerrohrfelder mit Blick auf den Vulkan Usulatan, El Salvador

Im Land der vielen Sprachen

Die Überschrift könnte auch »Im Land der Bäume« lauten. Doch ist das nur eine von nicht wenigen Theorien, wie sich letztendlich der Name des bevölkerungsreichsten zentralamerikanischen Landes herausgebildet hat. Für Guatemala trifft die Bezeichnung »Im Land der vielen Sprachen« da schon am besten.

Wie in der gesamten Region, so ist auch hier Spanisch Amtssprache. Daran halten sich jedoch 35 Prozent nicht, denn sie sprechen eine der weiteren sieben Sprachen, die vom Staat offiziell anerkannt sind. Doch das sind noch lange nicht alle, denn insgesamt werden in Guatemala über 50 Sprachen gesprochen, darunter viele Mayasprachen. Die vergangene Kultur ist allgegenwärtig. Schließlich herrschten die Mayas bis etwa 900 nach Christus über das gesamte Gebiet des heutigen Guatemala. Zeugnisse hiervon geben zahlreiche freigelegte Ruinenstädte, von denen die bekannteste wohl Tikal im Norden des Landes ist.

Tikal mit seinen bemerkenswerten Stufentempeln, eine der bedeutendsten Städte der vom 3. bis zum 9. Jahrhundert währenden klassischen Mayaperiode, ist eine der am besten erforschten Maya-Städte, obwohl noch knapp 10 000 Gebäude darauf warten, ausgegraben und erforscht zu werden.

Auf eine derartige Historie kann die Rum-Produktion in Guatemala naturgemäß nicht verweisen, kann aber mittlerweile immerhin auf ein gutes Jahrhundert zurückblicken: 1914 startet die ›Industria Licorea Guatemalteca‹ in der 1876 gegründeten Stadt Zacapa, gelegen im Osten Guatemalas, mit der Produktion von Rum. Zu dieser Zeit gründen einige Familien im Departamento Zacapa ebenfalls Destillen. Drei Jahrzehnte darauf, 1944, beschließen dann diese Familien einen Zusammenschluss und lassen eine moderne Destille bauen, um sich im schnell wachsenden Rum-Markt nachhaltig zu behaupten. ›Industrias Licoreras de Guatemala‹ lautet nun die Firmierung. Zum 100. Jahrestag der Stadtgründung wird 1976 dann erstmals ein Rum unter dem Namen der Stadt präsentiert: ›Zacapa‹. Durch die Zusammenlegung entstehen in rascher Folge fünf Produktions- beziehungsweise Lagerungsorte: Die Zuckerrohrfelder im Departamento Suchitepéquez, ein weiteres Zuckerrohr-

Im Norden Guatemalas: Hinter dem dichten Wald erhebt sich ein Mayatempel, Teil der eindrucksvollen Ruinenstadt Tikal.

Die Kleinstadt Antigua Guatemala mit dem Vulkan Agua im Hintergrund

feld und die Destille im Departamento Retalhuleu sowie die Lagerhallen auf 2 333 Metern Höhe im Departamento Quetzaltenango sind ausnahmslos im Südwesten des Landes anzutreffen, während die Abfüllung in der Stadt Mixco stattfindet, gelegen im Departamento Guatemala nahe der Hauptstadt. Bleibt noch das Departamento Chiquimula, das südlich an das von Zacapa grenzt und im Osten Guatemalas zu finden ist. Hier entstehen aus getrockneten Palmenblättern die handgewebten Petate-Bänder, die später bestimmte ›Zacapa‹-Flaschen schmücken.

In den letzten Jahren ist der Bekanntheitsgrad des ›Zacapa‹ auch außerhalb Amerikas enorm gestiegen. Das hängt nicht zuletzt mit dem weltweit tätigen Distributor zusammen, denn seit dem 1. April 2008 ist der international aufgestellte Konzern ›Diageo‹ für den tiefgreifenden Vertrieb des Premium-Rums verantwortlich. Das geschieht aus eigenem Interesse mit enormer Verve, hält doch das in London sitzende Weltunternehmen 50 Prozent der Anteile von ›Licoreras de Guatemala‹. Doch selbst der beste Distributor kann wenig bewegen, wenn das Produkt, das er vertreibt, qualitativ minderwertig ist. Das ist beim ›Zacapa‹ nicht der Fall. Ganz im Gegenteil …

Nach der Ernte wird das Zuckerrohr – es werden lediglich drei Sorten verwendet – zur Mühle gebracht, wo es ausgepresst wird. Hier entzieht man dem Zuckerrohrsaft einen Teil seines Wassers, was ihm zu einer honigartigen Konsistenz verhilft. Diesen Sirup nennt man »Virgin Sugar Cane Honey« – ein Basisstoff, mit dem nur sehr wenige Destillen arbeiten. Für die sich anschließende, 120 Stunden (!) dauernde Fermentation wird eine Hefe verwendet, die aus Ananas entsteht und selbst gezüchtet wird. Destilliert wird in einer großen Column Still. Den frischen Rum, abgefüllt in Stahltanks, transportiert man per Lastwagen zum »Warehouse above the clouds« auf 2 333 Metern Höhe. Diese außergewöhnliche Lagerstätte kann circa 170 000 Fässer aufnehmen. Jetzt beginnt der mitunter langwierige Reifeprozess. Ebenso die Arbeit von Ana Lorena Vásquez Ampié, einer von fünf Frauen, die weltweit als Master Blender in der von Männern dominierten Rum-Welt tätig sind. Das Aging wird im Solera-System vollzogen, wobei ›Zacapa‹ dafür vier unterschiedliche Fassorten verwendet. Die Reise von Fass zu Fass beginnt bei Fässern, die einst für American Whiskey bestimmt gewesen sind, kommt erneut zu American-Whiskey-Fässern, allerdings stark getoasteten, geht über zu Sherry- und gelangt schließlich zu

> REPÚBLICA DE GUATEMALA
> **Lage:** Zentralamerika • **Staatsform:** Präsidialrepublik • **Hauptstadt:** Guatemala-Stadt • **Fläche:** 108 890 Quadratkilometer **Einwohnerzahl:** circa 15 500 000 **Bevölkerungsdichte:** etwa 140 Einwohner je Quadratkilometer **Währung:** Quetzal (GTQ)

GUATEMALA

Fässern, in denen einst hochwertige ›Pedro Ximenez‹-Weine auf ihre Vollendung gewartet haben. Beim ZACAPA XO spielt zudem noch ein Cognacfass die letzte Rolle. Der ›Ron Zacapa‹ ist in folgenden Varianten erhältlich: SISTEMA SOLERA 23, ETIQUETA NEGRA SISTEMA SOLERA 23, XO SOLERA GRAN RESERVA ESPECIAL, 2013 RESERVA LIMITADA und 2014 RESERVA LIMITADA. All diese Rums sind es wert, wenigstens einmal probiert zu werden. So etwa der hocharomatische ›Sistema Solera 23‹ mit seinen süßen Noten von Vanille und Schokolade sowie den holzigen und fruchtigen Untertönen, seinem vollmundigen Geschmack, bei dem sich vor allem Frucht, Holz und Süße angenehm hervortun, und zuletzt mit seinem strukturell dichten, perfekt ausbalancierten Abgang und seinem langen Nachklang. Bleibt noch die Frage zu beantworten, warum man sich dafür entschieden hat, den ›Ron Zacapa‹ in einer Höhe von über 2 300 Metern reifen zu lassen. Die einleuchtende Antwort: Das kühle Bergklima verlangsamt den Reifeprozess und gibt dem Rum somit die Zeit, in aller Ruhe seinen Charakter zu entwickeln, wobei übrigens – ein weiteres Positivum – der »Angel's Share« niedrig ausfällt.

Koloniale Architektur prägt auch in den kleineren Ortschaften Guatemalas noch heute sehr zahlreich das Bild.

Verwandt, doch mit eigenem Charakter

Es gibt nicht nur ›Ron Zacapa‹ in der Rum-Welt Guatemalas. Auch der ›Ron Botran‹ ist nicht zu verachten. Die Familie Botran bietet mit diesem Destillat eine eigene Rum-Serie an, die sie unter ihrem Familiennamen präsentiert. Qualifiziert dafür ist sie, redet sie doch auch beim ›Zacapa‹ ein gewichtiges Wort mit. Vor diesem Hintergrund nimmt es nicht Wunder, dass der ›Botran‹ seine Verwandtschaft mit dem ›Zacapa‹ nicht leugnen kann. Jedenfalls ist es Fakt, dass der Bruder des ›Zacapa‹ ebenfalls aus Virgin Sugar Cane Honey destilliert, desgleichen die Fermentation über 120 Stunden sehr behutsam durchgeführt wird und die Reifung, wenn auch nicht für alle Rums, ebenfalls in 2 333 Metern Höhe in Quetzaltenango stattfindet – und dass all das unter der Verantwortung des Unternehmens ›Industrias Licoreras de Guatemala‹ geschieht.

Im Jahre 2009 hatte Dirk Becker das Vergnügen, bei der ersten, inoffiziellen Vorführung als Tester das neue, gestraffte Sortiment der Marke verkosten zu dürfen. Es wurden der BOTRAN RESERVA und der BOTRAN SOLERA 1893 verkostet – und er war begeistert. Mittlerweile ist das Sortiment um den BOTRAN RESERVA BLANCA – der Rum wird nach seiner Lagerung weiß gefiltert – und dem BOTRAN 12 erweitert worden. Alle Rum-Sorten werden im Continous-Still-Verfahren destilliert, um dann im Solera-System zu reifen, wobei ›Reserva‹ (5 bis 14 Jahre gereift) und ›Solera 1893‹ (5 bis 18 Jahre gereift) auf 2 333 Metern Höhe lagern. Zum Schluss vertraut man bei der Reifung allerdings nicht auf ›Pedro Ximenez‹-Fässer, wie das beim ›Zacapa‹ geschieht, sondern auf Portweinfässer. Was bestimmte Aromen und Noten angeht, so sind sie bei ›Botran‹ und ›Zacapa‹ zwar nicht deckungsgleich, doch sind hier durchaus Gemeinsamkeiten gegeben, wobei die ›Botrans‹ auf der einen Seite etwas fruchtiger, auf der anderen Seite ein wenig zurückhaltender in der Süße sind.

Im Land der tausend Vulkane

Hervorgegangen ist der Name des Staates aus der Nahuatl-Sprache, die dem Aztekischen zuzuordnen ist, und so viel bedeutet wie »Menschen, die hier leben«. Das ist die eine Theorie. Die zweite: Der Name leitet sich von Nicarao ab. Der König der großen indianischen Volksgruppe Niquirano beziehungsweise Nicarao lebt zu der Zeit, als die spanischen Konquistadoren in den frühen Jahren des 16. Jahrhundert das heutige Nicaragua mit Raubzügen überziehen, nach und nach erobern und erste Kolonialstädte gründen.

Die Befürworter der ersten Theorie erkennen die zweite nicht an, zumal es von der Tochter Nicaraos eine Geschichte gibt, die in einem Erzählband wiedergegeben ist und die das Wort »Legende« im Titel führt (»Die Legende von der Fischprinzessin«). Dagegen wollen die Anhänger der zweiten Theorie nichts von einer Legende wissen und bezichtigen die der ersten als Verschwörungstheoretiker.

Wie dem auch sei: Am Ende der spanischen Eroberung sind die ehemaligen Ethnien nicht mehr existent. So sorgen in erster Linie das harte Los der Sklaverei sowie die nicht vorhandenen Abwehrkräfte gegen eingeschleppte Krankheiten und Seuchen für eine spürbare Dezimierung der Bevölkerung. Erst 1821 kann sich das »Land der tausend Vulkane«, wie Nicaragua gerne genannt wird, von der spanischen Kolonialmacht lösen, ehe es sich 1838 als eigenständiger Staat etabliert.

Es beginnt gut 60 Jahre nach der Staatsgründung. An der ›San Antonio Sugar Mill‹ in Chichigalpa, gelegen im Westen Nicaraguas nahe der Pazifikküste, lässt ein gewisser Francisco Alfredo Pellas 1890 eine Brennerei bauen – und damit beginnt die Geschichte der Marke ›Flor de Caña‹, heute eine der bekanntesten und mit zahlreichen Preisen ausgezeichneten Rum-Marken Zentralamerikas. Bis dato leitet die Familie Pellas, nunmehr in fünfter Generation, die Geschicke der Marke. Damals, gegen Ende des 19. Jahrhunderts, trinkt man den Rum jung, um die Zuckerrohrernte zu feiern. Zwar gibt es schon, wenn auch in kleinen Mengen, gereiften Rum, doch ist der den Besitzern der Zuckermühlen vorbehalten. Mittlerweile hat auch Otto Normalgenießer die – ganz legale – Möglichkeit, selbst die beste »Blüte des Zuckerrohrs«, so die Übersetzung des Markennamens, entspannt zu genießen. Bis zu dieser Möglichkeit haben Marke und Betreiberfamilie einen interes-

Der Vulkan Conception. Zusammen mit dem Nachbarvulkan Maderas bildet er die Insel Isla de Ometepe im Nicaraguasee.

Nicaragua

Blick über das historische Zentrum von Granada, Nicaragua

santen Weg zurückgelegt. Im Jahre 1937 wird innerhalb der Brennerei ›Compañia Licorera de Nicaragua‹, die sich bis dato ausschließlich mit der Herstellung und der Vermarktung von Rum beschäftigt hat, ein eigenständiges Unternehmen gegründet. Die Marke ›Flor de Caña‹ ist geboren. 1950 beginnt die kommerzielle Verbreitung des ›Slow-aged™‹-Rums – ein Meilenstein in der Geschichte der Marke (auf den noch näher eingegangen wird). 1959 wird der Rum nach Mittelamerika und Venezuela exportiert. Zudem erweitert man das Sortiment mit einem fünfjährigen Rum. 1963 werden die Produktionsanlagen modernisiert. Dann kommt der Heiligabend des Jahres 1972. An diesem Tag zerstört ein schweres Erdbeben die Hauptstadt Managua. Etwa 10 000 Menschen fallen der Katastrophe zum Opfer. Massive internationale Hilfe läuft an. Die Dynastie des Diktators Anastasio Somoza Debayle, 1967 durch Wahlbetrug an die Präsidentschaft gekommen, leitet eingehende Hilfsgelder auf ihre Konten um, verkauft zudem kostenlose Hilfsgüter über ihre Firmen, reißt schließlich das durch die Katastrophe aufblühende

Bau- und Bankgewerbe an sich. Knapp fünf Jahre später kommt es zu gewalttätigen Auseinandersetzungen gegen Diktatur und Korruption. Das ganze Land wird vom Bürgerkrieg erfasst. Im Juli 1979 flieht Somoza nach Florida, und zwei Tage darauf ziehen die Guerilleros in Managua ein. Die Revolution hat triumphiert.

Die Ruhe währt nicht lange. US-Präsident Ronald Reagan sind die »Kommunisten« ein Dorn im Auge, und ab 1981 schwächt er zum einen die sandinistische Regierung durch gezielte wirtschaftliche Maßnahmen, und unterstützt zum anderen, selbst an geltenden US-Gesetzen vorbei, die konterrevolutionären »Contras«, paramilitärische Einheiten aus Somoza-Anhängern und Nationalisten, die sich zum Ziel setzen, die Regierung zu stürzen. Nahezu zehn Jahre überziehen die Contras Nicaragua mit brutaler Gewalt. Gezielte Anschläge erschüttern das Land. Zerstört werden große Teile der Infrastruktur, etwa Bewässerungsanlagen, Getreidesilos und Tabaklager, Farmen, Zuckerrohrplantagen, Straßen und Brücken, landwirtschaftliche Fahrzeuge gehen in Flammen auf, grausame Übergriffe gegen Zivilisten, vor allem gegen die Landbevölkerung, mit Folter, Vergewaltigungen und Verstümmelungen sind an der Tagesordnung. Am Ende sind Zehntausende Tote zu beklagen, und die Wirtschaft ist ruiniert.

So makaber es ist: Die Jahre der Unruhe sind ein Segen für ›Flor de Caña‹, denn während der Wirren der Revolution reift der Rum geduldig vor sich hin, und in der Ruhe der Lagerhäuser entstehen große Mengen von sehr lange gelagertem Rum.

Oben angelangt

Die Entwicklung bei ›Flor de Caña‹ geht weiter. Um den sehr hohen Qualitätsanspruch der Destille zu unterstreichen, produziert man als wohl erster Rum-Produzent weltweit nach der Zertifizierung ›ISO 9000‹. Das soll nicht das einzige behördliche Siegel für das Unternehmen hinsichtlich eines beachtlichen Qualitätsmanagements bleiben. Und da es sinnvoll ist, Qualität auch an den Mann beziehungsweise die Kundschaft zu bringen, gründet man 1999 die ›Rum Marketing International Ltd.‹ (›Rummi‹) in Miami, Florida, um die internationale Expansion der Erzeugnisse aus der ›Compañia Licorera de Nicaragua‹ voranzutreiben.

Seit 2013 hat ›Flor de Caña‹ übrigens ein neues, elegantes Design. Damit reagiert man auf die wachsende Nachfrage im Premium- und im Super-Premium-Segment. Das Logo symbolisiert einen von Palmen gesäumten Weg, der am Horizont auf eine Kette von Vulkanen trifft. Es erinnert an

---

REPÚBLICA DE NICARAGUA

Lage: Zentralamerika
Staatsform: Präsidialdemokratie
Hauptstadt: Managua
Fläche: 129 494 Quadratkilometer • **Einwohnerzahl:** circa 6 300 000 • **Bevölkerungsdichte:** etwa 50 Einwohner je Quadratkilometer • **Währung:** Córdoba Oro (NIO)

Der verheerende Bürgerkrieg in Nicaragua hat Spuren hinterlassen, die noch drei Jahrzehnte später sichtbar sind: Diese Kirchenfassade ist zwar schön herausgeputzt, doch das Gotteshaus selbst ist verschwunden.

die Eisenbahnlinie, die Zucker aus der alten Mühle am Fuße des Volcán de San Cristóbal nahe Chichigalpa transportierte. Im selben Jahr wird auch erstmals der CENTENARIO 25 vorgestellt, ein Rum, der fünffach destilliert wird, um danach im »Slow Aged«-Verfahren zu reifen. Auf dieses 1950 eingeführte Verfahren ist man besonders stolz, denn mit ihm beginnt die Charakterbildung des einzigartig milden ›Flor de Caña‹. »Mild« ist auch das Stichwort für den ›Centenario 25‹, der zudem weich und harmonisch ist sowie mit einem ausbalancierten Facettenreichtum überzeugt. Schokoladige Töne treten mit Vanillesüße hervor, ebenso Karamell, begleitet von einem holzigen Beiklang. Nussige wie fruchtige Klänge sind ebenfalls präsent.

Vor nunmehr über 60 Jahren präsentiert Carlos Francisco Pellas aller Welt den ersten Rum, der nach dem von ihm entwickelten »Slow Aged«-Verfahren gereift ist. Bis heute werden diese Rums nach einem authentischen Reifeverfahren, bei dem ein beschleunigter Reifeprozess nicht statthaft ist, ohne jeglichen äußeren künstlichen Einfluss produziert. Geschieht all das, dürfen so hergestellte Erzeugnisse mit Erlaubnis der US-Regierungsbehörden das Etikett »Slow Aged« tragen. Bei ›Flor de Caña‹ reifen deshalb die Rums in aller

Ruhe in unklimatisierten Kellern ohne Einsatz von Ventilatoren und ohne jegliche weitere künstliche Anwendung. Zudem liegt der »Angel's Share« über der gemeinhin üblichen Menge, ein Umstand, der ebenfalls zu einer bemerkenswerten Geschmacksbildung beiträgt.

›Flor de Caña‹ ist ein sogenannter »Single Estate Rum«. Das bedeutet, dass von der Ernte über die Destillationen, die Lagerung und die Reifung bis zur Abfüllung alles aus einer Hand stammt. Außerdem kommen nur 100 Prozent natürliche Zutaten zum Einsatz. Der Rum wird mit mit einem Alkoholgehalt von 80 Volumprozent in die Fässer gegeben und nach der Hälfte der Reifezeit dann auf Trinkstärke reduziert. Die Destille verfügt über zwölf Tanks mit je einer Million Liter Fassungsvermögen für Alkohol und Melasse sowie über 13 Lagerhallen, in denen sich ständig zwischen 15 000 und 30 000 Fässer befinden. Anmerkung am Rande: Die Bagasse wird verheizt und treibt Generatoren an, die nicht nur den eigenen Energiebedarf decken, sondern auch in das allgemeine Stromnetz eingespeist werden. Da die Destille ›Flor de Caña‹ enorm groß ist, deckt dieser Strom circa 10 Prozent des Energiebedarfs des ganzen Landes ab.

Das Portefeuille umfasst vier weiße Rums, von denen einer sieben und die übrigen vier Jahre gereift sind, einen goldenen Rum mit vier und einen mit fünf Jahren, zwei GRAN RESERVAS, wobei der ältere sieben Jahre Reife hinter sich hat. An der Spitze dann die CENTENARIOS mit zwölf, 18 und 25 Jahren Reife. Der sehr beliebte sieben Jahre alte Rum ist weich und harmonisch. Hier sind Karamell, Röstnoten und etwas Kokos zu finden. Ein Klassiker, der sowohl pur wie auch im Cocktail zu genießen ist. Vollmundig und komplex ist der 18 Jahre alte ›Centenario‹. Aromen von dunkler Schokolade und Karamell werden begleitet von leicht nussigen Noten und solchen von Gewürzen. Auch Vanille kommt vor, ebenso ein Hauch Rauch.

Wer einmal in Nicaragua ist und sich nicht weit von Chichigalpa befindet, sollte es nicht versäumen, ›Flor de Caña‹ aufzusuchen und dort die seit 2012 stattfindende Firmentour zu buchen. Es lohnt sich.

Kirchenglocke der Kathedrale von Léon, Nicaragua

Oh, wie schön ...

Bei dem Wort »Panama« entstehen Bilder, etwa das von dem Kanal, der den Golf von Panama (und somit den Pazifik) mit dem Karibischen Meer (und somit dem Atlantik) verbindet. Oder das von dem kleinen Tiger und dem kleinen Bär, die sich in Janoschs wunderschönem Buch »Oh, wie schön ist Panama« mit der Tigerente auf den Weg nach Panama machen, dem Ziel ihrer Träume, dort zwar nie ankommen, sondern am Ende wieder ihr (zerstörtes und verändertes) Zuhause erreichen, zudem einen Wegweiser mit der Aufschrift »Panama« entdecken, und deshalb meinen, in Panama – und damit glücklich am Ziel ihrer Träume – zu sein.

Oder das Bild von Henry Morgan und seinen 1 800 Mannen, die der selbsternannte »Chefadmiral aller Bukaniersflotten und Generalissimo der vereinigten Freibeuter von Amerika« Ende Januar 1671 anführt, um die Stadt Panama zu erobern, und die er bei seinem Abzug in Schutt und Asche zurücklässt. Es ist bis heute nicht geklärt, wer den sich zur Feuersbrunst entwickelten Brand in der seinerzeit reichsten Stadt Spanisch-Amerikas gelegt hat, wohl aber, dass die Spanier Panama zwar wieder errichtet haben, jedoch an anderer Stelle.

Zwei Hundertjährige stellen sich vor

Fest dagegen steht auch, dass beim Namen ›Abuelo‹ so mancher Rum-Kenner mit der Zunge schnalzt. Zu Recht. Die Marke ›Ron Abuelo‹ wird in der Destille ›Varela Hermanos‹ produziert – und das geschieht seit mehr als 100 Jahren: Im Jahre 1908 eröffnet José Varela Blanco, ein spanischer Einwanderer, die erste Zuckerfabrik im damals neu regulierten Panama. Heute befindet sich das Unternehmen etwa 300 Kilometer südwestlich von Panamas Kapitale in einer Stadt namens Pesé, die wiederum zur Provinz Herrera gehört. Man ist hier sehr auf die Umwelt bedacht. So wird etwa das Zuckerrohr, das in der Nähe der Destille geschlagen wird, wie eh und je mit Ochsenkarren eingebracht, und nur die Pflanzen, die weiter entfernt geerntet werden, transportiert man mit Lastwagen. Was bei einem Areal von 2 000 Hektar durchaus verständlich ist. Das Zuckerrohr wird vor Ort gepresst, dann Melasse produziert, die anschließend mit unterschiedlichen Hefen und mit Quellwasser zur Fermentation gelangt. Die Fermentation selbst dauert zwi-

Recht vorteilhaft ist er dargestellt, der berüchtigte Freibeuter Henry Morgan. Die 1734 geschaffene Radierung von Nicholls Thomas thematisiert den Piratenangriff auf die Stadt Panama im Jahre 1671.

Teile der ehemaligen Festung von Portobelo, einer Stadt an der Karibikküste Panamas. Auch hier hat Henry Morgan sein Unwesen getrieben. Im Juli 1668 erobert er die Stadt, beraubt die Bewohner, droht, die Stadt niederzubrennen – und zieht danach mit einem ansehnlichen Lösegeld mit seinen Männern wieder ab.

schen 36 und 48 Stunden, und bei der Destillation vertraut man auf eine Column-Still-Anlage. Die Lagerung findet in ehemaligen Bourbonfässern von ›Jack Daniel's‹ statt. Fünf Lagerhäuser stehen hierfür zur Verfügung, die jeweils 7 200 Fässer aufnehmen können. Etwas anders sieht es im Lager Nummer 3 aus, in dem sich lediglich 6 000 Fässer befinden. Aus gutem Grund, da hier seit 1978 einzelne Rums im Solera-System reifen und dieses System mit seinen Fasspyramiden etwas mehr Platz als normalhin benötigt. Wie es sich gehört, entstehen die Farb- und Geschmacksstoffe in den Fässern, die nur mit 190 und nicht mit 200 Litern je Fass gefüllt werden.

Am Ende stehen dann die Abfüllungen RON ABUELO AÑEJO, RON ABUELO

Añejo 7 Años, Ron Abuleo Añejo 12 Años bereit und schließlich der Ron Abuelo Centuria. Für das letztgenannte Erzeugnis werden übrigens bis zu 30 Jahre alte Rums aus dem Solera-System verwendet. Allen ›Abuleos‹ gemein ist eine leicht schwere, jedoch nicht überladene Süße in Kombination von Röstaromen und holzigen Noten, die sich, je älter der Rum ist, immer eleganter und ausgeprägter darstellen.

Einmal in Panama, ist der ›Carta Vieja‹ unbedingt eine Erwähnung wert. Die Geschichte dieses Rums ist genau ein Jahrhundert alt: 1915 gründet ein gewisser Guillermo Tribaldos Jr. die Firma ›Vinicola Liquor‹, und im selben Jahr kommt von ihr der ›Ron Baru‹ auf den Markt. Zwei Jahre darauf firmiert der Rum unter dem heutigen Namen. Das tut er immer noch, allerdings heißt der Hersteller seit geraumer Zeit ›Central Industrial Chiricana‹. Das Standard-Portefeuille umfasst die drei Sorten Ron Claro, Ron Extra Claro und Ron Añejo. Die Fermentationszeit beträgt 36 Stunden, ehe in einer Säule destilliert und in Fässern aus amerikanischer Weißeiche gelagert wird. Dann gibt es noch den Carta Vieja Golden Cask 18 Years, dessen schön miteinander harmonierende Noten von Ananas, Vanille und Karamell zum Genuss pur einladen.

Macher und Rum-Legende

›Ingenio San Carlos‹ ist der Name einer Destille, die in der Ortschaft Las Cabras, einem Teil der Stadt Pesé, zu finden ist und die hervorragende Rum-Sorten produziert. Ursprünglich als Zuckerfabrik um 1910 gegründet, wechseln die Eigentümer im Laufe der folgenden Jahre. In den frühen Zwanzigern wird dann eine kupferne Column Still gekauft, gebaut in Cincinnati. In den Zeiten danach leidet die Brennerei unter verschiedenen Regierungen – vor allem unter solchen, die sich nach einem Militärputsch eingerichtet haben – und beginnt zu verwaisen. Dieser Zustand wird dann in den frühen 1980er-Jahren gestoppt. Etwa zu dieser Zeit formiert sich eine Gruppe von Familien, um den Aufbau einer kleinen Rum-Destille anzuschieben. Als man die alten, vernachlässigten Kupfersäulen entdeckt, holt man sich Rat von Francisco Fernandez, dem international angesehenen Maestro Ronero (siehe auch das Kapitel »El Salvador«), von den meisten nur »Don Pancho« genannt. Mit seiner Erfahrung und seinen Ideen kann ein neues Kapitel aufgeschlagen werden. Heute umfasst der Brennereikomplex etwa 180 000 Quadratmeter. Während der Erntezeit, die jährlich etwa 100 Tage dauert, werden jeden Tag 200 000 Liter Alkohol/Rum destilliert, wofür, ebenfalls jeden Tag, rund 25 Tonnen Zuckerrohr gecrushed werden. Zudem erzeugt man aus dem Saft Zucker und Ethanol. ›Pilsa‹, so der heutige Name der Destille, besitzt eigene Zuckerrohrfelder, destilliert mit eigener Melasse und speziell entwickelter Hefe für die Rum-Sorten.

Jetzt ist es angebracht, sich etwas näher mit Don Pancho zu beschäftigen. Während seiner Zeit bei ›Havana Club‹ und seiner Arbeit für die kubanische Rum-Industrie ist er über Jahre (1968 bis 1992) mit dem Zukauf von Rum beauftragt. Irgendwann wird er einer der Miteigentümer von ›Pilsa‹. Unter anderem sucht er für diese Destille Fässer aus, die in Panama lagern. Anfang 2000 gründet man schließlich eine Firma, um Rum selbst zu verkaufen, schließlich auch Marken für Kunden zu kreieren. Einige der hier hergestellten Marken sind unter anderem CANA BRAVA, DEBONAIRE (8, 15 und 21 Jahre alt sowie ein fünf Jahre alter Kaffee- und ein Honig-Rum), PANAMA RED und PANAMONTE RESERVA PRECIOSA XXV, SELVA REY WHITE und SELVA REY CACAO sowie RON JEREMY DE RUM und RON JEREMY DE SPICED. Außerdem hat Don Pancho Erzeugnisse für ›Ron Abuelo‹ (wie oben erwähnt), ›Ron Maja‹ und ›Zafra‹ auf den Weg gebracht.

Seit nunmehr fünf Jahrzehnten beschäftigt sich Don Pancho mit Rum, hat etliche kreiert und noch mehr verkostet. Auf der einen Seite ist er glücklich über die zunehmende Akzeptanz der Spirituose Rum, auf der anderen ein wenig traurig über einige nicht so »ehrliche« Produkte, die in letzter Zeit auf den Markt gekommen sind. Irgendwann wächst in ihm das Bedürfnis, seine Vision vom eigenen Rum umzusetzen. Damit ist gemeint, einen Rum ohne Blick auf Kundenwünsche und/oder Markttrends zu erschaffen. Aus dieser Vision heraus ist einer der besten Rums entstanden, die jemals das Licht der Welt erblickt haben. Der 30 Jahre alte ORIGENES RESERVA DON PANCHO, der hier das Thema ist – es gibt noch einen acht- und einen 18-jährigen –, besteht aus sehr seltenen Rum-Sorten aus den Originalgebinden, die der Meister in Panama vor fast 35 Jahren gekauft hat. Das einmalige Destillat ist ausschließlich nach seinen elementaren Grundsätzen von Qualität und Handwerkskunst entstanden. Als der Rum fertig ist, sagt er: »Das wird entweder ein sehr geschätzter oder ein sehr unterschätzter Rum. Ich weiß nicht, ob wir überhaupt eine Flasche verkaufen oder gar alle.« Die Hefe, die er für den ›Origenes‹ verwendet hat, ist von ihm selbst gezüchtet (Don Pancho ist Mikrobiologe und Chemiker) und in den Original-Kupfersäulen destilliert worden, sodass ein sehr sauberer, aromatischer Aguardiente entstanden ist. Der Rum ist anschließend in ehemaligen 220-Liter-Bourbonfässern aus amerikanischer Eiche (Kentucky) gelagert worden, wobei Don Pancho über die ganzen Jahre den Reifeprozess beobachtet hat. Der ›Origenes Reserva Don Pancho‹ zeigt eine dunkle Mahagonifarbe mit jenen verräterischen grünen Lichtreflexen, die auf eine längere Alterung hinweisen. Zu erkennen ist auch eine bestechende Viskosität mit »Beinen«, die so langsam am Glasrand ablaufen, als wollten sie sagen: Warum jetzt beeilen, habe ich doch 30 Jahre gewartet, um mich zeigen zu können? Das Bouquet wartet mit tiefen, geschichteten Aromen von Vanille und Eiche, von Tabak, Pralinen, Nüssen und Orangenschalen, Sauerteigbrot und Muskat auf. Der Geschmack offenbart einen vollen Körper mit einer Textur von bester Schokolade. Reichlich Aromen sind zu erschmecken, und man sollte sich unbedingt Zeit nehmen, um diese Rum-Offenbarung zu genießen.

> **REPÚBLICA DE PANAMÁ**
> **Lage:** Zentralamerikanische Landbrücke • **Staatsform:** Präsidialdemokratie • **Hauptstadt:** Panama-Stadt • **Fläche:** 75 517 Quadratkilometer • **Einwohnerzahl:** circa 3 900 000 • **Bevölkerungsdichte:** etwa 50 Einwohner je Quadratkilometer • **Währung(en):** Balboa (PAB) und US-Dollar (USD)

Im Land der Tausend Wasser

Eine nicht unwesentliche Zeitlang gibt es drei Kolonien, deren zweiter Namensbestandteil dieselbe Endung aufweist. Die ersten Bestandteile lauten »Britisch«, »Französisch« und »Niederländisch«. Geblieben ist nur »Französisch-Guyana« als Überseedépartement des Staates Frankreich, während die einstmalige niederländische Kolonie seit dem Jahr 1975 als »Surinam« unabhängig ist. Bliebe als dritte Kolonie »Britisch-Guyana«. Auch diese Kolonie, wie die anderen reich an Flüssen und Bächen, existiert nicht mehr, sondern ist schon seit 1966 unabhängig und nennt sich seitdem schlicht und einfach »Guyana«.

Jener Dreiklang zeigt, wie die wechselvolle Geschichte dieser Region durch ein ständiges Auf und Ab geprägt gewesen sein muss. 1499 übrigens hat ein spanischer Entdecker namens Alonso de Ojeda Guyana für Europa entdeckt. Aber das nur am Rande. Was den Rum angeht, so interessiert hier nur jenes seit 1966 unabhängige Guyana. Das hat seinen guten Grund, denn seit geraumer Zeit existiert nur noch eine von ehemals ungefähr 200 guyanischen Destillen, und die befindet sich in Guyana, einem der weltweit großen Zuckerproduzenten. Jede Menge Zucker, aber nur eine Destille. Wie dem auch immer sei: Die Vielfalt des in diesem Land produzierten Rums ist beträchtlich. Das hat seinen Grund. Von den einstmals mehr als 200 Destillen wird nach und nach eine nach der anderen aufgegeben, und so verbleiben schließlich, in den siebziger Jahren des letzten Jahrhunderts, nur noch drei: ›Diamond‹, ›Enmore‹ und ›Uitvlugt‹.

Das Goldland im Norden Südamerikas

Allerdings ist man in Guyana etwas vorausschauender als in manch anderen Regionen, die ein ähnliches Rum-Schicksal ereilt hat: Wenn eine Destille geschlossen worden ist, sind die Brennapparate in den Besitz einer anderen übergegangen. Diesem Umstand ist es zu verdanken, dass in Guyana noch heute ein extrem spannendes Rum-Portefeuille existiert. ›Diamond Distillers Limited‹ (›DDL‹) ist übrigens der Name des Unternehmens, das heute sämtliche Rums in Guyana produziert, die naturgemäß unter vielen Namen angeboten werden. Von diesen Namen interessiert nur einer, auch deshalb, weil er in der internationalen Welt des Rums einen hervorragenden Ruf besitzt: ›El Dorado‹.

Das Geheimnis ist also gelüftet: Das sagenhafte »El Dorado«, jenes Goldland,

Imposant: Über eine Breite von 100 Metern stürzen die Wassermassen des Kaieteur-Flusses nahezu 250 Meter in die Tiefe. Die faszinierenden Kaieteur-Wasserfälle im mittleren Westen von Guyana gehören zu den eindrucksvollsten ihrer Art auf der Welt.

das Heerscharen von Eroberern und Abenteurern gesucht (und nie gefunden) haben, liegt also im Norden des südamerikanischen Kontinents. Wenn auch »nur« in flüssiger Form. Gleichwohl sind mit diesem Umstand viele Rum-Liebhaber mehr als zufrieden. Nach neuesten Informationen werden bei ›Diamond Distillers Limited‹ neun Destillierapparate eingesetzt, und diese Apparate erzeugen sehr unterschiedliche Aromen. Besonders spannend sind hier die alten Anlagen, etwa die »Single Wooden Pot Still«, die über 150 Jahre alt ist, oder die »Double Wooden Pot«, deren Rum für die würzigeren Sorten verwendet wird und auch gerne beim sogenannten »Navy Style Rum« eingesetzt wird. Zu nennen ist noch eine »French Savalle Column Still«, eine hölzerne Säulendestille. Wie bei vielen Brennereien, die ein großes Markensortiment produzieren, wird auch bei ›Diamond Distillers Limited‹ nur eine Fermentation angewandt, und die dauert etwa 24 Stunden.

EL DORADO startet seine Range mit einem weißen Rum, gefolgt von fünf, acht, zwölf und 15 Jahre alten. In diesem Zusammenhang gibt es die schier ewige Diskussion, ob denn nun der 12er oder der 15er der bessere ist – eine schwierige Frage, ja eine, die nie endgültig beantwortet werden kann und schließlich jeder für sich beantworten muss. Außerdem gibt es

noch einen Spiced Rum sowie den 15 WHITE OVERPROOF mit 75,5 Volumprozent. In der Topliga spielen dann ein 21er und ein sehr seltener 25er. Zu den großen Trinkvergnügen gehören zweifellos die Single-Cask-Abfüllungen, bei denen man sehr schön die verschiedenen geschmacklichen Auswirkungen erfahren kann – und die leider nur sehr selten zu bekommen sind. Der Rum aus Guyana mit dem wohlklingenden Namen ›El Dorado‹ ist übrigens mitverantwortlich dafür, dass dieses Getränk wieder zu einer Erfolgsstory geworden ist. ›El Dorado‹-Rums sind würzig in süßem Kleid mit komplexer Aromenstruktur und dabei angenehm weich, ohne ihren Charakter zu verlieren.

THE CO-OPERATIVE REPUBLIC OF GUYANA

Lage: Nordostküste Südamerikas **Staatsform:** Republik (Präsidialdemokratie) • **Hauptstadt:** Georgetown • **Fläche:** 214 970 Quadratkilometer • **Einwohnerzahl:** circa 750 000 • **Bevölkerungsdichte:** etwa 3,5 Einwohner je Quadratkilometer • **Währung:** Guyana-Dollar (GYD)

Auch heute noch ist Handarbeit vielfach angesagt: Zuckerrohrsaft wird eingekocht.

Auf der Suche nach Gold

Wenn es ein »El Dorado« gegeben hat, dann muss es in diesem Land im Nordwesten Südamerikas gelegen haben. Doch da das sagenumwobene Goldland wohl nie existiert hat, wird zumindest der Ursprung jener Legende um El Dorado in dem Land zu finden sein, dessen Küsten sowohl von der Karibik als auch vom Pazifik umspült werden. Kolumbien heißt dieses Land.

Mit die ersten Europäer, die dieses Land 1499 sichten, sind Amerigo Vespucci, dem bekanntlich der gesamte amerikanische Kontinent seinen Namen verdankt, und Alonso de Ojeda, der ja schon bei der »Entdeckung« Guyanas seine Hände beziehungsweise seine kleine Flotte im Spiel gehabt hat. Christoph Kolumbus dagegen hat mit der Erschließung des Landes herzlich wenig zu tun – Kolumbien ist lediglich nach ihm benannt. Wer jedoch etwas mit Kolumbien zu tun hat, ist Sir Francis Drake. Der englische Freibeuter belagert im Jahre 1572 die sehr stark befestigte Hafenstadt Cartagena de Indias, knapp 40 Jahre zuvor von den Spaniern an der Karibikküste gegründet und mittlerweile sehr prosperierend, denn hier werden gewaltige Warenmengen umgeschlagen – auf der einen Seite Waffen, Rüstungen und Werkzeuge, Textilien und Pferde, auf der anderen Gold und Silber, Perlen und Edelsteine. Exorbitanter Reichtum weckt natürlich Begehrlichkeiten, und nicht nur der englische Seefahrer und Abenteurer hat seinerzeit Cartagena als lohnendes Ziel vor Augen.

Es ist eine Zeit der Habgier, und es ist vor allem eine Zeit der Sucht nach Gold, jenem glänzenden Metall, das die Sinne benebelt und bei nicht wenigen das Denken ausschaltet. Gold – in Nueva Granada, wie damals das spätere Kolumbien heißt, gibt es genug davon, kommt doch damals der weitaus größte Teil der weltweiten Goldproduktion von hier. Das lässt zwangsläufig Sagen und Legenden entstehen, und so ist es durchaus denkbar, dass in Nueva Granada die Mär vom Goldland »El Dorado« entstanden ist.

Kein Gold, sondern goldbrauner Rum

Rund 200 Jahre nach dem Auftritt Drakes, in der zweiten Hälfte des 18. Jahrhunderts, sendet das spanische Königshaus einen gewissen Severo Arango y Ferro nach Cartagena de Indias, um dort die Steuererhebung genau zu kontrollieren. Da dieser Mann eine spürbare Energie an den Tag legt, kennen ihn

Zeitgenössisches Porträt des Seefahrers und Entdeckers Amerigo Vespucci (1454–1512), vermutlich einer der ersten Europäer, die Kolumbien zu Gesicht bekamen.

Kolumbien 241

die meisten bald nur noch unter dem Spitznamen »Dictador«. Doch der Spanier zeigt noch andere Fähigkeiten: Mit den Jahren entwickelt sich Severo Arango y Ferro zu einem bedeutsamen Händler in Sachen Zuckerrohr. Wieder geraume Zeit später, 1913, gründet ein Nachkomme jenes Dictadors die ›Destilería Colombiana‹. Julio Arango y Parra hat jahrelang den Mythos »Dictador« erforscht, sich zudem alles angeeignet, was über die Produktion des braunen Goldes anzueignen ist. Der Grund: Don Julio hat sich in den Kopf gesetzt, den besten kolumbianischen Rum zu produzieren. Die nach Don Julio dritte Generation der Familie hat den Rum nun auch auf internationalen Märkten etabliert.

Die Range beginnt mit dem DICTADOR 12 YEARS SOLERA SYSTEM, der wie alle ›Dictadors‹ aus Virgin Sugar Cane Honey fermentiert und dann zum Teil in einer kupfernen Alambique und einer stählernen Column Still destilliert wird, während die Reifung in ehemaligen Eichenholzfässern stattfindet. Dieser Rum hat eine saftige Bernsteinfarbe mit rötlichen Tönen, duftet in der Nase intensiv nach weichem Karamell, um dann unter anderem Aromen von Honig und leicht geröstetem Kaffee freizugeben, flankiert von nuancierten Holzaromen. Der ›Dictador 12 Years Solera System‹ besticht mit einer dunklen Bernsteinfarbe, mit Vanille, rauchigen Honignoten, mit Walnuss, Toffee, geröstetem Kaffee und einer Eichenholzstruktur.

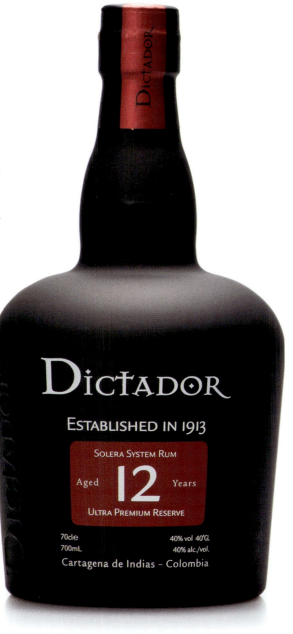

República de Colombia
Lage: Nordwesten Südamerikas
Staatsform: Republik (Präsidialdemokratie) • **Hauptstadt:** Santafé de Bogotá • **Fläche:** 1 138 910 Quadratkilometer • **Einwohnerzahl:** circa 48 320 000 • **Bevölkerungsdichte:** etwa 42 Einwohner je Quadratkilometer • **Währung:** Kolumbianischer Peso (COP)

Weiter geht es mit dem DICTADOR XO PERPETUAL SOLERA SYSTEM, der ausschließlich in einer Kupferbrennblase destilliert wird, und dem DICTADOR XO INSOLENT SOLERA SYSTEM, der in einer modernen Pot Still aus Stahl seine Destillation erfährt. Der ›Insolent‹ gelangt in ehemaligen Sherry- und Portweinfässern, die zudem noch zuvor getoastet worden sind, zur Reifung. Dieser mahagonifarbene Rum mit seinen Aromen von Honig, Vanille, Toffee, Eichenholz und Karamell ist im Mund extrem weich und im Abgang lang anhaltend.

Hier wurden ungeheure Warenmengen in der Neuen Welt umgeschlagen: die Hafenstadt Cartagena. Kupferstich, um 1700

Abstecher nach Klein-Venedig

Auf dem südamerikanischen Halbkontinent gibt es keinen Staat, der eine solche landschaftliche Vielfalt zu bieten hat wie »Klein-Venedig«. In Venezuela, wie »Klein-Venedig« offiziell heißt, gibt es unter anderem weite Ebenen und ausgedehnte Tiefländer, auch schneebedeckte Berge sowie Gipfel, die über 5 000 Meter gen Himmel ragen, und knapp 3 000 Kilometer Karibikküste sind ebenfalls vorhanden. Ach ja, Rum gibt es hier auch …

Als die Schiffe unter dem Kommando des Florentiners Amerigo Vespucci im Jahre 1499 während einer Expedition entlang der nordwestlichen Küste Südamerikas, des heutigen Golfs von Venezuela, die Halbinsel Guajira erreichen, nimmt die Mannschaft von Einheimischen errichtete Pfahlbauten auf dem Wasser wahr. Sie erinnern Vespucci an Venezia, weshalb diese Region alsbald »Venezuela« genannt wird. Das ist eine jener Geschichten, die auf den Ursprung Venezuelas verweisen, des sechstgrößten südamerikanischen Staates, doch ob sich das wirklich so zugetragen hat wie kurz geschildert, lässt sich nicht mit Bestimmtheit sagen. Egal. Schön ist die Geschichte trotzdem.

Kakao und Kaffee, Tabak und Zuckerrohr

Als um die Mitte des 16. Jahrhunderts die erste feste spanische Siedlung entsteht, richtet sich in Venezuela das Augenmerk, wie andernorts auch, auf Viehzucht und vor allem Ackerbau. Es werden Kakao und Kaffee, Tabak und Baumwolle angebaut, nicht zu vergessen Zuckerrohr, das im gesamten karibischen Raum schnell zu einem wichtigen wirtschaftlichen Faktor wird. Womit wir beim Rum wären.

Neben den Erträgen von den Kakao- und Kaffeeplantagen wird also die Rum-Produktion alsbald zu einem wichtigen Pfeiler der kolonialen Wirtschaft. Mit Beginn der zwanziger Jahre des 19. Jahrhunderts, als Venezuela seine Unabhängigkeit erlangt, nimmt die Rum-Produktion nochmals spürbar an Fahrt auf, auch deshalb, weil der Fertigungsprozess mehr und mehr modernisiert wird. Zwar ist dieses 19. Jahrhundert geprägt von größeren und kleineren Aufständen und Revolten sowie von einem verheerenden Bürgerkrieg (1859–1865), wodurch das Land nicht zur Ruhe kommt. Doch weil zahlreiche Brennereien inzwischen auf einem soliden wirtschaftlichen Fundament stehen, können, bis auf wenige Ausnahmen, der Produktionsstandard wie

Auch in Venezuela ist das Zuckerrohr ein nicht unerheblicher wirtschaftlicher Faktor. Zuckerrohrbauer im Nebelwald bei Choroni

Venezuela 245

Ausgediente Rum-Fässer am Rande einer Destille in Venezuela

auch das -volumen gehalten werden – und als die Wellen der Aufstände und Revolten gegen Ende des Jahrhunderts merklich abebben und das Land endlich in ruhigeres Fahrwasser gerät, erhält die Rum-Erzeugung einen weiteren Schub. Venezolanischer Rum hat sich endgültig etabliert und ist heute eines von nur drei nationalen Produkten, die nach dem Marken- und Patentrecht des Landes eine formelle Herkunftsbezeichnung führen dürfen – neben ›Chuao‹, einer hochwertigen Kakaosorte, und ›Cocuy Pecayero‹, einem feurigen, aus einer heimischen Pflanze gewonnenen Alkohol. Dieser »Schutz der Ursprungsbezeichnung« verdeutlicht den Stellenwert, den der Rum in Venezuela mittlerweile innehat.

Einzigartig und kräftig

Im, neben Kolumbien, nördlichsten Staat Südamerikas hat der Rum nicht nur einen hohen Stellenwert, sondern kann auch mit beachtlichen qualitativen Abfüllungen aufwarten. Namen wie ›Diplomático‹ und ›Santa Teresa‹ haben bei zahlreichen Rum-Genießern einen guten Klang. Den hat auch eine andere Marke …

Als die Señores Luis Manuel Toro und Alejandro Hernández im Jahre 1938 ein Geschäft gründen, das Rum und Wein anbietet, wird von ihnen gleichzeitig die Marke ›Pampero‹ ins Leben gerufen. Alejandro Hernández, als Sohn eines Fischers auf der vor Venezuelas Nordküste gelegenen paradiesischen Isla Margarita geboren, ist ein abenteuerlicher Zeitgenosse – er gestaltet nicht nur ein blühendes Lebensmittel- und Getränkeunternehmen, sondern ist später auch auf politischer Bühne aktiv, etwa als Bürgermeister seiner Heimatinsel und als venezolanischer Präsidentschaftskandidat. Das passiert jedoch lange Zeit nach 1938. In jenem Jahr also beginnt die Geschichte der Marke ›Pampero‹ in einem Haus aus der Kolonialzeit. Gegründet wird ›Industrias Pampero‹ in Quinta Crespo, einem Stadtteil von Caracas. Toro und Hernández produzieren in der Tradition ihrer Familien zunächst Rum und Fruchtweine, doch bereits einige Monate nach der Gründung des Geschäfts destillieren sie in einer neu entstandenen Brennerei ihren Rum – und haben auf Anhieb Erfolg. Nun gehen sie daran, den Produktionsablauf ständig zu verbessern. Luis Manuel Toro verlässt das Geschäft früh, woraufhin Alejandro Hernández die Kontrolle übernimmt, bis er 1966 auf seine Heimatinsel zurückkehrt. Zuvor hat der gebürtige Margaritaner deutliche Spuren hinterlassen. Diese Spuren betreffen vornehmlich den Rum, setzt doch ›Pampero‹ wegweisende Standards für die Rum-Produktion in Venezuela. So ist auf den ›Pampero‹-Flaschen erstmals »Añejo« zu lesen, und es ist der umtriebige Hernández, der hinter dem Konzept eines »reifen Rums« steht: Er lässt seine Destillate in Eichenfässern reifen – und schlägt somit ein neues Kapitel hinsichtlich Qualität und Geschmack auf. Damit ein ›Pampero‹ angenehmer zu genießen ist, lässt Alejandro Hernández dann Anfang der fünfziger Jahre den Alkoholgehalt seiner Rums von 50 zunächst auf 45 und schließlich auf 40 Volumprozent reduzieren (was bis heute für alle ›Pampero‹-Rums gilt, vom ›Blanco‹ mit seinen 37,5 Volumprozent einmal abgesehen). Auch die Farbe der Rums verändert sich im Laufe der Zeit. Ist es seit jeher Tradition gewesen, sehr dunkle Rum-Sorten mit starkem Geschmack zu produzieren, kommen nach und nach hellere Rums auf den Markt –

ein Trend, der jedoch auch außerhalb Venezuelas zu beobachten ist. Heute ist die Stärke eines Rums nicht unbedingt an seinem Farbton zu erkennen, weshalb etwa ein heller Rum durchaus einen beachtlichen Alkoholgehalt aufweisen kann.

Alejandro Hernández reist viel, und auf diesen Exkursionen besucht er zahlreiche Destillen. Zurück kommt er mit innovativen Konzepten, wendet auch Techniken an, die er im Ausland kennengelernt hat – und so kann er der ›Pampero‹-Produktion ständig neue Impulse geben, die wiederum zu einer spürbaren Qualitätsverbesserung seiner Rums führen. Gleichwohl ist er noch nicht an seinem Ziel angelangt: Er will nicht nur einen »Boutique-Rum« produzieren, sondern Rums, die, in ausgesuchten Eichenfässern über mehrere Jahre gelagert, eine Qualität erlangen, die höchsten Ansprüchen genügt. Die Quintessenz aus all den Anstrengungen des Alejandro Hernández: In Venezuela muss ein Zuckerrohrbrand für mindestens zwei Jahre gereift sein, damit er sich »Rum« nennen darf. Alle Destillate, die nicht so lange gelagert worden sind, dürfen nur die Bezeichnung »Aguardiente« führen. Diese Regel gilt selbstredend auch für die ›Pampero‹-Rums. Nicht nur das: Im Sinne des Pioniers Alejandro Hernández sind noch heute die Ausleseprozesse, denen die Rums mit Namen ›Pampero‹ unterliegen, auf konsequente Weise rigoros.

In der Destille, in der alle ›Pamperos‹ gebrannt werden und die über eine eigene Süßwasserquelle verfügt, dauert die Fermentationsphase zwischen zwölf Stunden und zwölf Tagen – je nachdem, welcher Rum gewünscht wird. Dafür benutzen die Macher eine speziell gezüchtete Hefe. Des-

tilliert wird sowohl in Säulen- wie auch in Pot-Still-Anlagen, wobei stets zweifach destilliert wird. Für die Lagerung werden beim PAMPERO ANIVERSARIO Bourbon- und Sherry-, beim PAMPERO ESPECIAL dagegen ausschließlich ehemalige Bourbonfässer verwendet, wobei das Innere mancher Fässer noch zusätzlich getoastet wird. Beachtlich ist auch der »Engels-Anteil«, denn der beträgt bis zu 9 Prozent im Jahr. Das zeigt, wie intensiv die Wetter- und Alterungsbedingungen in Venezuela sind. Bleibt noch zu erwähnen: Bevor sich der Rum in den Fässern von den Strapazen erholen kann, wird sein Alkoholgehalt auf circa 60 Volumprozent verdünnt. Als Venezuelas erster Añejo-Rum, gelagert in bis zu fünf Mal verwen-

Gewollt: Die führenden Rum-Hersteller Venezuelas verzichten beim Schlagen des Zuckerrohrs größtenteils auf maschinelle Unterstützung.

deten Bourbonfässern, wird der AÑEJO ESPECIAL für seine einerseits schweren, würzigen Holznoten geschätzt, andererseits für die angenehm leichte Süße mit ihren Vanillenoten. Das markante Aroma macht aus jedem Cocktail ein unvergessliches Geschmackserlebnis: cremig, trotzdem frisch, leicht holzig sowie trocken und würzig. Der goldfarbene AÑEJO SELECCIÓN 1938 mit seinem robusten Aroma, kreiert zur Erinnerung an die Gründung der Marke, reift in alten Bourbon- und Sherryfässern, was ihm einen außerordentlich runden und ausgewogenen Geschmack verleiht. In der Nase dominieren Noten von Holz und Vanille sowie süße Fruchttöne und trockener Sherry, während im leicht holzigen Geschmack dann Süße sowie Honig, Kakao und Tabak hervortreten. Der erstklassige Blend besteht aus 18 Monate altem ›Especial‹ und vier Jahre altem ›Aniversario‹. Kraftvoll und komplex ist der ANIVERSARIO RESERVA EXCLUSIVA. Im Glas offenbaren sich süß-fruchtige Aromen von Holz, Vanille, Rosinen, Sherry, Zimt, Schokolade sowie Tabak und Leder. Im reichhaltigen und komplexen Geschmack wirkt er süß, holzig und fruchtig, dabei Aromen von Melasse, Leder, Schokolade, Vanillepudding und Demerarazucker offenbarend. Der in dieser Art schon seit 1966 produzierte Super-Premium-Rum wird erst dann geblendet, wenn die mindestens vier Jahre gelagerten Rums auf ihrem Höhepunkt von Geschmack und Qualität sind. Auch hier finden Bourbon- und Sherryfässer Verwendung. Der ›BLANCO‹, ein junger Rum, ist angenehm frisch und sauber, mit einer fruchtigen Süße. Der Geschmack wird von den Aromen schwarzer Johannisbeeren und grüner Äpfel dominiert, unterstützt durch Noten von Zuckerwatte, Bananen, Toffee und Vanille. Dieser Rum mit dem leichten und samtigen Geschmack ist ein Blend von sechs Monate und vier Jahre alten Destillaten und bietet sich als ideale Basis für leichte Rum-Cocktails sowie Longdrinks an.

Der Tradition verpflichtet

Er gilt als eine der herausragenden Rum-Marken Südamerikas, der ›Ron Diplomático‹, doch darf er wegen eines Markennamen-Rechtsstreits nicht unter diesem Namen in Deutschland angeboten werden, und so firmiert er hier seit kurzem als ›Botucal‹. Ob nun DIPLOMÁTICO RESERVA EXCLUSIVA oder BOTUCAL RESERVA EXCLUSIVA – selbstverständlich handelt es sich hier um absolut identische Abfüllungen. Das gilt auch für alle anderen Sorten dieses Spitzen-Rums, der gegen Ende des 18. Jahrhunderts von

Juancho Nieto Meléndez ins Leben gerufen wird.

Don Juan ist ein regelrechter Rum-Enthusiast, der sich jahrelang mit dem Rohstoff Zuckerrohr, mit der Fermentation der Maische, dem Brennen und letztendlich der Lagerung intensiv auseinandersetzt. Seine gesammelten Erkenntnisse und Erfahrungen, die er vornehmlich im Mutterland des Rums, auf Jamaika, macht, kumulieren schließlich in der Schaffung eines Rums, der sich seinerzeit in punkto Geschmack und Qualität von den Sorten, die auf dem Markt sind, wohltuend abhebt. Dem damaligen Stil ist der ›Diplomático‹ über Generationen im Großen und Ganzen treu geblieben, auch wenn immer mal wieder nuanciert an den »Geschmacksstellschrauben« gedreht worden ist. Heutzutage präsentieren sich die ›Diplomáticos‹ insgesamt als Rums, die weich und aromastark auftreten.

Das Erbe des Señor Meléndez, Rum in höchster Qualität zu schaffen, ist besonders mit einem Rum, der ausschließlich den Namen ›Diplomático‹ trägt, eindrucksvoll angetreten worden. Der AMBASSADOR SELECTION, auch als AMBASSADOR LUXUS angeboten, ist eine exzellente Mischung, die ausnahmslos aus exklusiven Pot-Still-Rums besteht und zuerst in Fässern aus weißer Eiche, dann zum Schluss noch mindestens zwei Jahre in Fässern verbringt, in denen zuvor ›Pedro Ximenez‹-Sherry gelagert worden ist, ehe der Rum in Fassstärke von 47 Volumprozent in sehr edle Glaskaraffen abgefüllt wird. Hier ist ein wahrhaft unvergesslicher Rum entstanden, einer, dem in jedem Tropfen Perfektion und Ausgewogenheit innewohnen. Aus zwölf Jahre alten, ausgewählten Rum-Sorten

komponiert, präsentiert sich hier eine außergewöhnliche Rum-Seele. Für diesen fabelhaften Rum zeichnet Master Blender Tito Cordero verantwortlich – und fürwahr ist ihm mit dem ›Diplomático Ambassador Selection‹ ein Meisterwerk gelungen. Dieses exquisite »flüssige Gold« verführt mit einer wunderbar kräftigen Nase sowie subtilen Aromen von getrockneten und kandierten Früchten, kombiniert mit den reichen, kräftigen Aromen von Vanille, Gewürzen und mit dezent rauchigen Tönen im Hintergrund. Am Gaumen bleibt eine komplexe Kombination von dunkler Schokolade, getrockneten Früchten, Kaffee und Vanille, eingebunden in ein dickes, cremiges Mundgefühl. Der nahezu unendliche Abgang ist wärmend und kraftvoll. Insgesamt liefert dieser ›Diplomático‹ ein Geschmackserlebnis, nach dem lange gesucht werden muss. Ein ausgezeichneter Rum aus der ›Destilería Unidas‹ ist auch der DIPLOMÁTICO BLANCO. Aus zwei bis sechs Jahre gelagerten Rum-Sorten bestehend, wird der Blend nach der Lagerung mittels Holzkohle weiß gefiltert. In der Nase präsentiert sich ein reiches und für einen weißen Rum ungewöhnlich breites Aromenspektrum mit Noten von braunem Zucker und Buttertoast, frisch gemahlenem Kaffee, Kakaopulver und Cappuccino. Auch am Gaumen ist er für einen weißen Rum mehr als ausdrucksvoll: weich, cremig und durch seine prägnanten Mokkatöne herrlich schokoladig. In bestimmten Jahren wird dann noch ein weiterer Connaisseur-Rum abgefüllt: Dem DIPLOMÁTICO SINGLE VINTAGE wird jeweils eine besondere Fasslagerung vergönnt.

Es muss noch kurz auf eine interessante Eigenheit eingegangen werden, mit der die ›Destilería Unidas‹ aufwartet: Beim Destillieren kommt neben Pot Still und Column Still als dritte Variante eine aus Kanada stammende sogenannte »Batch Kettle« zum Einsatz, wobei das geschmackliche Ergebnis zwischen den beiden üblichen Verfahren anzusiedeln ist. Form und Beschaffenheit

---

REPÚBLICA BOLIVARIANA DE VENEZUELA

Lage: Norden Südamerikas
Staatsform: Republik (Präsidialdemokratie) • **Hauptstadt:** Caracas
Fläche: 916 445 Quadratkilometer
Einwohnerzahl: circa 28 900 000
Bevölkerungsdichte: etwa 32 Einwohner je Quadratkilometer
Währung: Bolívar (VEF)

der Destillierapparate – die »Batch Kettle« ähnelt einem Tank – haben nämlich einen nicht unerheblichen Einfluss auf den Geschmack. Der ›Diplomático‹ beziehungsweise der ›Botucal‹ ist einer der ganz großen Rums – und damit ist nicht nur die produzierte Menge gemeint.

Würdiger Anlass, würdiger Rum

Die Wurzeln des Unternehmens, von dem jetzt die Rede ist und dessen Ursprünge auf einer Hacienda zu suchen sind, reichen bis ins späte 18. Jahrhundert zurück, in eine Zeit, in der reichlich Aguardiente produziert wird. Erst etliche Dezennien später erhält die Spirituose, die auf dieser Hacienda gebrannt wird, einen Namen: ›Santa Teresa‹. Das geschieht im Jahre 1909, als die Marke ›Ron Santa Teresa‹ ins Leben gerufen wird.

Vorbereiter des exzellenten Rufs, den diese Marke heute genießt, ist ein gewisser Gustavo Vollmer, denn er ist es, der durch den Einsatz von Kupfer mit der Modernisierung der bestehenden Anlage beginnt. Doch erst Ende der vergangenen zwanziger Jahre, als sein Nachfahre Alberto Vollmer den Betrieb übernimmt, beginnt der Aufstieg der Marke ›Ron Santa Teresa‹. Der Rum aus Venezuela macht Karriere.

Wann genau die Hacienda in Betrieb genommen worden ist, lässt sich leicht belegen. Indiz hierfür ist ein Rum. Nicht irgendeiner, sondern einer der Extraklasse: Der SANTA TERESA 1796 RON ANTIGUO DE SOLERA kommt 1996 auf den Markt – exakt 200 Jahre, nachdem sich auf der ›Hacienda Santa Teresa‹ erstmals Leben geregt hat.

Dem Anlass entsprechend, präsentiert sich der ›Santa Teresa 1796 Ron Antiguo de Solera‹. So ist beispielsweise der Flaschenkopf mit rotem Wachs elegant versiegelt. Auch der Inhalt kann sich sehen, riechen und schmecken lassen. Da ist zunächst einmal das satte Mahagoni, das zur Annäherung auffordert. Die initialen Aromen von Karamell und Gewürzen werden durch ein komplexes Bouquet von getrockneten Früchten, Toffee, Zitrusfrucht und Vanille umgarnt, ehe ein lang anhaltender Nachhall den Gaumen verwöhnt.

Nicht alltäglich, jedenfalls bei der Rum-Herstellung, ist die Solera-Methode. Nicht ohne Grund wird auf sie im Erzeugnisnamen explizit hingewiesen. ›Santa Teresa‹ verwendet bei seinem speziellen Verfahren vier übereinander gestapelte Fassreihen und vertraut dabei auf ehemalige Bourbonfässer. Die besondere Methode: Ein erster Blend aus einzeln gelagerten Rum-Sorten verschiedener

Der Herr des Alterns. Jorgé Romero ist nicht nur Produktionsleiter von ›Santa Teresa‹, sondern auch für das Aging verantwortlich. Hier begutachtet er gelagerte Fässer, um dann die auszuwählen, die für ein gezieltes Blending infrage kommen.

Altersstufen, deren ältester Anteil circa 30 Jahre alt ist, der »Mutter-Rum«, wird in das Solera-System gefüllt. Hier durchläuft nun der ›Santa Teresa 1796 Ron Antiguo de Solera‹ jede einzelne Fassreihe und entwickelt in jeder dieser Reihen eine neue Note für sein letztendliches Aroma. Hat er die Solera hinter sich, lagert der Rum noch ein paar Wochen in einem großen Cognacfass, in dem er das finale Finish erhält. Die Fässer befinden sich übrigens in einem speziellen Keller der Hacienda, der die Bezeichnung »Criadero de la Solera« trägt, wobei es bezeichnend ist, dass »Criadero« unter anderem »Zuchtstation« bedeutet. In diesem Keller erlangt schließlich der Rum seine letzte, seine besondere Note. Die ›Hacienda Santa Teresa‹ ist wohl die erste Rum-Destille in Venezuela und eine der wenigen Brennereien weltweit, die von dieser einzigartigen Aging-Methode Gebrauch machen.

Bleibt noch anzumerken: Unter der Marke ›Ron Santa Teresa‹ werden die Rum-Sorten BLANCO, CLARO, GRAN RESERVA und SELECTO sowie der Kaffeelikör ARAKU und der ORANGE LIQUEUR angeboten. Zwei Sorten feh-

len aber noch, und zwar absolute Luxusprodukte, zudem solche, die ihre kleinen Geheimnisse haben. Das eine Geheimnis liegt in einer Abfüllung, die ausschließlich Familienmitgliedern vorbehalten ist. Dieser Rum kommt zu Hochzeiten, Geburtstagen und sonstigen Festivitäten auf den Tisch. Nicht viele Rum-Freunde haben die Gelegenheit gehabt, diesen Rum probieren zu dürfen. Dirk Becker ist es vergönnt gewesen, und er findet ihn einfach nur klasse. Nicht, dass es sich hier um einen absoluten Super-Premium-Rum handelt, nein, es offenbart sich ein ehrlicher Rum, einer, der zugleich kräftig als auch würzig ist und der einfach durch seine unverfälschte Reinheit und seinen vollkommenen Geschmack überzeugt. Das zweite Ge-heimnis liegt im SANTA TERESA BICENTENARIO A. J. VOLLMER. Das Besondere an diesem Erzeugnis ist sein Blend aus sehr alten Rum-Sorten. Aber es macht nicht nur die Mischung. Dieses edle Produkt aus unterschiedlich alten Rum-Sorten, von dem maximal rund 1 000 Flaschen pro Jahr abgefüllt werden, reift nach seinem Blending weitere 15 Jahre im Solera-Verfahren. Was ihn in gewisser Weise adelt. Hier steht nicht der kommerzielle Gedanke im Vordergrund, sondern einzig und allein das absolut Besondere – und so haben wir es hier mit einem Rum zu tun, der, liebevoll »Mutter-Rum« genannt, zum einen sehr rar ist, zum anderen seinesgleichen sucht.

Etwas, das sehr gut und sehr rar ist, ist in der Regel nicht für ein paar Groschen zu haben. Das trifft auch auf den ›Santa Teresa Bicentenario A. J. Vollmer‹ zu. Sein Preis von ungefähr 170 Euro ist nicht gerade günstig zu nennen, ist aber dennoch moderat. Moderat? Ja, denn im Vergleich etwa zu Whiskys, die vielleicht 30 Jahre alt sind und dann mehrere 100 Euro kosten, ist das absolut der Fall – schließlich ist dieser ›Santa Teresa‹ von ausgezeichneter Qualität. Dirk Becker hat den ›Bicentenario‹ schon des Öfteren probiert, und es ist definitiv ein exzellenter Melassetropfen, der weder »weichgespült« noch »nur süß« ist, sondern der

Erfahrung ist bei der Rum-Herstellung unerlässlich. Gleichwohl kommt man, will man einen hervorragenden Rum kreieren, ohne Probieren nicht aus. So auch bei ›Santa Teresa‹: Diese Flaschen enthalten Proben aus der laufenden Rum-Produktion und stehen zum Verkosten bereit.

über einen prallen Körper verfügt, was allein schon seine relativ dunkle Farbe signalisiert. Für diejenigen, die venezolanische Rums kennen, sicher eine Überraschung. Der Start für diese Edition ist übrigens bereits im Jahre 1996 vollzogen worden, und zwar anlässlich des 200-jährigen Bestehens der Marke ›Santa Teresa‹ – und nicht zuletzt in Gedenken und zu Ehren von Alberto J. Vollmer, dem Gründer dieser wunderbaren Marke.

Was es noch zu entdecken gibt

Wie dargelegt, kann sich Venezuela rühmen, herausragende Rums zu produzieren, Rums, die zur absoluten Weltklasse zählen. Und es gibt noch weitere Marken, die es durchaus wert sind, sich ihnen zu öffnen …

›Ron Ocumare‹ zum Beispiel. Der AMAZONAS RON OCUMARE 12 EDICIÓN

RESERVADO AÑEJO ESPECIAL ist bis zu zwölf Jahre gelagert, wird mit der im Amazonasbecken beheimateten Pflanze Guaraná angereichert, hat einen eigenen Charakter mit vollem Körper, ist angenehm weich mit einem ausgewogenen Aromaspiel von Holz, Honig, Vanille, Schokolade, Kaffee und ein wenig Zimt, wozu sich leicht nussige Noten gesellen. Ein ganz junger Spross in der Rum-Welt heißt RON VEROES. Seine Brennerei hat ihre Heimat in der Stadt San Javier, die im Bundesstaat Yaracuy zu finden ist, der wiederum nahe der Karibikküste liegt. Die Geschichte beginnt 1974 als Anlage zur Produktion von Melasse, bis im Jahre 2009 hieraus die ›Destilería Veroes‹ entsteht. Im Vergleich zu anderen Destillen handelt es sich bei dieser Brennerei um einen relativ kleinen Betrieb, doch der ist perfekt organisiert. Eine überzeugende Schöpfung von Giorgio Melis ist der ›Ron Roble‹. Der Maestro Ronero kann auf mehr als 45 Jahre Erfahrung bei der Kreation von qualitativ hochwertigen Rums zurückblicken. Sein Wissen und Können merkt man vor allem dem RON ROBLE VIEJO ULTRA AÑEJO an, der mit einem breiten Aromenspektrum aufwartet.

Ebenso wie ›Pampero‹ gehört die Marke ›Cacique‹ mittlerweile zum Konzern ›Diageo‹. ›Cacique‹ existiert bereits seit dem Jahre 1959 und ist in Venezuela die meistverkaufte Rum-Marke. Nicht nur deshalb sind ihre Sorten ebenfalls einen Versuch wert. Alle ›Caciques‹ erblicken das Licht der Rum-Welt in der Brennerei ›Licorerias Unidas‹, die ihren Betrieb in Nueva Segovia de Barquisimeto hat, der Hauptstadt des Bundesstaates Lara, der im Osten an Yaracuy grenzt. Die hier produzierten ›Cacique‹-Rums sind Blends aus verschiedenen Destillaten in unterschiedlichen Anteilen, wobei vor dem Blenden der ersten Phase bereits eine Reifung in Eichenfässern stattfindet. Da ist beispielsweise der CACIQUE RON AÑEJO SUPERIOR, ein Blend aus sieben verschiedenen hochwertigen, zwei bis sechs Jahre gereiften Rums, der durch sein breit angelegtes Aromenspektrum überzeugt. Der CACIQUE 500 RON EXTRA AÑEJO wiederum ist 1992 anlässlich des 500. Jahrestages der Entdeckung der Neuen Welt erschienen. Dieser Rum wird aus Melasse in alten Kupferkesseln destilliert und bis zu acht Jahre in Eichenfässern gereift – und um es nicht zu vergessen: »Cacique« bedeutet so viel wie »Herr der Vasallen«.

Zum Schluss noch ein wichtiger Hinweis: Alle hier genannten Rum-Sorten tragen das Gütesiegel ›Ron de Venezuela D.O.C.‹. Auf jeder Flasche venezolanischen Rums, der auf diese Weise deklariert worden ist, ist ein entsprechendes Logo zu sehen, dessen Merkmal der Umriss Venezuelas ist.

In den Weiten der Ozeane

In den Weiten der Ozeane

Wir verlassen die Karibik, die Heimat des Rums, verlassen auch die Anrainerstaaten in Zentral- und Südamerika und begeben uns auf große Fahrt über die Ozeane. Hier treffen wir auf Inseln und Länder, in denen ebenfalls Rum hergestellt wird. Mitunter werden Regionen beleuchtet, die auf den ersten Blick wenig mit Rum zu tun zu haben scheinen und somit etwas exotisch anmuten, dann wiederum solche, die mit einer beachtlichen Rum-Historie aufwarten können …

INDIEN

Indien mutet in Sachen Rum wie ein Exot an, doch eigentlich müsste dieses Riesenland mit einer Vielzahl von Rum-Marken und -Sorten aufwarten, gilt es doch für viele als Ursprungsregion für die Zuckerrohrpflanze, die von hier aus große Teile der Welt erobert hat. Und tatsächlich wird in Indien auch das eine und andere bemerkenswerte Rum-Erzeugnis produziert – und viele sind einen Versuch wert.

Amrut Distilleries

Die Geschichte des Unternehmens ›Amrut Distilleries‹ ist so alt wie die Ge-

Yoshiharu Takeuchi strahlt: Stolz zeigt sich der Schöpfer des Rums mit dem Namen ›Nine Leaves‹ in seiner Brennerei.

Zurück zum Anfang: Indien gilt für viele als die Ursprungsregion der Zuckerrohrpflanze. Von hier aus hat sie mit den Schiffen der Entdecker weite Teile der Welt erobert.

REPUBLIC OF INDIA

Lage: Südasien • **Staatsform:** Republik (Parlamentarische Demokratie) • **Hauptstadt:** New Delhi • **Fläche:** 3 287 590 Quadratkilometer • **Einwohnerzahl:** circa 1 255 000 000 • **Bevölkerungsdichte:** etwa 380 Einwohner je Quadratkilometer • **Währung:** Indische Rupie (INR)

schichte des unabhängigen Staates Indien. Im Jahre 1948, als Großbritannien seine Kolonie Indien in die Selbstständigkeit entlässt, entsteht diese Destille, vor allem bekannt geworden durch ihre Whisky-Produktion, die international einen guten Ruf genießt. ›Amrut Distilleries‹ ist in Bangalore zu finden, der drittgrößten Stadt Indiens, gleichzeitig die Hauptstadt des Bundesstaates Karnataka, der im Süden der Halbinsel liegt.

Der AMRUT OLD PORT DELUXE RUM wird exklusiv aus indischem Zuckerrohr gewonnen. Er duftet ganz nach exotischen und orientalischen Aromen, gepaart mit Karamell. Schmecken kann man Zimt und Karamell sowie Chai Tee, auch etwas Nussiges. Der Abgang des ›Old Port Deluxe‹ ist vollmundig und reich, gepaart mit einem Hauch Exotik.

Ein einzigartiges Erzeugnis ist der AMRUT TWO INDIES RUM. Er verbindet Rum aus Indien und der Karibik – daher der Name ›Two Indies‹ (Ostindien und Westindien). Vier Jahre hat man benötigt, um diese Rum-Kombination zu kreieren. Der Blend besteht aus Rum-Sorten, die ihren Ursprung auf Barbados, in Guyana und auf Jamaika haben, ergänzt durch indischen Pot-Still-Rum. Chai und Schwarzer Tee sowie gegrillte reife Bananen in der Nase führen zu einem weichen, erdigen Geschmack mit Komponenten von tropischen Früchten. Überraschend für einen indischen Rum, gleichwohl eine gelungene Kombination.

La Réunion

Die Insel im Indischen Ozean, weniger als 700 Kilometer östlich von Madagaskar gelegen, hat eine durchaus bewegte Geschichte in Sachen Rum-Herstellung. So zählt man beispielsweise 31 Destillen im Jahre 1928, von denen, bedingt durch eine zunehmende Konzentration, allerdings nur noch drei in Betrieb sind.

Distillerie de Savanna

Eine davon ist die 1870 gegründete ›Distillerie de Savanna‹ in Saint-André, einer Gemeinde im Nordosten der Insel, in deren Kellern bis zu 300 000 Liter Rum lagern. Diese Menge will erst einmal hergestellt werden. Dazu dient eine moderne, sehr effiziente Anlage. Der größte Teil der Produktion wird nicht unter dem eigenen Namen ›Savanna‹ vermarktet, sondern als »Bulk Ware« verkauft. Diese Massenware interessiert hier weniger, wohl aber das ›Savanna‹-Sortiment, das mit einigen interessanten Rums überzeugt. Es reicht von drei weißen Rum-Sorten, wovon der CRÉOL speziell für den ›Ti' Punch‹ entwickelt worden ist, über die Serie VIEUX mit Rums, die drei, fünf, sieben und zehn Jahre lagern. Die Destillate dieser Serie werden in Eichenfässern aus dem Limousin gelagert und gestalten sich, je älter sie sind, immer komplexer. Schließlich: Die Serie LES RHUMS MILLÉSIMES besteht aus ›Single Cask‹- (nur aus einem Fass) und ›Brut de Fût‹-Abfüllungen (mit der Alkoholstärke aus dem Fass). Die Rums dieser Serie haben, vergleichbar mit großen Cognacs, unglaubliche Aromen zu bieten. Notiz zum Schluss: Die Etiketten mit ihren zahlreichen Details bieten eine Menge von wichtigen Informationen, so etwa über den Zeitpunkt des Destilliervorgangs, den der Abfüllung, zudem Fassnummer, Seriennummer et cetera. Diese Rums stehen absolut für sich, sind also nicht reproduzierbar.

Eichenfässer aus dem französischen Limousin sind die Behältnisse, in denen die Rums der »Distillerie de Savannna« ihrer Vollendung entgegenreifen.

Rivière du Mât

Die Meisterbrenner und Kellermeister der Destille ›Rivière du Mât‹, die im Osten der Insel, in der Gemeinde Saint-Benoît, zu Hause ist, nutzen eine dynamische Alterungstechnik auf Grundlage der Cognacreifung, um auf diese Weise komplexe und intensive Rums zu erhalten. Alle zwölf Monate werden die einzelnen Chargen verkostet und gemischt, um eine ausgewogene Aromenbalance zu erhalten. So sorgt letztlich die Mischung von Rums unterschiedlichen Alters und aus verschiedenen Fässern (neuen und alten Eichenfässern aus dem Limousin) für eine sehr breite Palette von Aromen, die sich dann während der Reifung in 400-Liter-Fässern noch weiterentwickeln.

›Rivière du Mât‹ hat drei weiße Rum-Sorten im Angebot, zudem aus der Serie ›Vieux‹ den AGRICOLE VIEUX CUVÉE SPÉCIALE und den LE TRADITIONNEL VIEUX. Der erste ist eine Kombination von drei, fünf und acht Jahre, der zweite eine von drei bis fünf Jahre alten Destillaten – und mit seinem komplexen Bouquet von Gewürzen und Eichenholz erstaunlich reif. Zu guter Letzt ist die Serie ›Les Tres Vieux‹ zu nennen, zu deren Familie stolze acht Abfüllungen gehören. Besonders erwähnenswert: Der OPUS 5 ist die äußerst perfekte Mischung von fünf Destillaten, deren Durchschnittsalter acht Jahre beträgt. Kraftvolle Noten von getrockneten Früchten sowie von Orange und Lebkuchen, gepaart mit einem Hauch Lakritze, machen hier neugierig.

Isautier

Die kleinste Destille der Insel ist ein Familienunternehmen, das, im Jahr 1845 gegründet und heute in der sechsten Generation geführt wird. Neben weißen und alten Rums im Alter von fünf, zehn und 15 Jahren produziert man eine breite Palette gewürzten Rums, »Punches« genannt.

> **ÎLE DE LA RÉUNION**
> **Lage:** Indischer Ozean • **Staatsform:** Französisches Überseedépartement • **Hauptort:** Saint-Denis • **Fläche:** 2504 Quadratkilometer • **Einwohnerzahl:** circa 850 000 • **Bevölkerungsdichte:** etwa 340 Einwohner je Quadratkilometer • **Währung:** Euro (EUR)

MADAGASKAR

»Wir lagen vor Madagaskar und hatten die Pest an Bord. In den Kesseln, da faulte das Wasser, und täglich ging einer über Bord.« Wer kennt es nicht, das alte Seemannslied, zig tausendmal gesungen, hin und wieder auch gegrölt bei Pfadfindern und in Ferienlagern? Selbst wenn die erste Zeile fehlen würde – spätestens nach der »Pest an Bord« käme wohl jedem »Madagaskar« in den Sinn, nach Indonesien der größte Inselstaat der Welt. Der zweitgrößte Inselstaat also ist der größte Vanilleproduzent der Welt. Aber Rum? Was sagt der Eingangstext? Bei einem Lied über die christliche Seefahrt kann Rum nicht weit sein. Und in der Tat: Auf Madagaskar wird einiges an Rum hergestellt. Ein Produzent ragt hier heraus …

Dzama Rhum

In Antananarivo, der Hauptstadt Madagaskars, ist der Sitz der ›Groupe Vidzar‹, zu der auch ›Dzama Rhum‹ gehört. Das Zuckerrohr, aus dem der Rum entsteht, wächst natürlich nicht in der Millionen-

Keine Seltenheit: Auf den Inseln im Indischen Ozean verrichten viele Frauen körperlich schwere Arbeiten.

stadt, sondern in drei Regionen. Zum einen auf der Insel Nosy Be vor der Nordküste Madagaskars, zum anderen auf der Hauptinsel, und zwar im Nordwesten und im Nordosten. Das Zuckerrohr, das in den genannten Regionen angebaut wird, wird durch die jeweils dort vor Ort angrenzenden Obst-, Pflanzen- und Gewürzplantagen auf eine ganz bestimmte Weise beeinflusst, was sich wiederum auf den endgültigen Geschmack der einzelnen Rum-Sorten auswirkt. Die geschmacklichen Unterschiede der ›Dzama‹-Produkte sind auch der Tatsache geschuldet, dass die Fermentation auf Melassebasis mit verschiedenen Hefen vollzogen wird. Eine weitere Rolle spielt das Aging, für das man verschiedenste Fässer verwendet, so etwa ehemalige Whiskyfässer von ›Chivas‹ oder auch neue Eichenfässer aus dem Limousin, der waldreichen Region in Mittelfrankreich.

›Dzama Rhum‹ hat einen hohen Qualitätsanspruch. So verwendet man weder Produkte noch Aromen- und Geschmacksverstärker, noch sonstige Zusatzstoffe, die eine künstliche Basis haben – bei dem großen Sortiment fast nicht zu glauben. Auf Nachfrage erfährt Dirk Becker von Dominique de Vernejoul, Manager bei ›Dzama Rhum‹, dass es all die vielen verschiedenen Rohstoffe sind, die den Unterschied ausmachen. So etwa das auf vulkanischem Boden der Insel Nosy Be wachsende Zuckerrohr, das Mineralität mitbringt. Oder das Zuckerrohr, das in unmittelbarer Nähe von Ylang-Ylang-Bäumen oder Orangen-, Vanille- und Zitronenplantagen oder in der Nähe von Nelkenbäumen wächst und dadurch ätherische Öle durch die Luft aufnimmt. Mehr Einfluss hat wohl die »Vermählung« zwischen den Wurzeln des Zuckerrohrs und den Wurzeln jener Pflanzen, die zuvor auf den aktuellen Zuckerrohrfeldern angebaut worden sind. Dirk Becker ist nicht gerade ein

Um die Qualität zu sichern, gibt es bei ›Dzama Rhum‹ in den eigenen Abfüllbetrieben hohe hygienische Auflagen für die Mitarbeiter. Nicht nur das. Um beispielsweise Schimmelwachstum zu unterdrücken, lässt man zweimal im Jahr die Wände des Betriebs streichen. Aber es geht noch weiter: Das Wasser, das man zum Reduzieren auf Trinkstärke verwendet, durchläuft einen fünfstufigen Filtrationsprozess: mit Sand, um Feststoffe zu entfernen; mit Kohlenstoff, um Gerüche zu entfernen; mit einer ganz bestimmten elektrischen Methode, um unerwünschte Chemikalien zu entfernen; mit Filterkartuschen, um Mineralien zu entfernen; schließlich mit ultraviolettem Licht, um Keime abzutöten.

›Dzama Rhum‹ verfügt über eine große Auswahl, die sehr viele unterschiedliche Aromen bereithält, wodurch nahezu jeder Geschmack bedient wird. Das sind zum Beispiel die Rums der Serie ›Vieux‹, die jeweils mit einer Vanillestange in der Flasche angeboten werden und als drei-, sechs- und zehnjährige Destillate erhältlich sind. Des Weiteren zu nennen: CUVÉE NOIRE PRESTIGE, AMBRE DE NOSY BE PRESTIGE, RHUM VIEUX XV sowie einige sehr gelungene weiße Rum-Sorten. Doch Obacht bei den recht unterschiedlichen Alkoholgehalten der Rums – einige sind tatsächlich nicht ohne …

> **RÉPUBLIQUE DE MADAGASCAR**
> **Lage:** Indischer Ozean
> **Staatsform:** Republik (Präsidialdemokratie) • **Hauptstadt:** Antananarivo • **Fläche:** 587 041 Quadratkilometer
> **Einwohnerzahl:** circa 23 600 000
> **Bevölkerungsdichte:** etwa 40 Einwohner je Quadratkilometer
> **Währung:** Ariary (MGA)

großer Verfechter der Theorie, die dem Terroir, auf dem Zuckerrohr angebaut wird, beziehungsweise dem angrenzenden Terroir einen bestimmten Einfluss auf den letztendlichen Geschmack eines Rums zugesteht. Allerdings hat er auf Mauritius erstmals intensiv erschmecken können, dass ein Terroir durchaus dafür verantwortlich sein kann, dass von ihm der Geschmack eines Rums unterstützt werden kann – und da Madagaskar ja nicht weit von Mauritius entfernt ist, mag hier das gleiche Phänomen relevant sein.

MAURITIUS

Vor einer malerisch-bizarren Bergkette wird auf Mauritius ein Zuckerrohrfeld abgeerntet. Absolute Notwendigkeit. Der Transport der geschlagenen Pflanzen muss schnell geschehen.

Blaues Meer, weißer Strand, freundliche Menschen. Das Klischee vom Paradies, angereichert mit einem feschen Schuss Abenteuerromantik à la Robinson Crusoe, bedienen zahlreiche Eilande, so in der Südsee und in der Karibik, aber auch im Indischen Ozean. Mauritius, gern gewähltes Urlaubsziel, ist solch eine Insel. Maßgeblichen Anteil an dem hohen Standard, den das Zuckerrohrdestillat aus Mauritius hat, und dem enormen Ansehen, das der Rum von der Insel im Südwesten des Indischen Ozeans heutzutage genießt, hat ein bestimmter Monsieur. Pierre Charles François Harel sein Name. Er schlägt als erster vor, auf Mauritius ein bestimmtes Konzept der Rum-Destillation auf breit angelegter lokaler Ebene umzusetzen. Das geschieht im Jahre 1850.

Gold of Mauritius

Frederic Bestel, ein junger, dynamischer Unternehmer aus Mauritius mit langjähriger Erfahrung im Wein- und Alkoholgeschäft, konzipiert 2011 die Idee eines speziellen Rums. Ihm ist es wichtig, eine eigene DNA zu definieren.

Der Rum wird aus einheimischer Zuckerrohrmelasse hergestellt, die Melasse vor dem Brennen 36 Stunden fermentiert und dann bei 95 Grad Celsius destilliert. Bewusst lässt Bestel den Rum vorsichtig destillieren, da er den Charakter der Melasse erhalten möchte. Der somit gewonnene Alkohol wird dann auf 60 Volumprozent gebracht, um danach einen Teil des Rums – er wird später ›Gold of Mauritius‹ genannt – in nur 180 Liter fassende Portweinfässer zu geben und für elf bis zwölf Monate zu lagern. Weil das Holz der Fässer noch vom Portwein durchtränkt ist, führt das zu einer besseren Entfaltung der Aromastoffe und verhindert daneben das Eintreten des stets etwas bitteren Geschmacks von gereiftem Alkohol. Zudem ist das Rösten (»Toasten«) der Fässer ein wichtiger Teil für die Geschmacksbildung. Es ist außerdem wichtig zu wissen, dass die Mischung, die Lagerung und die Verarbeitung in sehr kleinen Quantitäten vorgenommen werden, um die Abweichungen zwischen den einzelnen Produktionsschritten möglichst gering zu halten. So wird beispielsweise sehr behutsam filtriert, damit alle Aromen so natürlich wie möglich bestehen bleiben und sich nur wenig Depot bilden kann. In diesem Rum steckt alles, was Mauritius verkörpert: die sanfte Ruhe der Destination, die Schönheit der langen Strände aus feinem, weißen Sand sowie die Unberührtheit der klarblauen Lagunen mit ihren farbigen und sehr lebhaften Unterwasserlandschaften. Unter seiner mahagonifarbenen Robe hält dieser dunkle Rum eine höchst intensive und variantenreiche Genusspalette bereit. Wenn man das Glas zur Nase führt, trifft man auf Aromen von frischen, reifen und kandierten Früchten, unterlegt mit nussigen Tönen und feiner Schokolade. Beim Geschmack harmonieren Noten von Vanille und feinen Gewürzen perfekt miteinander. Diese Symphonie entfaltet sich äußerst großzügig am Gaumen, wobei ein angenehmes Mundgefühl entsteht und die gesamte Komposition dem Namen GOLD OF MAURITIUS alle Ehre macht.

Der neueste Coup aus dem Hause Bestel nennt sich MAURITIUS CLUB. Es handelt sich um dasselbe Rohdestillat, das auch für den ›Gold‹ verwendet wird, während für die Reifung anfangs ehemalige Bourbonfässer Verwendung finden. Dieser Rum bietet trotz seiner jugendlichen Erscheinung eine sehr charakteristische Nase und einen außerordentlichen Geschmack, was

Die Destille der ›Rhumerie de Chamarel‹

tet seiner angenehmen Süße sehr kraftvoll daherkommt, ehe er sich mit einem kurzen bis mittellangen, dabei intensiven Abgang verabschiedet.

Rhumerie de Chamarel

Im Herzen eines fruchtbaren Tals liegt die ›Rhumerie de Chamarel‹ in unmittelbarer Nähe der ›Coloured Earths («Siebenfarbigen Erde») of Chamarel‹, einer sehr beliebten Touristenattraktion – und einem Naturphänomen, eingebettet in eine hügelige Vulkanlandschaft. Der Weg zur ›Rhumerie de Chamarel‹ ist mit riesigen Plantagen von Zuckerrohr, Ananas sowie anderen tropischen Früchten gesäumt.

Das Zuckerrohr, das bei ›Chamarel‹ für die Rum-Herstellung verwendet wird, kommt übrigens ausschließlich von diesen eigenen Plantagen. Auf dem Höhepunkt der Reife wird es von Hand geerntet und sofort zu den Mühlen der Brennerei gebracht. Dieser rasche Transport garantiert – neben der Qualität des Rohstoffs und der gewissenhaften Auswahl des Zuckerrohrs – die hohe Güte der Endprodukte. Hinzu kommt eine sorgfältige Weiterverarbeitung. So wird der gefilterte Zuckerrohrsaft langsam mit einer bestimmten Auswahl von Hefen vergoren,

wohl auch auf das dreiwöchige Finish in Cherryfässern zurückzuführen ist. Sehr charakterstark breitet sich in der Nase Marzipan aus, begleitet von einer angenehm schönen, fruchtigen Süße. Nach kurzer Zeit kommen typische Kirscharomen zur Geltung. Im Geschmack bietet der ›Mauritius Club‹ weiterhin seine Marzipan- und Kirscharomen, wobei er ungeach-

ehe der sogenannte »Vesou« (Zuckerwein) in massiven Kupferkesseln gebrannt wird. Dabei destilliert man sowohl einfach als auch doppelt – je nachdem, welche Art von Rum entstehen soll. Der destillierte Rum wird erst einmal in Edelstahltanks für mindestens sechs Monate gelagert, damit sich während dieser Phase unerwünschte Aromen verflüchtigen können. Einen Teil füllt man dann als weißen Rum ab, und ein anderer darf in Eichenfässern heranreifen. Bei ›Chamarel‹ lagert man die Destillate zwischen eineinhalb und vier Jahren. Abgefüllt werden die einzelnen Rums, sobald das gewünschte Produkt die jeweiligen Anforderungen an Aroma, Körper und Geschmack erfüllt sowie eine bestimmte Bernsteinfarbe aufweist.

Der feinste Rum aus dem Hause ›Chamarel‹, der V.O., ist mindestens drei Jahre in Eichenfässern gereift, bevor er sorgfältig geblendet wird. Den ›V.O.‹ gibt es zwar erst seit 2008, er hat sich aber schon bei zahlreichen Genießern etabliert. Ein weicher Rum mit subtilen und ausgewogenen Noten von Früchten, Vanille, Heu und Holz. Für den GOLD wählt man feinste Destillate aus und lagert sie für 18 Monate in Eichenfässern. Dieser Prozess verleiht dem Rum seine Subtilität. Reich an Karamell, rund und komplex mit Noten von Eichenholz, Vanille und Gewürzen. Wie bei der Cognac-Herstellung wird die doppelte Destillation für den DOUBLE DISTILLED verwendet und führt zu einem vollmundigen Destillat mit ausgewogenen Aromen. Der PREMIUM WHITE RUM ist gekennzeichnet durch seine außergewöhnlich intensiven Aromen und den langen Abgang. Das Geheimnis liegt in der sorgfältigen Beobachtung während der Destillation, bei der die Aromen konzentriert werden. Fruchtigkeit, Rohrzucker und Vanille sind hier die vorherrschenden Noten.

Bleibt noch anzumerken: Neben diesen ausgezeichneten Rums produziert die ›Rhumerie de Chamarel‹ noch – typisch für Mauritius – zwei Liköre: VANILLA LIQUEUR und COFFEE LIQUEUR.

New Grove

Nun ist es an der Zeit, ›New Grove‹ vorzustellen, eine Marke, die mit einigen preisgekrönten Rums aufwarten kann – und die Zeugnis ablegt über die hohe Kunst der Rum-Herstellung auf Mauritius. ›New Grove‹ verfügt über eine umfassende Palette von Qualitäts-Rums, angefangen bei weißem, un-aged (ungelagertem) Rum bis hin zum fünf Jahre in Eichenfässern gereiften. Der Rum von ›New Grove‹ wird aus Melasse hergestellt, die mit einer eigens kultivierten Hefe bei 30 bis 35 Grad Celsius für 24 bis 40 Stun-

---

REPUBLIC OF MAURITIUS

Lage: Indischer Ozean • **Staatsform:** Republik (Parlamentarische Demokratie) • **Hauptstadt:** Port Louis • **Fläche:** 2 040 Quadratkilometer • **Einwohnerzahl:** circa 1 300 000 • **Bevölkerungsdichte:** etwa 635 Einwohner je Quadratkilometer • **Währung:** Mauritius-Rupie (MUR)

den fermentiert wird. Durch diesen Prozess entsteht ein Zuckerwein von 8 bis 10 Volumprozent Alkohol, der anschließend auf 75 Grad Celsius vorgewärmt wird. Mit dieser Temperatur wird er dann der Säulendestillation zugeführt. Hier entsteht nun ein aromatischer Rum mit 65 bis 80 Volumprozent, der vor der Reifung auf 42 Volumprozent verdünnt wird.

OLD TRADITION nennt sich der vollmundige, über fünf Jahre gereifte Rum, der in gewisser Weise den Geist der Insel Mauritius mit seinen authentischen, warmherzigen Menschen verkörpert. Seine starke und attraktive Persönlichkeit bekommt dieser Rum vom Aging in französischen Limousin-Eichen- sowie in Portweinfässern. Finesse und aromatische Komplexität machen den ›New Grove Old Tradition‹ zu einem Sipping-Rum, also einem Rum, der schlürfend, nippend oder in Schlückchen getrunken werden sollte. Der nächste im Bunde trägt den Namen OLD OAK, ein in Barrique gereifter und nach einem alten Familienrezept destillierter Rum. Er tritt vollmundig-aromatisch an, bleibt dabei weich und sinnlich mit einem Hauch Exotik. Der ›Old Oak‹ macht eine exzellente Figur als Digestif oder als Basis für einen exotischen Cocktail. Ein weißer, nicht gelagerter Rum ist der PLANTATION. Es ist ein hohes Maß an Geschick und Know-how vonnöten, um aus dem Zuckerrohr einen Rum mit seinen natürlichen Aromen zu gewinnen. Beim ›Plantation‹ ist genau das gelungen. Mit subtilen Aromen, die elegant und frisch rüberkommen, macht dieser weiße Rum Spaß, auch wenn in unseren Breitengraden der pure Genuss wohl eher selten praktiziert wird. Als Mix-Rum eignet er sich bestens für einen ›Daiquiri‹, einen ›Punch‹ oder einen anderen klassischen Cocktail. Typisch für Mauritius sind aromatisierte Rum-Sorten mit natürlichen, landestypischen Zutaten. Von ›New Grove‹ sind derer drei zu erwähnen, einer mit Honig, einer mit Vanille und einer mit Kaffee.

Saint Aubin

Mauritius verfügt über einzigartige Terroirs, die sich in Bezug auf ihr Mikroklima nicht selten recht unterschiedlich darstellen – und so lassen sich häufig geschmackliche Unterschiede beim Zuckerrohrsaft herausschmecken, je nachdem, in welcher Region die Pflanzen angebaut werden. Die besonderen Mikroklimata entstehen vor allem durch das optimale Zusammenwirken von Niederschlag und Sonnenschein – ein erstes und überaus wichtiges Kriterium für eine Zuckerrohrplantage, die sowohl eine ansehnliche als auch eine qualitativ hochwertige Ertragsmenge hervorbringen soll. Hinzu kommt die vulkanische Struktur der Böden – und so braucht der Farmer »nur noch« auf die sorgfältige Auswahl der Zuckerrohrsorte zu achten, um letztendlich ein in jeder Hinsicht bemerkenswertes Ergebnis zu erzielen. Auch die Betreiber der Habitation ›Saint Aubin‹, deren Anfänge auf das Jahr 1819 zurückgehen und die nach Pierre de Saint Aubin benannt ist, dem ersten Besitzer der Destille, verfügen über Plantagen, die beste Voraussetzungen bieten, um ausgezeichnete Erzeugnisse zu produzieren.

Im Laufe der Zeit stetig gewachsen, ist auf der Anlage ›Saint Aubin‹ neben dem Zuckerrohr auch Tee mittlerweile ein großes Thema, ebenso Vanille. Da ›Saint Aubin‹ einen Vanille-Rum, aromatisiert durch Zugabe von Vanilleschoten, in sei-

Die Destille ›Saint Aubin‹ wirbt mit ihrer Vorreiterrolle im Hinblick auf einen am Umweltschutz orientierten Herstellungsprozess.

nem umfangreichen Portefeuille hat, hat man sich vor einigen Jahren dazu entschlossen, Vanille selbst anzubauen. So braucht man sie einerseits nicht zu beziehen und hat andererseits Einfluss auf die Qualität der gezüchteten Vanille. Wie schon angedeutet, ist der Vanille-Rum nur ein Element im Produktmosaik von ›Saint Aubin‹. Für den Rum-Liebhaber eröffnet sich also ein breites Feld für interessante Begegnungen und Entdeckungen.

Neben der traditionellen Destille, die mit vier Rums (RESERVE) aufwartet, betreibt ›Saint Aubin‹ auch eine sogenannte »Artisanal Distillery«. Hierbei handelt es sich um eine kleine Pot-Still-Anlage, in der in geringen Mengen besondere Rums destilliert werden. Das Zuckerrohr wird dafür in einer alten Mühle in viel Handarbeit äußerst sanft gepresst. Danach fermentiert man über drei Bottiche, und so wandert der Zuckerrohrsaft innerhalb von drei Tagen von einem zum nächsten Bottich. Nach diesen drei Tagen ist dann das Ergebnis ein Zuckerwein mit circa 9 Prozent Alkoholgehalt. Anschließend wird der Zuckerwein in der Pot-Still-Anlage destilliert und weist danach einen Akoholgehalt von etwa 73 Volumprozent auf. Das bei diesem Prozess verwendete Wasser stammt übrigens aus einer eigenen Quelle. Diese Pot-Still-Anlage erzeugt eine kleine, gleichwohl feine Auswahl von ausgezeichneten Rums. Als da wären: BATAILLE DU VIEUX GRAND PORT aus der ›Collection Historique‹, RHUM BLANC AGRICOLE 1819, RHUM CAFÉ 1819, RHUM EPICÉ 1819, RHUM VANILLE 1819, VIEUX RHUM 5 ANS 1819. Während der ›Rhum Blanc Agricole 1819‹ mit satten 50 Volumprozent daherkommt, weisen alle anderen Erzeugnisse einen Alkoholgehalt von 40 Volumprozent auf.

Wer mal auf Mauritius weilt, dem ist der Besuch der Brennerei, die sich sehr stark beim Umweltschutz engagiert, unbedingt zu empfehlen. Bleibt noch anzumerken: ›Saint Aubin‹ produziert in der Column-Still-Anlage rund zwei Millionen Liter pro Jahr, während sich die kleine Pot-Still-Anlage mit nur 50 000 Litern momentan noch sehr zurückhaltend darstellt. Deswegen gibt es einige Abfüllungen auch nur auf Mauritius. Aber das wird sich künftig ändern …

Medine

Die Destille ›Medine‹ ist die letzte aus der Reihe der Mauritius Distiller, die hier vorgestellt wird. Wenn die letzten die ersten sind, dann sind, logischerweise, die ersten die letzten. So auch hier: ›Medine‹ ist die älteste Destille auf Mauritius – und die größte. Eröffnet worden ist die

Brennerei 1926, und heute werden hier verschiedene Marken produziert, unter anderem ›Ping Pigeon‹, ›Penny Blue‹ und ›Green Island‹.

Um die Produktions- und Wirtschaftsgebäude der Destille erstrecken sich riesige Zuckerrohrfelder. 3 300 Hektar Zuckerrohrfelder, um genau zu sein. Das Zuckerrohr wird zwischen Juli und Dezember abgeerntet. Daraus produziert man 14 000 Tonnen Zucker. Das wiederum ergibt eine Menge Melasse – und letztlich nicht wenig Rum. Der wird bei ›Medine‹ auch aus frischem Zuckerrohrsaft hergestellt, trägt also die Bezeichnung ›Rhum Agricole‹. ›Medine‹ destilliert im Jahr um die sechs Millionen

Nicht zu übersehen: Die ›Medine Distillery‹ auf Mauritius weist auf ihren Shop und ihre Erzeugnisse hin. Hinweis am Rande: Zwar vereinfacht dargestellt, aber so muss man sich die Anordnung der Fässer beim Sclera-Verfahren vorstellen.

Liter reinen Alkohol. Man setzt auf eine 24-stündige Fermentation, und die beginnt in sogenannten ›Vortanks‹, die erheblich kleiner sind als normale Tanks. Der Zuckerwein, der am Ende einen Alkoholgehalt von circa 8,3 Volumprozent hat, erinnert bei der Verkostung übrigens an ›Guinness‹.

Ein besonders erwähnenswerter Rum ist der vom Londoner Unternehmen ›Berry Bros & Rudd‹ vertriebene PENNY BLUE, ein Blend aus fünf, sieben und zehn Jahre gelagerten Rums, für dessen Lagerung Whisky- und Cognacfässer verwendet werden. Mehrfach destilliert und sehr mild ist der PINK PIGEON, der mit handgepflückter Vanille aus Madagaskar und La Réunion gewürzt wird. Verstärkt wird seine exotische Note noch durch Orangen und Orchideen. Seinen Namen verdankt dieser Rum übrigens einem vom Aussterben bedrohten Vogel auf Mauritius, eben dem Pink Pigeon. GREEN ISLAND ist die Marke, die aus frischem Zuckerrohrsaft destilliert wird. Neben dem weißen, also dem BLANC, gibt es auch den FLAMBOYANT. Letzterer wird mindestens sieben Jahre in ehemaligen Bourbonfässern gelagert, und dieses Procedere bringt am Ende einen weichen, runden Rum hervor.

Heute sind Rum-Sorten aus Mauritius gut positioniert und können auf internationalem Spitzenniveau mithalten. Das auf der Insel herrschende tropische Klima stellt sicher, dass die fruchtbaren vulkanischen Böden bestes Zuckerrohr wachsen lassen, während die lokalen Brennereien nur hochwertigste Zutaten für die Herstellung ihrer Rums verwenden.

SEYCHELLEN

Endlos erscheinende Sandstrände und faszinierende Sonnenauf- wie -untergänge sind auf den Seychellen schlichtweg atemberaubend. Das machen sich nicht wenige Unternehmen der Genussindustrie zunutze, wie etwa ›Bacardi‹ und ›Ferrero‹, um ihre Produkte weißer Rum und kugelförmige Süßwaffel (›Raffaello‹) entsprechend in Szene zu setzen. Wie La Réunion und Mauritius gehört die Inselgruppe Seychellen zu Afrika und liegt im Indischen Ozean. Und noch etwas haben die drei Inseln gemein: Hier soll der legendäre »Schatz von La Buse« vergraben sein. Dieser Schatz des französischen Piraten, geboren als Olivier Le Vasseur, wird mit seinen Diamanten, seinem Schmuck, den Gold- und Silberbarren, den Edelsteinen und Perlen, den Gewürzen, Möbeln und edlen Stoffen nach heutiger Einschätzung zwischen vier und fünf Milliarden Euro wert sein. Ganz Genaues weiß man nicht, denn dieser Schatz wartet noch auf seine Entdeckung, und zwar auf La Réunion oder auf Mauritius – oder eben auf den Seychellen. Doch auf den Seychellen gibt es auch anderes Interessantes zu entdecken. Rum zum Beispiel.

Trois Freres Distillery

Mit dieser Destille, im Jahre 2002 von den Brüdern Richard und Bernard d'Offay gegründet, stellt sich ein noch relativ junges Unternehmen vor. Jahrelange Erfahrung ist nicht alles. Sie kann vor allem durch Wissen und Engagement kompensiert werden. Das ist der Fall beim qualitativ sehr guten TAKAMAKA BAY, der bei der ›Trois Freres Distillery‹ das Licht der Rum-Welt erblickt. Bei der Produktion wird grünfarbenes Zuckerrohr verwendet, das auf Mahé wächst, der Hauptinsel der Seychellen, und das von einer Genossenschaft sehr sorgfältig angebaut wird. Nach der Ernte bringt man das Zuckerrohr zur Destille und presst es aus, wobei der gepresste Saft einen leicht grünlichen Farbton erhält, »Vesou« genannt, worauf wiederum der TAKAMAKA BAY ST. ANDRÉ RHUM VESOU basiert, also ein Rhum Agricole. Alle anderen Rum-Sorten werden übrigens aus Melasse destilliert. Mit Hefe angereichert, wird die Fermentation eingeleitet, die vier bis fünf Tage dauert. Danach beginnt die Destillation, die in diesem Fall dreiteilig ist. Die erste Destillation findet in einer Alambique statt und dauert etwa einen Tag. Der Rum erzielt hier einen Alkoholgehalt von 50 bis 60 Volumprozent. In der zweiten und dritten Destillation vertraut man einer Säulen-anlage. Anschließend darf sich der Rum erst einmal in Stahltanks für ungefähr drei Monate erholen. Dieser Prozess wird durchlaufen, damit sich einige flüchtige Stoffe abbauen und der Rum weicher wird. Für das Aging setzt man amerikanische Eichenfässer mit mittlerer bis starker Röstung ein, und je kräftiger die Röstung, umso dunkler wird auch der Rum am Ende. Wenn die Reifung abgeschlossen ist, wird der Rum mit Wasser aus den umliegenden Bergen auf Trinkstärke reduziert.

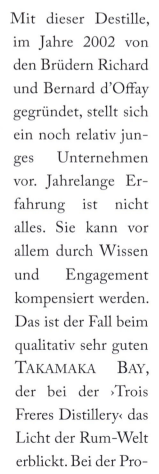

REPUBLIC OF SEYCHELLES

Lage: Indischer Ozean • **Staatsform:** Republik (Parlamentarische Demokratie) • **Hauptstadt:** Victoria • **Fläche:** 455 Quadratkilometer • **Einwohnerzahl:** circa 90 000 • **Bevölkerungsdichte:** etwa 200 Einwohner je Quadratkilometer • **Währung:** Seychellen-Rupie (SCR)

Neben dem schon erwähnten ›Takamaka Bay St. André Rhum Vesou‹ gibt es noch die Abfüllungen WHITE, DARK und COCO, letztere mit Kokosextrakt und Zucker angereichert, sowie den TAKAMAKA BAY ST. ANDRÉ 8 YEAR OLD, nicht zu vergessen den TAKAMAKA BAY SPICED RUM, das Flaggschiff der Destille, mit seinen Karamell- und Vanillenoten, unterstützt durch Aromen lokaler Gewürze, der zum Schluss angenehm durch die Kehle rinnt.

HAWAII

Touristenmagnet, 50. Bundesstaat der Vereinigten Staaten von Amerika, Surferparadies, ›Aloha State‹, ›Ironman Hawaii‹. Der Assoziationen gibt es viele für die Inselkette im Pazifischen Ozean. Die wenigsten denken bei dem Namen »Hawaii« an Rum. Das ist durchaus nachzuvollziehen, denn es gibt nur eine einzige zugelassene Brennerei in diesem südlichsten aller US-Bundesstaaten, und die produziert zudem erst seit dem Jahre 2009.

Koloa Rum Company

Mit Sicherheit gibt es auf der polynesischen Inselkette den einen und anderen Schwarzbrenner, aber das interessiert hier weniger. Vielmehr soll sich der Blick auf jene einzig existierende Destille Hawaiis fokussieren. Sie befindet sich in dem Ort Kalaheo auf Kaua'i, auch »Garteninsel« genannt, der ältesten der acht Hauptinseln Hawaiis, und heißt ›Kōloa Rum Company‹. Die Historie der Destille geht zurück auf die 1835 gegründete Plantage ›Kōloa‹. Auf Kaua'i wird erfolgreich Zuckerrohr angebaut, der, bedingt durch den hier vorhandenen nährstoffreichen Boden, sehr hoch wächst und somit reichen Ertrag bringt. In Kalaheo wiederum wird sowohl destilliert als auch abgefüllt. Alle Rum-Sorten werden zweimal in einer kupfernen Pot Still mit aufgesetzter Säule und Kondensator destilliert. Die nahezu 4 500 Liter fassende Brennblase stammt übrigens aus dem Jahre 1947, hat also schon etliche Betriebsjahre hinter sich. Seinerzeit wohl zum Brennen von Whiskey in Philadelphia gebaut, ist sie natürlich für die Rum-Herstellung entsprechend modifiziert worden.

Das Sortiment der ›Kōloa Rum Company‹ umfasst zurzeit fünf Rum-Sorten: WHITE, GOLD, DARK sowie SPICE und COCONUT. Die durch das verwendete

---

HAWAII

Lage: Pazifischer Ozean

Staatsform: US-Bundesstaat

Hauptstadt: Honolulu

Fläche: 16 625 Quadratkilometer

Einwohnerzahl: circa 1 420 000

Bevölkerungsdichte: etwa 85 Einwohner je Quadratkilometer

Währung: US-Dollar (USD)

reine Bergwasser mit einem weichen Mundgefühl aufwartenden Rums werden in unseren Breiten (noch) nicht angeboten, doch wer einmal Hawaii besuchen sollte, der sollte es sich nicht nehmen lassen, sich einen ›Kōloa‹ zu genehmigen. Am besten vor seinem Start beim ›Ironman‹. Aloha!

Japan

Nippon, das Land der aufgehenden Sonne, ist mittlerweile berühmt für seine exzellenten Whiskys, die nicht selten bei internationalen Messen und Festivals die ersten Plätze belegen – noch vor Abfüllungen aus dem Mutterland des Whiskys, aus Schottland. Aber Rum? Warum nicht? Eine kleine Geschichte hierzu gefällig? Kein Problem …

Nine Leaves

Yoshiharu Takeuchi ist Inhaber eines Unternehmens, das mittlerweile in dritter Generation Automobilteile – Zahnräder für Getriebe – für einen der führenden japanischen Automobilbauer herstellt. Der Unternehmer, seine Familie und seine Mitarbeiter sind stolz auf das, was man in Japan »Monozukuri« nennt. Streng übersetzt heißt das »Sachenmachen« – und meint den Umstand, schneller und sorgfältiger zu produzieren als sonst wo auf der Welt. Erstklassige Zahnräder pünktlich zu liefern ist für jemanden wie Yoshiharu Takeuchi eine Selbstverständlichkeit. Alltag eben. Aber das ist für einen rührigen Geschäftsmann nicht unbedingt alles. Als Liebhaber eines guten Tropfens denkt er an die Produktion einer ganz besonderen, einer außergewöhnlichen Spirituose. Guten Whisky gibt es in Japan zur Genüge. Quintessenz: Die Herausforderung heißt »Rum«. Yoshiharu Takeuchi be-

Destillieren ist eine Kunst, und bei ›Nine Leaves‹ wird sie zur Perfektion getrieben.

JAPAN

Lage: Pazifischer Ozean
Staatsform: Parlamentarische Erbmonarchie (Parlamentarische Demokratie) • **Hauptstadt:** Tokio
Fläche: 377 930 Quadratkilometer
Einwohnerzahl: circa 127 300 000
Bevölkerungsdichte: etwa 335 Einwohner je Quadratkilometer
Währung: Yen (JPY)

schließt also, Rum-Produzent zu werden. Und so macht er sich auf den Weg, alles zu lernen, zu beantragen, in die Wege zu leiten und zu bauen, um schließlich sein eigenes alkoholisches Produkt schaffen zu können. Destillieren ist eine Kunst, und mit diesem Wissen sucht er nach dem perfekten Wasser. Fündig wird er in Shiga, einer Präfektur auf der Insel Honshū, denn dort findet er ein neutrales, sehr weiches Wasser, das aus einem alten Bergwerk durch einen mehrschichtigen, natürlichen Filter zu Tage gefördert wird. Rum wird bekanntlich aus Melasse oder Zuckerrohrsaft hergestellt, aber auch hier hat der Japaner vor, einen anderen Weg zu gehen, und so entschließt er sich, braunen Zucker zu verwenden. Schließlich ist es dann schwarzer Zucker, den man aus Zuckerrohr gewinnt, das in Okinawa, der südlichsten Präfektur des Inselreichs, angebaut wird und das in der japanischen Küche eine große Rolle spielt. Zudem experimentiert er bei der Hefe mit zahlreichen einheimischen Arten – und findet letztendlich eine, die nicht nur selten verwendet wird, sondern auch exakt seinen Vorstellungen entspricht.

Noch etwas kommt hinzu: Während eines Aufenthalts in der Whiskybrennerei ›Chichibu‹, gelegen in der gleichnamigen Stadt, die sich in der Präfektur Saitama auf der Insel Honshū befindet, stößt Yoshiharu Takeuchi auf ›Forsyths‹, eine Pot Still eines schottischen Herstellers, die ihn sehr überzeugt. Daraufhin beschließt er, sich von ›Forsyths‹ eine handgefertigte Pot Still bauen zu lassen. Da bei einer Destillation besonders der zweite Schritt entscheidend ist, empfiehlt ›Forsyths‹ den Bau einer zweiten Pot Still, und zwar ähnlich der, die von ›Glenmorangie‹ verwendet wird, jener weltberühmten schottischen Whiskydestille. Endlich, im März 2013, ist alles geschafft, denn zur gleichen Zeit erhält Yoshiharu Takeuchi die Lizenz zur Herstellung von Rum.

NINE LEAVES CLEAR ist der erste Rum aus einer Serie von drei Abfüllungen, die mittlerweile in unseren Breiten verfügbar sind. Nach zweifacher Destillation präsentiert sich in der Nase ein äußerst reiner, klarer Rum mit einem sehr fruchtigen Bouquet. Trotz seines satten Alkoholgehalts von 50 Volumprozent tritt er sehr weich auf, wobei man seine Reinheit geradezu riechen – und auch schmecken kann. Die beiden ersten gelagerten Rum-Sorten hören auf den Namen NINE LEAVES ANGEL'S HALF, erweitert durch die Zusätze ›American Oak‹ beziehungsweise ›French Oak‹. Im Unterschied zum ›Clear‹ ist der ›Angel's half‹ sechs Monate im jungfräulichen Fass amerikanischer beziehungsweise französischer Herkunft gelagert. Hier kann man sehr schön die Macht der Fässer spüren: Für einen Alkoholgehalt von 50 Volumprozent ist auch die gelagerte Variante sehr weich, und auch hier lässt sich die Reinheit der Rums riechen und schmecken. Noten von Vanille und frischem Holz treten hervor, und die Fruchtigkeit vom ›Clear‹ ist ebenfalls vorhanden, wobei das ganze Aromenspiel sehr komplex ist.

PHILIPPINEN

Man mag es kaum glauben: Der fünftgrößte Inselstaat dieser Erde mit seinen 7 107 Inseln ist einer der größten Rum-Produzenten weltweit. Das hängt vor allem mit einer Marke zusammen …

Don Papa

Seinen Namen hat der Rum DON PAPA einem stillen Helden zu verdanken. Dionisio Magbuelas, besser bekannt als »Papa Isio«, ist das Vorbild für den Rum mit dem Namen ›Don Papa‹. Papa Isio, Vorarbeiter in einer Zuckerrohrplantage, zudem Heiler, Rebell, Schamane und Seher, spielt eine wesentliche Schlüsselrolle bei der Revolution, die gegen Ende des 19. Jahrhunderts die Inseln erfasst und bei der es um die Befreiung der Insel Negros von der spanischen Herrschaft geht – und somit um die Unabhängigkeit seines Landes. Diese Revolution soll der Geschmack des Rums auch auslösen, wenn man ihn trinkt – und fürwahr: Die Bekanntschaft mit diesem Destillat ist durchaus ein Erlebnis. Das ist auch die Idee von Stephen Carroll gewesen, dem Begründer dieses Rums, der in der Destille ›La Tondeña‹ geboren wird. Der Rum, in einer Column Still destilliert, reift für sieben Jahre in ehemaligen Bourbonfässern. Sein Aroma ist wahrlich exotisch: Starke Noten von Vanille und Orange in der Nase, läuft er süß in den Mund, und zwar mit einer Konsistenz, die an Likör erinnert. Im Mund kommen noch Aromen von kandierten Früchten hinzu.

Bleibt noch anzumerken: Im nächsten Schritt soll ein zehnjähriger ›Don Papa‹ auf den Markt kommen.

REPUBLIC OF THE PHILIPPINES
Lage: Pazifischer Ozean • **Staatsform:** Republik (Präsidialdemokratie) • **Hauptstadt:** Manila • **Fläche:** 343 448 Quadratkilometer • **Einwohnerzahl:** circa 99 500 000 **Bevölkerungsdichte:** etwa 290 Einwohner je Quadratkilometer **Währung:** Philippinischer Peso (PHP)

Das Privileg der Unabhängigkeit

Das Privileg der Unabhängigkeit

Nach der Karibik, nach Zentral- und Südamerika sowie einem Streifzug über zwei Ozeane könnte dieses Kapitel auch »Rund um den Globus« lauten. Warum das so sein könnte, verrät der Text …

VORNEHME ZURÜCKHALTUNG

Meist stehen die Marken im Vordergrund. Und das ist auch so gewollt. Für nicht wenige Akteure der internationalen Rum-Welt zählt nur die Qualität, für andere wiederum nur die Rarität. Alle verbindet jedoch die Lust an einem guten Tropfen Rum …

Im Südwesten Englands

Wer schon über eine gewisse Erfahrung im Probieren von Rum verfügt und sich zudem gerne mit Abfüllungen auseinandersetzt, die »Ecken und Kanten« aufweisen, die einen ganz einnehmen und volle Konzentration erfordern, dem seien Rums von ›Caroni‹ ans Herz gelegt. Nicht nur der Geschmack ist in der Regel außergewöhnlich, sondern es handelt sich auch um sehr seltene Rums, da ›Caroni‹ im Jahre 2002 seine Produktion eingestellt hat, seinerzeit jedoch den größten Bestand an gelagerten Rums aus Pot-Still- und Säulendestillation auf Trinidad hat vorweisen können. Jetzt kommt der unabhängige Abfüller ›Bristol Classic Rums‹ aus England ins Spiel, zu dessen Porte-

Vorangehende Doppelseite: Schon früh werden mit Rum gefüllte Fässer um den Globus transportiert. Das ist heute nicht anders. Sogenannte Cantino Planisphäre (1502), die die „Aufteilung" der Neuen Welt zwischen Portugal und Spanien (blaue Demarkationslinie links) nach dem Vertrag von Tordesillas festhält.

feuille auch einige ›Caroni‹-Rums gehören. John Barrett, der Inhaber des Unternehmens, verfolgt schon lange den Weg, nur absolut herausragende Destillate abzufüllen. In der Karibik erwirbt er beste Rums, die dort schon möglichst lange gelagert sein sollten, und lässt sie Richtung England transportieren. Hier reifen sie dann weiter und bekommen oftmals ein sogenanntes »Cask Finish« in einem anderen Fass, zum Beispiel in einem, in dem zuvor Port gelagert worden ist.

Je weniger Rum es gibt von der angesehenen, doch schon vor Jahren aufgegebenen Destille ›Caroni‹, desto begehrter wird er.

Der 2008 abgefüllte CARONI von 1974 zum Beispiel ist mit seinem Alter von etwas mehr als 40 Jahren an Aromen kaum zu übertreffen. Da bekanntlich Rum in der Karibik zwei- bis dreimal so schnell reift wie Whisky in Schottland, kommt man, selbst wenn man das Alter mit der kleinsten Zahl multipliziert, auf eine Reifezeit von über 80 Jahren – ein durchaus beeindruckender Wert. Beim Genießen muss man diesem Rum eine gewisse Zeit geben, damit er sich im Glas entsprechend entfalten kann. Dann verwöhnt er jedoch mit zahlreichen Aromen und Geschmacksnuancen, die sich zudem permanent verändern. Auszumachen sind vor allem exotische Früchte, gebackene Banane, dunkle Gewürze, Teer und Holz.

John Barrett ist seit 1975 im Spirituosengeschäft tätig. Haben zu Beginn die Bereiche »Cognac« und »Whisky« für ihn absolute Priorität, fängt er in den frühen 1990er-Jahren an, sich mehr und mehr für Rum zu interessieren. Mittlerweile gehört der britische Gentleman zu den weltweit anerkannten Größen in Sachen Rum. Seine Philosophie lässt sich schlicht und einfach auf einen kurzen Nenner bringen: John Barrett hält sich sehr oft in Übersee auf, um vor allem in der Karibik nach einzelnen qualitativ hochwertigen Rums zu suchen, wobei er sein Augenmerk bevorzugt auf solche Destillate legt, die weder eine Färbung aufweisen noch eine Kühlfilterung hinter sich haben, um sie dann nach England zu importieren, dort reifen zu lassen und schließlich abzufüllen. John Barrett kauft den Rum direkt bei den Brennereien, aber auch schon mal Destillate aus zweiter Hand, erwirbt also Rum, der etwa nach Großbritannien verschifft worden ist, um hier in den Originalfässern zu reifen. Nach dem Erwerb gelangen dann diese Fässer – wie alle anderen natürlich auch – in die Reifekeller des Unternehmens. Nicht selten setzt hier der Rum-Enthusiast auf die Finishing-Methode, versucht also, mit einer letzten Reifungsstufe in einem anderen Fass die Qualität des Rums noch weiter zu verbessern (was ihm nahezu immer gelingt), wobei er besonders gerne mit Madeiraholz arbeitet.

Die Range bei ›Bristol Classic Rums‹ umfasst in der Regel um die 15 unterschiedliche Rums. Wenn sich der Bestand verringert, sorgt John Barrett für neue Sorten. Interessant sind durchweg alle Abfüllungen, die von Bristol aus dem Markt zugeführt werden. Da ist beispielsweise der FINE CUBAN RUM 2003 zu nennen, ein Rum, der seinen Ursprung auf der größten Insel der Großen Antillen hat. Aus Melasse in einer Column Still in der Brennerei ›Sancti Spiritus‹ destilliert, in Eichenholz gelagert und nach Großbritannien verschifft, überzeugt er durch eine goldene Farbe, durch fruchtige und Kräuternoten in der Nase und eine leichte Süße, die von einem rauchigen Touch umspielt wird. Absolut erstklassig ist auch der PORT MORANT DEMERARA RUM 1999, einer der ganz großen ›Demerara‹-Rums im traditionellen Stil. Nach der Destillation in Guyana klassisch in einem ehemaligen Bourbonfass gelagert und für die letzten zwei Jahre vor der Abfüllung im Jahre 2014 in ein ehemaliges Portweinfass umgefüllt und dort dann final gereift, ist die Nase voller Frucht mit Tönen von Toffee und Holz, gefolgt von einer würzig-süßen Balance mit einem Hauch Anis, ehe ein lang anhaltender Abgang einsetzt.

Zurück nach Trinidad

Und zu ›Caroni‹. An dieser Stelle darf ein weiterer Rum auf keinen Fall unerwähnt bleiben. Für die sehr bemerkenswerte Edition THE SECRET TREASURES OF THE CARIBBEAN ist, neben anderen Destillaten, auch ein ›Caroni‹-Rum ausgewählt worden, und zwar eine Einzelfass-Abfüllung der Destille aus den Fässern Nummer 64 und Nummer 65, destilliert im Jahre 1991 und lange im Eichenfass gereift, schließlich im August 2003 abgefüllt, wobei die Abfüllmenge lediglich 400 Flaschen betragen hat. Der hellgolden und in der Nase mit dezenten mineralischen Noten aufwartende THE SECRET TREASURES OLD TRINIDAD RUM VINTAGE 1991 ist am Gaumen weich und offenbart im Hintergrund zarte Eichen- und Zitrusnoten. Eine gänzlich ausgeglichene und kompakte Aromafülle kann dieser Rum sein eigen nennen.

Visite in Big Apple

Fehlt schließlich noch eine weitere interessante Geschichte, bei der ›Caroni‹ eine Rolle spielt. Der SCARLET IBIS RUM, so benannt nach dem Nationalvogel von Trinidad, dem Scarlet Ibis, ist in unseren Breiten nur schwer zu bekommen. Kein Wunder, ist er doch ursprünglich für das ›Death & Co‹ abgefüllt worden, eine der angesagtesten Bars in New York, betrieben von Dave Kaplan, dessen Freund Tim Tomkinson übrigens das Label für diesen Rum entworfen hat. Ganze 29 Cases sollen seinerzeit bestellt worden sein. Ein Blend aus drei- bis fünfjährigen Rums, destilliert von ›Caroni‹, ist die Basis für diese Abfüllung. Kurze Rede, langer Sinn:

Am Ende sind die Flaschen in Österreich auf 49 Volumprozent reduziert, abgefüllt und zurück in die Staaten verschifft worden. Der Rum ist leuchtend gelb mit einem schönen Kupferton. In der Nase ist er erstaunlich zurückhaltend mit angenehmen Nuancen von Zucker und getrockneten Früchten – für 49 Volumprozent jedenfalls sehr mild. Im Mund breitet sich dann eine angenehme Süße aus, und es treten zurückhaltende Nuss- und Karamellaromen in Erscheinung, wobei der Rum erstaunlich weich daherkommt, flankiert von einer angenehmen Schärfe, ehe der mittellange Abgang für ein rundes Ende sorgt. Für ein Zuckerrohrdestillat aus Trinidad und besonders für eines von ›Caroni‹ haben wir es hier mit einem sehr gefälligen Rum zu tun.

Besuch in Baden-Württemberg

Ein Trend, der in vielen Bereichen der Spirituosenwelt zu beobachten ist, wird an dem Begriff »Craft Distiller« festgemacht. »Craft« hat mehrere (verwandte) Bedeutungen; unter anderem steht das Wort für den Begriff »Handwerk«. Mit »Craft Distiller« ist also in diesem Zusammenhang eine Firma beziehungsweise ein kleines Unternehmen gemeint, das sich auf das handwerkliche Brennen von wenigen hochwertigen Spirituosen spezialisiert hat, und dazu gehört auch Rum. Im Nordosten von Baden-Württemberg, im Ortsteil Sindolsheim der Gemeinde Rosenberg, befindet sich solch ein Unternehmen. ›Alt Enderle Edelbrände Bauland Brennerei‹, 1991 gegründet, hat das fraglos größte Sortiment im deutschen Segment zu bieten. Alles wird hier selber gemacht, nichts dem Zufall überlassen: In Übersee vor Ort suchen die Badenser die Melasse aus, importieren sie, um dann zu fermentieren, zu destillieren und natürlich den Rum zu lagern.

RUM MEMORY OF THE WORLD ist der wohl älteste in Deutschland gelagerte Rum. Geprägt von Melasse aus allen Teilen dieser Welt, reift er in ausgewählten neuen und auch alten Portweinfässern. Der Name soll übrigens an die bewegte Geschichte des Rums erinnern. ›Rum Memory of the World‹ ist nicht gerade von Süße dominiert, bietet aber ein reiches Aromenfeld. Die anderen Rum-Sorten sind allesamt jünger, das heißt, die Zeit ihrer Lagerung fällt relativ kurz aus, und zwar um die zwölf Monate. Hierbei handelt es sich um die nachfolgend erwähnten Rums, wobei sich die geografische Angabe stets auf die Herkunft der Melasse bezieht. Ein echtes Universalgenie ist der RUM PARAGUAY, dessen Melasse aus Zuckerrohr gewonnen wird, das aus biologischem Anbau stammt. Dieser Rum – er macht sich nicht nur vorzüglich in Cocktails, sondern ist auch gut pur zu genießen – wirbt mit einer schönen Bernsteinfarbe und besitzt einen durchaus schweren, süßen Duft, während er im Geschmack mit seinen Aromen von Vanille und Orange ein wenig likörartig wirkt. Insgesamt ein voller, schwerer Rum mit starker, aber ansprechender Süße und einem sehr langen Abgang, begleitet von angenehmen Holztönen. Melasse aus Thailand, ebenfalls biologisch angebaut, ist die Basis für den RUM SIAM. Ausgewogen im Bouquet, präsentiert er sich mit einem Hauch von Rumtopf-Noten, zudem solchen von Rosinen und Bananen, flankiert von dezent grasigen Zuckerrohranklängen, während sich am Gaumen eine leichte Süße bemerkbar macht. Der RUM INDIEN, die Variante aus indischer Melasse, bietet mit seinen feinen, ausgesuchten Kräuter- und Gewürznoten eine reiche Komplexität. In der Nase sehr sanft und angenehm, ist sein Duft durch milde Aromen geprägt. Ein gelungenes Destillat, das Erinnerungen an Weihnachten aufkommen lässt. Insgesamt hält die ›Alt Enderle Edelbrände Bauland Brennerei‹ ein Rum-Portefeuille bereit, das durchweg als gelungen bezeichnet werden kann. Hauptverantwortlich hierfür sind der Master Distiller und Master Blender Joachim Alt sowie der Master Blender Michael Enderle. Da bleibt nur zu sagen: Chapeau!

Unterfranken lässt grüßen

Ein weiterer deutscher Produzent ist die ›Feinbrennerei Simon's‹, zu finden im Ortsteil Michelbach der unterfränkischen Stadt Alzenau. Die Brennrechte der Destille gehen immerhin auf das Jahr 1879 zurück. Zu dieser Zeit denkt noch niemand an Severin Simon, der heute dem kleinen Unternehmen kreativ vorsteht. Eines der »Markenzeichen« von Severin Simon: Der Brennmeister setzt, wenn es denn möglich ist, auf Regionalität. So reifen beispielsweise alle Destillate in Eichenfässern, deren Holz aus dem nahen Spessart stammt.

Anfänglich besteht das größte Problem darin, nicht die richtige Brennapparatur zu haben. Es wird investiert und eine neue angeschafft. Das zweite Problem ist der Rohstoff. Das wiederum wird durch ›Tres Hombres‹ gelöst (siehe auch Seite 304), indem deren Mannschaft beste Melasse mit ihrem Segelschiff transportiert, was bei diesem Abschnitt der Fertigungs- und Produktionskette eine Null-Co_2-Bilanz bedeutet.

Der SIMON'S BAVARIAN PURE POTT STILL RUM ist ein Destillat von strohgelber Farbe. Die angenehme Süße ist durchaus zu riechen, und auch Quitte und weitere fruchtige Noten treten her-

vor. Der frische Geschmack mit seiner geschmeidigen Süße offenbart leichte Aromen von Kräutern, Eichenholz vom Fass sowie Zitrusnoten, während auf der Zunge etwas Süße bleibt, ehe ein relativ trockener Abgang erfolgt.

Bleiben noch der SIMON'S BAVARIAN NORDIC RUM VALKYRIE mit seiner hellen Bernsteinfarbe, der Fruchtigkeit (getrocknete Mango und Papaya) in der Nase, dem leichten, gleichwohl aromatischen Geschmack mit Anklängen von getrockneten Mangos sowie der SIMON'S BAVARIAN SWEETENED RUM KALYPSO, der mit einem dunkelfarbenen Bernsteinkleid antritt und in der Nase unterschiedliche Pflaumenaromen freigibt, die im Geschmack an Pflaumenwein mit reifer Fruchtsüße erinnern, ehe beim Abgang eine expressive Fruchtsüße sehr lange am Gaumen bleibt.

Der Mitgesellschafter des Fairtrade-Unternehmens »Tres Hombres«, Arjen van der Veen (Niederlande), im Frachtraum des Frachtseglers ›Tres Hombres‹

VORNEHME ZURÜCKHALTUNG

Abstecher nach Österreich

Aus dem niederösterreichischen Mostviertel gesellt sich die ›Destillerie Farthofer‹ zur Gilde der »Craft Distiller«. Hier, in dem Örtchen Öhling, werden hochwertige Naturprodukte mit Leidenschaft veredelt. Die Liebe zum Detail und eine geschulte Nase sind der Grundstein für den Erfolg der Edelbrände von Josef Farthofer, der dem familieneigenen Betrieb in fünfter Generation vorsteht.

Eines seiner exquisiten Erzeugnisse nennt sich ORGANIC PREMIUM RUM, auch kurz O-RUM genannt. Bei der Herstellung dieses Rums wird nur die reine biologische Zuckerrohrmelasse aus Übersee vergoren, ehe anschließend die Destillation erfolgt. Reifen darf das Destillat in Fässern aus französischer Eiche, in denen zuvor der ›Mostello‹, ein hauseigener Birnendessertwein, gelagert worden ist, ehe der Rum mit dem glasklaren Urgesteinswasser aus einer privaten Quelle im oberösterreichischen Mühlviertel auf 40 Volumprozent Alkohol trinkfähig eingestellt wird. Der ›O-Rum‹ von Josef Farthofer besticht durch einen warmen, goldschillernden Farbton. Dieser Rum bietet feine Fruchtnoten, wobei sich vor allem Vanille bemerkbar macht, aber auch leichte, exotische Aromen, die ein wenig an Jamaika erinnern.

Auch im Norden tut sich was

Zu guter Letzt ist noch ›Skotlander Spirits‹ aus Dänemark mit seiner exklusiven Rum-Edition zu erwähnen. Gegründet hat das recht junge Unternehmen Anders Skotlander, und destilliert wird der Rum in der ›Nordisk Destilleri‹ von Anders Bilgram, der als gestandener Abenteurer auf ein bewegtes Leben zurückblicken kann, etwa als Expeditionsleiter in der Arktis. Mit dem Rum made in Denmark hat er sich auf ein weiteres Abenteuer eingelassen – und meistert es mit Bravour.

Das allererste Destillat, das in Dänemark das Licht der Rum-Welt erblickt hat, ist der SKOTLANDER SPIRITS HANDCRAFTED RUM I. Hergestellt aus Zuckerrohrmelasse, langsam in der Pot Still destilliert, schließlich mit reinem, frischem dänischen Wasser auf Trinkstärke reduziert, ist dieser weiße Rum auch die Basis für einen Rum mit handverlesenem Sanddorn (HANDCRAFTED RUM III), während der HANDCRAFTED RUM IV mit einer spürbaren Lakritz-Note daherkommt. Im Norden Europas muss so etwas einfach sein, ist hier doch die Lakritze sehr beliebt. Neben den erwähnten Abfüllungen gibt es noch den SKOTLANDER WHITE RUM mit einem süßlichen Aroma von Kirschen und Karamell, während auf dem Gaumen vor allem Himbeeren, Kirschen und Vanille hervortreten, begleitet von zurückhaltenden Gewürznoten, dann den auf 1 000 Flaschen limitierten und mit einer schönen Karamellnote aufwartenden HANDCRAFTED RUM II, des Weiteren den mehrfach ausgezeichneten HANDCRAFTED RUM III, ebenfalls auf 1 000 Flaschen limitiert, und schließlich den HANDCRAFTED RUM V, der jedoch noch nicht zu haben ist, da er insgesamt zwei Jahre auf einem Schoner, der auf den Meergewässern vor Dänemark unterwegs ist, seine finale Reifung erhält. Die rührigen Dänen haben für die nächsten Jahre weitere attraktive Abfüllungen angekündigt. Man darf also gespannt sein …

Familienbetrieb in fünfter Generation: die »Destillerie Farthofer« im niederösterreichischen Mostviertel

Unterwegs im Süden Europas

Nach dem Streifzug durch Mitteleuropa, das heißt durch Deutschland und Österreich, und dem Abstecher in den Norden geht es nun zu drei Regionen, die südlicher liegen, und diese Regionen liegen in Frankreich, Italien und Spanien …

In der Charente

Die Familie Pierre Ferrand ist eine der ältesten cognacproduzierenden Familien Frankreichs, zudem hoch angesehen, und Alexandre Gabriel ist ein begnadeter Brennmeister. Im Jahre 1989 treffen sie sich nicht nur, sondern tun sich auch zusammen, und es entsteht eine kreative Liaison, die bis heute anhält. Alexandre Gabriel hat die Vision, nach althergebrachter Methode, also abseits von der Massenproduktion, wieder Cognacs zu produzieren, die den herausragenden, traditionellen Charakter des Anbaugebiets Grande Champagne zum Ausdruck bringen. Leidenschaft und Tradition sind somit der neue Maßstab, um ursprüngliche Produkte zu kreieren, und zwar in erster Linie Cognac, aber auch andere feine Brände, wie etwa Gin und verschiedene Rum-Sorten aus der Karibik, die nach einer besonderen Methode im Produktionsstandort ›Château de Bonbonnet‹, der zugleich Firmensitz ist, veredelt werden. Das Château befindet sich in Ars, das einige Kilometer südwestlich der Stadt Cognac liegt. Bei der Rum-Veredelung kann man hier mittlerweile auf eine große Erfahrung zurückblicken, denn schon lange existiert eine intensive Beziehung beziehungsweise ein sich gegenseitig befruchtender Austausch zwischen dem Haus ›Ferrand‹ und ausgewählten karibischen Destillen, die gerne die Cognacfässer von ›Ferrand‹ verwenden.

Schon bei seinen ersten Besuchen auf den Inseln der Karibik entdeckt der rührige Alexandre Gabriel seine Leidenschaft für Rum. Inzwischen ist er jedes Jahr in dieser Region, aber auch in Zentral- und Südamerika unterwegs, um absolut hervorragende Rums auszusuchen, die zudem auch schon einige Jahre in der Karibik gereift sind. Wichtig ist ihm dabei, dass die Destillate ausdrucksstark sind und eine Authentizität besitzen. So umfasst die Range Abfüllungen aus Barbados, Grenada, Jamaika und Trinidad, aus Guatemala, Nicaragua und Panama sowie aus Guyana. Hierzu gesellt sich die Serie ›Limited Edition‹, deren Flaschen an ihrem eleganten schwarzen Etikett zu erkennen sind. Oftmals gibt es von einem Destillat nur ein oder zwei Fässer, die dann, wie die übrigen Sorten auch, in

Wein- oder Cognacfässern zur Vollendung reifen. Alexandre Gabriel hat ein beneidenswert hochbegabtes Händchen für den Umgang mit Fässern wie auch bei der Kreation von Cuvées. Das unterstreichen nicht zuletzt die vielen gewonnenen Medaillen, die das Haus ›Ferrand‹ bei den unterschiedlichsten Rum-Messen und -Festivals bisher erhalten hat.

Zu der Stammserie ›Plantation‹ hat sich vor einiger Zeit noch die Serie ›Kaniché‹ gesellt, die mittlerweile aus drei Abfüllungen besteht. Bei diesen Abfüllungen kommt der Rum ausschließlich aus Barbados und wird in Cognacfässern nachgereift. Der KANICHÉ XO lagert in der Karibik zunächst in Eichenholzfässern, bevor er in Ars in alte ›Ferrand‹-Fässer gelegt wurde, um die optimale Finesse zu erhalten. Dieser Rum besticht durch eine reiche Palette exotischer Aromen wie Zuckerrohr, Kokosnuss und Kakao, während der Ausbau im Barrique ihm seinen Vanilleton verleiht – am Gaumen außergewöhnlich ausbalanciert. Destilliert in Column- und traditionellen Pot Stills, reift der KANICHÉ 11 YEARS danach elf Jahre in Bourbonfässern. Er vereint Noten von Kokosnuss und tropischen Früchten mit einem leichten Vanilleton. Dieser Rum ist am Gaumen rund, weich, fruchtig und sehr harmonisch.

Der KANICHÉ RESERVE schließlich, der jüngste der Reihe, reifte auf Barbados zunächst in Eichenholzfässern und wurde anschließend in den hauseigenen Kellern in ›Ferrand‹-Fässern veredelt. Dieses Destillat vereint perfekt die typischen Charakteristika, die vielen Rums aus Barbados eigen sind: Noten von Karamell und Vanille sowie Holz und Rauch.

Noch ein paar Worte zur Serie ›Plantation‹. Einer der Premium-Rums von ›Ferrand‹ ist unzweifelhaft der PLANTATION 20TH ANNIVERSARY, eine Cuvée verschiedener, sehr alter Barbados-Rums, die, sowohl in

UNTERWEGS IM SÜDEN EUROPAS 295

Column-Still- als auch in Pot-Still-Anlagen destilliert, zunächst viele Jahre in der Karibik in Bourbonfässern reifen und dann 12 bis 18 Monate in kleinen Fässern aus französischer Eiche in den kühlen Kellern des ›Château de Bonbonnet‹ lagern. Dieser Alterungsprozess, bekannt als »Double Aging«, bringt eine unvergleichliche Weichheit und Fülle. Das Bouquet dieses mahagonifarbenen Rums bietet exotische Noten von Zuckerrohr, Vanille, Toast, reifer Banane, kandierter Orange, Kakao, Tabak und gerösteter Kokosnuss, die am Gaumen sehr ausgewogen, weich, sanft und fast lieblich erscheinen. Der intensive Duft und der Geschmack sind sehr präsent und bleiben langanhaltend im Nachhall. Jetzt alle ›Plantations‹ ausführlich vorzustellen wäre wohl ein wenig zu viel des Guten, wäre bestimmt auch etwas ermüdend, da bei den Rums bestimmte Aromen und Noten immer wieder vorkommen. Deshalb mag an dieser Stelle die Aussage eines Experten in einer Fachzeitschrift die hervorragende Qualität dieser Serie unterstreichen: »Diese einzigartige Inspiration, die Geschmacksnoten und Herstellungstechniken der Karibik mit der Kellermeisterkunst eines Cognac-Produzenten zu vereinen, bringt erfolgreich Rums internationaler Klasse hervor.« Bleibt nur noch hinzuzufügen: Alle Rums der Serie ›Plantation‹ sind ohne Bedenken zu empfehlen.

In der Region Aostatal

Das Aostatal, gelegen im äußersten Nordwesten Italiens, ist nicht nur für seine außergewöhnlichen Weine bekannt, sondern beispielsweise auch für seine herzhaften Schinken, die hier ihrer Vollendung entgegenreifen. Weniger bekannt ist: Hier reift auch sehr guter Rum, etwa der RON MALTECO. Der wiederum ist sehr bekannt. Schon seit längerem wird der ›Malteco‹ nicht mehr wie ehedem in Guatemala produziert, sondern im zentralamerikanischen Panama bei ›Varela Hermanos‹ destilliert. Abgefüllt wird er schließlich bei ›Savio s.r.l.‹ einem 1958 gegründeten Unternehmen, das in der Region Aostatal, in Châtillon, ansässig ist. Italien und Rum – das mag für manchen Zeitgenossen ein wenig exotisch vorkommen. Ist es aber nicht. Das Zuckerrohrdestillat erfreut sich im Stiefelland zunehmender Beliebtheit, und so gibt es in Italien einige Abfüller, die in Sachen Rum unterwegs sind. Für den dortigen Markt wurde übrigens auch der RON ZACAPA ETIQUETA NEGRA kreiert. Das sagt schon etwas aus. Der RON MALTECO wird sehr oft nachgefragt, so etwa der zehn Jahre alte AÑEJO SUAVE, ein weicher und süßer, zudem süffiger Rum, der sich ideal für Einsteiger eignet, da er sich unkompliziert trinken lässt. Beim 15-jährigen RESERVA MAYA kommen dann eindeutig komplexere Noten hinzu – man

merkt, dass der Rum erwachsener ist. Das zeigt, bedingt durch die längere Reifung, noch deutlicher der 20-jährige RESERVA DEL FUNDADOR, dessen Aromenstruktur noch mal deutlich umfangreicher ist: Schokolade und Vanille treten hervor, zudem dunkle rote Früchte, und auch eine gewisse Würze stellt sich ein, ehe ein längerer Abgang einsetzt. Allen drei gemeinsam ist wiederum das Schmeichelnde.

Ebenfalls aus Panama stammt der RUM MALECON, und auch diese Marke wird für ›Savio s.r.l.‹ produziert. Bei allen Flaschen ist auf dem Etikett »Metodo Tradicional Cubano« zu lesen. Damit ist gemeint, dass der Rum im kubanischen Stil produziert wird, also in Säulendestillation. Außerdem ist der ›Malecon‹ von einem Kubaner kreiert worden, und zwar von keinem Geringerem als Francisco »Don Pancho« Fernandez, bekanntlich einer der ganz großen »Rum-Macher«, der in früherer Zeit bei ›Varela Hermanos‹ tätig gewesen ist. Dort wird der Rum auch nach wie vor destilliert.

Das Sortiment beim ›Rum Malecon‹ fängt mit einem Dreijährigen an, gefolgt von einem Achtjährigen, ehe der Premium-Bereich mit dem RESERVA SUPERIOR beginnt (12 und 15 Jahre alt), gefolgt vom RESERVA IMPERIAL (18, 21 und 25 Jahre). Die unbedingten Premium-Erzeugnisse sind die im Geschmack sehr weichen, gleichzeitig jedoch vollmundigen und runden SELECCIÓN ESPLENDIDA 1979 und SELECCIÓN ESPLENDIDA 1982, wobei sich die Zahlenangaben auf das Jahr der Destillation beziehen.

Im Sherry-Dreieck

Das sogenannte »Sherry-Dreieck« liegt in Andalusien, einer Region, die sehr stark vom Weinbau geprägt ist. Hier, im äußersten Süden Spaniens, gibt es aber nicht nur Sherry, jenen Weißwein, den man nach vollendeter Gärung mit Branntwein versetzt, sondern auch Rum.

›Don Maderas‹ heißt der Rum, und in Jerez de la Frontera, dem Hauptort des »Sherry-Dreiecks«, wird er hergestellt. Das geschieht bei ›Williams & Humbert‹, 1877 gegründet und schon seit langem eines der führenden Sherryhäuser in Jerez. Obwohl in diesem Unternehmen der Sherry eindeutig die Hauptrolle spielt, erhält hier gleichwohl der Rum die ihm gebührende Aufmerksamkeit. Der ›Dos Maderas‹ vereinigt zwei Kulturen, und zwar die der Karibik und die Spaniens. Beide Kulturen sind in der Historie von Zuckerrohr und Rum auf immer verbunden, und so wundert es nicht, dass hier eine wunderbare Symbiose flüssiger Kultur entstanden ist. Der Rum, der für ›Dos Maderas‹ verwendet wird, kommt zum einen aus Barbados, der Wiege des Rums, zum anderen aus Guyana, einem Land, das ebenfalls für guten Rum bekannt ist. Nach der Reifung in der Karibik wird der Rum nach Jerez verschifft, wo er bei ›Williams & Humbert‹ in Sherryfässern weiterreift. Insgesamt bietet ›Dos Maderas‹ drei Abfüllungen mit sehr unterschiedlichen Geschmacksprofilen an.

Da ist zunächst der DOS MADERAS 5+3 zu nennen, der nach einer fünfjährigen Lagerung auf Barbados und in Guyana noch weitere drei Jahre in Fässern reift, die zuvor den mehrfach ausgezeichneten Sherry ›Dos Cortados‹ beherbergt haben. In diesem Blend kommt von den drei Rum-Sorten die Sherrynote am deutlichsten zum Vorschein, wodurch sich eine wunderbare Kombination aus Rum und Sherry ergibt, ohne dabei zu süß zu sein. Röstaromen, Nuss und Vanille sind hier elegant verwoben und machen dieses Destillat zu einem sehr feinen Aperitif-Rum. Der DOS MADERAS 5+5 PX ist der zweite im Bunde. Bei diesem Rum kommt eine zusätzliche Reifung von zwei Jahren in Fässern hinzu, in denen zuvor der ›Don Guido‹ – ein Sherry, gewonnen aus erlesenen Trauben der Rebsorte ›Pedro Ximenez‹ – nicht weniger als 20 Jahre gelagert worden ist. Diese zweite beziehungsweise dritte Reifung verleiht dem Rum eine wunderbare Tiefe. Im Gegensatz zum ›5+3‹ der einen Alkoholgehalt von 37,5 Volumprozent hat, stehen dem ›5+5‹ seine 40 Volumprozent gut zu Gesicht. Aromen von Schokolade, Pflaumen und weiteren dunkelroten Früchten lassen mit Feigen- und Vanillenoten eine einzigartige geschmackliche Symphonie entstehen.

Last, but not least: DOS MADERAS LUXUS. In dieser Variante haben exquisite Rums aus Barbados und Guayana jeweils zehn Jahre Lagerung in ehemaligen Bourbonfässern in der Karibik hinter sich, um dann in Spanien vermählt zu werden und weitere fünf Jahre Reifung anzutreten, wobei sie ausschließlich in ›Don Guido‹-Fässern lagern. Der Unterschied zu den beiden anderen Sorten ist deutlich zu schmecken: Der Rum bringt noch mehr Charakter als der ›5+5‹ mit, auch deshalb, weil die Aromen des ›Don Guido‹ ein wahrhaft schmeichelndes Kleid um ihn legen, das Melasse- und Mandelnoten sowie etwas Rauch freigibt, umgeben von einem Strauß von Früchten, ehe sich im Abgang ein angenehm holziger Ton einfindet. Alle drei Varianten werden übrigens im Solera-System gelagert – schließlich ist Jerez de la Frontera der Hauptort des »Sherry-Dreiecks«, in dem dieses System seinen Ursprung hat.

DER BRÜCKENKOPF

Hier, im Atlantik, hat alles angefangen. Die Kanarischen Inseln sind der Brückenkopf, der die Alte mit der Neuen Welt verbindet, sind sie doch für spanische Abenteurer und Entdecker, Eroberer und Glücksritter der letzte Halt gewesen, ehe sie sich auf die Fahrt in die für sie neue Welt begeben haben. So ist es auch keineswegs verwunderlich, dass sich im Laufe der Jahrhunderte kanarische und karibische Lebensweise wie auch deren Kulturen immer wieder gegenseitig befruchtet haben.

Noch etwas ist bemerkenswert: Auf den Kanarischen Inseln ist erstmals in Europa Zuckerrohr angebaut worden. Bekanntlich hat Kolumbus auf seiner 1493 gestarteten Karibikreise Zuckerrohrsetzlinge an Bord gehabt. Zwar haben die Setzlinge die Überfahrt nicht überlebt, und so hat es noch sieben Jahre gedauert, ehe auf Hispaniola Zuckerrohr angebaut worden ist. Und wo Zuckerrohr ist, ist es zur Rum-Herstellung nicht weit. Das ist auf den Kanarischen Inseln nicht anders als in der Karibik …

Ron Aldea

Seit rund acht Dezennien bewahrt die Familie Quevedo ihr spezielles Geheimnis der Rum-Herstellung, das seit dem Jahre 1936 von ihren Meisterbrennern weitervererbt wird. Heute, vier Generationen später, wird diese Tradition fortgesetzt – und das begründet letztendlich auch den Erfolg der Familie und ihres Rums. Das ganzjährig milde Klima auf La Palma sorgt zusammen mit dem ursprünglichen Zuckerrohr, das hier wächst, für eine ganz besondere Kombination in Sachen »Rum«, und so bietet die »Grüne Insel« die perfekte Kulisse für den ›Ron Aldea‹, der sich von vielen anderen Destillaten vor allem dadurch unterscheidet, dass er aus frisch gepresstem Zuckerrohrsaft in einer Alambique-Anlage destilliert wird.

NACHGEFRAGT BEI SANTI BRONCHALES

Señor Bronchales, Sie sind Maestro Ronero bei ›Ron Aldea‹. Was braucht Ihrer Meinung nach ein Rum, um ein guter Rum zu sein? Viele Wege führen zu gutem Rum, zu einer guten Kreation. Geschmäcker sind ja doch sehr unterschiedlich. Wenn es Ihnen schmeckt, dann ist es ein guter Rum. Ganz einfach. Wichtig sind für mich vor allem Ehrlichkeit und größter Respekt vor der Substanz und unseren Kunden.

Können Sie in gewisser Weise die Qualität eines Rums schon an seiner Farbe erkennen? Die Erfahrung verrät mitunter, ob die Farbe etwa nur Teil einer Marketingstrategie ist. Zudem bin ich vorsichtig mit solchen Urteilen. Oft legt die Farbe auch falsche Fährten. Sie ist nicht das verlässlichste Kriterium, um eine treffende Aussage über die Qualität eines Rums zu treffen.

Erzählen Sie etwas über die Besonderheiten von ›Ron Aldea‹? ›Ron Aldea‹ ist die einzige Rum-Marke, deren »Zutaten« komplett europäischen Ursprungs sind. Wir ernten auf unseren Zuckerrohrfeldern und produzieren direkt aus dem Saft des Zuckerrohrs, dem »Guarapo«. Rum-Kenner geraten darüber oft ins Staunen, wenn sie unseren Rum zum ersten Mal probieren. Es gibt eine Ähnlichkeit zum Rhum Agricole, aber mit einem komplett neuen, frischeren Stil. Gleichwohl ist es unser Anliegen, die handwerkliche Essenz der Arbeit alter Rum-Meister zu bewahren.

Verraten Sie etwas über Ihre Philosophie beim Blending? Ehrlichkeit ist die wichtigste Zutat. Zu sich selbst sowie gegenüber dem Rum und denen, die ihn trinken. Man muss lieben, was man tut. Nur so macht man es gut und entdeckt neue, spannende Seiten seines Berufs, seiner Berufung. Offenheit ist also wichtig, ebenso wie die Bereitschaft zu lernen. Wer glaubt, er wisse bereits alles, der macht einen Fehler. Und: Handwerk ist von großer Bedeutung. Rum braucht Respekt, in allen Stadien. Schlechte Fässer machen keinen guten Rum. Ich möchte den Menschen eine möglichst große Auswahl bieten – mit dem Anspruch, dass ich jeden meiner Rums bedenkenlos als einen einzigartigen Blend bezeichnen kann.

aus Anlass des 75-jährigen Bestehens des Unternehmens auf den Markt gekommen.

Bei einer solchen Bandbreite fällt es naturgemäß nicht leicht, den Rum auszuwählen, der einem geschmacklich am meisten zusagt. Warum nicht, wenn schon nicht alle, so doch einige einfach einmal probieren? Da es sich bei den ›Ron Aldeas‹ um sehr gute Erzeugnisse handelt, wird keiner der Rums einen Geschmacksreinfall hervorrufen.

Das Angebot der ›Destilerías Aldea‹ hat ein breites Spektrum und ist durchaus beachtlich zu nennen. Neben zwei Aperitifs mit jeweils 20 Volumprozent (Honig und Karamell) und drei Likören (Banane, Kaffee, Orange), die einen Alkoholgehalt von 20, 28 und 42 (!) Volumprozent aufweisen, bietet die Destille noch zehn reine Rum-Abfüllungen an: BLANCO, CAÑA PURA, AÑEJO, EXTRA AÑEJO 8 AÑOS, TRADICIÓN, SUPERIOR, FAMILIA, RESERVA 10 AÑOS, GRAN RESERVA FAMILIA 15 AÑOS sowie das Spitzenprodukt RON ALDEA 75 ANIVERSARIO, das absolute Flaggschiff der Palmeros, 2011

Zwei besondere Geschichten

Den Schluss des Buches bilden zwei schöne Geschichten, die auf ihre ganz eigene Weise etwas Besonderes sind – und die nur das Leben schreiben kann.

Drei Freunde

Obwohl der Geschmack jedes Jahr ein anderer ist, ist der Rum ›Tres Hombres‹ ein Genuss für alle jene, die bereit sind, die Leidenschaft dreier Tagträumer zu teilen, die ihren Traum zum Leben erweckt haben. Drei Freunde, Arjen van der Veen und Jorne Langelaan aus den Niederlanden sowie Andreas Lackner aus Österreich, sind im April des Jahres 2000 gemeinsam als Schiffsjungen an Bord einer Dreimastbark namens ›Europa‹ und überqueren zusammen den Ozean. Während dieser Reise, hoch oben in der Takelage, entspringt zum einen der Traum von einer emissionsfreien Frachtschifffahrt, zum anderen der Name ›Tres Hombres‹. Als sie die amerikanische Küste erreichen, trennen sich die drei, jedoch keiner kann diesen Traum, diese Idee vergessen. 2006 treffen sie sich wieder, um vereint an der Vision Frachtschifffahrt unter Segeln zu arbeiten. ›Tres Hombres‹ ist nicht nur ein Name, sondern steht auch für eine Initiative, die aus vielen Leidenschaften besteht: Traditionsschiffe, Schiffsbau, Segeln, Ausbildung einer Besatzung, zudem eine gesunde Umwelt, eine gute Harmonie – und natürlich Rum.

Im Jahre 2007 stolpern die drei Freunde über ein altes deutsches Fischereischiff, das als Minensuchboot im Zweiten Weltkrieg eingesetzt worden ist. Sofort wird das Feuer in ihnen entfacht, und sie beginnen mit dem Umbau. Dank der uneigennützigen Hilfe von vielen internationalen Händen wird die Brigantine in nur zwei Jahren aufgebaut und kann im Dezember 2009 ihre Jungfernfahrt antreten. Das Schiff ›Tres Hombres‹ ist auf den Meeren motorlos unterwegs und verbraucht daher auch keinen Treibstoff. Es ist zudem weltweit das einzige Schiff, das Rum-Fässer transportiert, wie das vor 150 Jahren der Fall gewesen ist.

Seit 2010 transportiert die ›Tres Hombres‹ als Fairtransport auch speziell für sie kreierten Rum. Die Fässer der jährlich stets limitierten Rum-Editionen werden in den Schiffsbauch von Hand eingelegt, und je nach Wetterlage ist der Rum bis zu zwei Monate auf See, auf der er, genau wie die Mannschaft, im Kampf mit den Elementen ist. Diese nachhaltige Initiative schafft sich relativ schnell einen Namen in der internationalen Rum-Szene.

Aktuell sind die beiden Editionen No. 6 La Palma 2014 und No. 7 Dominican Republic 2014 auf dem Markt. Die ›No. 6‹ ist ein Rum, der für ›Tres Hombres‹ erstmals mit über 40 Volumprozent abgefüllt worden ist, nämlich mit 41,3 Prozent. Dieser Rum wird von der Aldea-Familie auf La Palma produziert, wobei man für die Destillation einer 80 Jahre alten Alambique-Anlage vertraut, die noch traditionell mit Holz befeuert wird. Ausgesucht hat den Rum einer der drei Kapitäne zusammen mit José Que-

Nur die Kraft des Windes: Ohne jegliche Motorenhilfe transportiert die ›Tres Hombres‹ Waren um die Welt.

> **NACHGEFRAGT BEI ANDREAS LACKNER**
>
> **Andreas Lackner, Sie bewegen sich mit einem Segelschiff im Frachtverkehr. Das klingt anachronistisch. Wie kamen Sie auf diese Idee?** Die Frage ist eher: Was ist zeitgemäßer, als sich für Nachhaltigkeit und Nullemission in einem sehr verschmutzenden Sektor, der heutigen Seefahrt, einzusetzen? Der Umweltschutz und der faire Transport von Gütern sind starke Triebfedern unseres Handelns. Aber natürlich sind es auch andere Gründe, die uns aufs Meer treiben: das Abenteuer, die Tradition, die lehrreichen Reisen, die echte Handarbeit.
>
> **Welche Verbindung besteht zwischen ›Tres Hombres‹ und Rum?** Der Rum und die See – das ist eine innige Beziehung, die mit romantischen Bildern aus der Karibik und mit wildem Seemannsgarn verwoben ist. Wir, die ›Tres Hombres‹, lieben Rum und genießen es, Rum vor Ort selbst auszuwählen, in Holzfässern herzutransportieren und in unsere Flaschen abzufüllen. Ein sehr schmackhafter Weg, Handel zu betreiben.
>
> **Die ›Tres Hombres‹ spielen doch auch für manche Destillen eine wichtige Rolle …** Wir pflegen sehr gute Kontakte in die Dominikanische Republik. So haben wir die Chance, hervorragende Melasse zu bekommen, die wir zum Beispiel für die ›Feinbrennerei Simon's‹ unter Segel bis nach Roermond gebracht haben. Außerdem liefern wir Melasse und Rum-Fässer für exklusive Blends und Bottlings nach Österreich und England.
>
> **Wie sehen Ihre langfristigen Ziele mit der Segelflotte aus? Verzeichnen Sie einen Zuwachs an Frachtgut für den fairen Transport?** Das Interesse am Transport ohne Footprint (Fußabdruck) steigt langsam, aber stetig. Für viele ist es bereits die einzig logische Form modernen und umweltfreundlichen Handelns auf dem Seeweg. Wir haben noch viel vor: Derzeit lassen wir in Holland ein zweites Schiff von der Größe der ›Tres Hombres‹ bauen, das in Europa für die Küstenfahrt eingesetzt werden wird. Wir planen zudem ein modernes 8000-Tonnen-Frachtschiff, den ›Ecoliner‹, und wir beginnen noch in diesem Jahr mit der Finanzierung für eine Reihe von Clipperschiffen, die jeweils 500 Tonnen Frachtkapazität haben und für transatlantische Fahrten, aber auch weltweit eingesetzt werden sollen. Alles ohne Motor und ohne CO_2-Footprint.

vedo, dem Oberhaupt der Aldea-Familie. Leider gibt es von dieser Abfüllung nur exakt 747 Flaschen. Man würde sich mehr von diesem guten Tropfen wünschen, denn dieser ›La Palma‹ ist, wie die Abfüllung aus dem Jahre 2013, acht Monate in ausgesuchten gerösteten spanischen Fässern auf der ›Tres Hombres‹ gereift und hat dabei zweimal den Atlantik überquert. Die Abfüllung ›No. 7‹ von ›Oliver & Oliver‹ ist 18 Jahre im Solera-Verfahren gereift, hat einen Alkoholgehalt von 40,7 Volumprozent und ist auf genau 4 569 Flaschen limitiert. Bleibt noch zu erwähnen, dass die Fässer vier Monate auf See gewesen sind. Wie anfangs gesagt: Jede Edition des Rums ›Tres Hombres‹ hat ihren eigenen Geschmack. Da gibt es nichts zu studieren, sondern es bleibt nichts anderes übrig, als zu probieren.

Eine Dreiecksbeziehung

Amsterdam. Eine ruhige Seitenstraße. Es gibt nicht viel Verkehr und nichts Außergewöhnliches zu beobachten. Genau dort findet Nicholas Pelis eines der letzten Unternehmen, die seit dem 18. Jahrhundert ihre Arbeit als Master Blender verrichten.

Nicholas Pelis hat lange Zeit in großen Spirituosenfirmen auf der Finanzseite gearbeitet. Die Idee zu einem eigenen Rum kommt bei ihm durch seine Leidenschaft zu ›Daiquiris‹. Und so gründet er im Jahre 2006 ein Unternehmen mit Sitz in New York. Irgendwo in Amsterdam werden also feine Rums kreiert, perfekt zugeschnitten auf jeweilige persönliche Vorstellungen. Auf Trinidad wiederum werden einzelne Fässer, gefüllt mit weißem Rum, persönlich ausgewählt, wohl allerdings nicht für den sofortigen Gebrauch, nein, zur weiteren Reifung, die fünf Jahre dauern soll. Und auf Jamaika werden 15 verschiedene Sorten Pot-Still-Rum ausgesucht, allesamt schöne Beispiele der traditionellen jamaikanischen Methode. Mit der jahrhundertealten Erfahrung von ›E & A Scheer‹ entsteht in Amsterdam ›Denizen‹, ein im Geschmacksprofil einzigartiger Rum.

Mittlerweile befinden sich im Portefeuille von ›Denizen‹ zwei Blends, beide sehr spannend, beide mit eigenem Charakter. DENIZEN AGED WHITE RUM ist eine Cuvée, geformt aus Trinidad-Rum von der Destille ›Angostura‹, gereift über fünf Jahre; aus einem Blend von der Insel Jamaika, der wiederum aus 15 Komponenten besteht, und aus einem kleinen Anteil frischen Trinidad-Rums. Rund 60 Prozent der Rums für die Abfüllung DENIZEN MERCHANT'S RESERVE sind nicht weniger als acht Jahre in ehemaligen Bourbonfässern herangereift. Das einmal vorausgesetzt. Dieser Rum ist eine unglaublich gut gelungene Kombination aus Destillaten, die ihren Ursprung auf Jamaika und Martinique haben. Die Verbindung von Rum aus Martinique, in diesem Fall kein Rhum Agricole, sondern ein sogenannter »Grand Arome« aus Melasse, mit seinen fruchtigen Noten und dem jamaikanischem Pot-Still-Rum mit seinen schwereren Aromen ergeben eine wunderbare Symbiose. Der Rum vereint Karamell und Vanille mit einer fruchtigen Mischung von getrocknetem und frischem Obst. Dabei bleibt er weich, ohne an Kraft zu verlieren, und endet mit einem schönen Abgang. Der Rum ist wunderbar pur zu genießen, lässt einen aber auch über einen ›Mai Tai‹-Cocktail nachdenken …

Rum – Cocktails und Longdrinks

Rum – Cocktails und Longdrinks

ACAPULCO

4,5 cl weißer oder brauner Rum; 0,8 cl Curaçao; 1,5 cl Limettensaft; 1 El Läuterzucker; ½ Eiweiß; Eiswürfel; Minzezweig

Rum, Curaçao, Limettensaft, Läuterzucker, Eiweiß und die Eiswürfel im Shaker kräftig schütteln und in eine Cocktailschale abseihen. Mit dem Minzezweig garniert servieren.

ANANAS COBBLER

5 cl Rum; 2 cl Ananassirup; 4 Barlöffel Zitronensaft; zerstoßenes Eis; je 1 Ananas- und Zitronenstückchen; 1 Maraschinokirsche

Rum, Ananassirup und Zitronensaft in einem Rührglas gut verrühren. Ein Cobber-Glas mit zerstoßenem Eis füllen und den Coctail darübergießen. Mit Ananas- und Zitronenstückchen sowie der Maraschinokirsche garniert servieren.

BAHIA

6 cl weißer Rum; 8 cl Ananas- oder Mangosaft; 2 cl Cream of Coconut; 4 Eiswürfel; 1 Orangen- oder Ananasscheibe

Rum, Ananas- oder Mangosaft und Cream of Coconut mit den Eiswürfeln in einem Shaker kräftig schütteln. In ein Ballonglas umfüllen und mit der Orangen- oder Ananasscheibe garniert servieren.

BARRACUDA

4 cl weißer oder brauner Rum; 2 cl Vanillelikör; 6 cl Ananassaft; 3 cl Zitronen- oder Limettensaft; Eiswürfel; 1 Ananasscheibe

Rum, Vanillelikör, Ananassaft und Zitronen- oder Limettensaft auf Eiswürfel in ein kurzes Stielglas geben und umrühren. Mit Trinkhalm und Ananas garniert servieren.

HINWEIS

Es gibt praktisch von jeder Rezeptur zahlreiche Versionen, weshalb auch jede hier wiedergegebene Rezeptur vornehmlich als Orientierung zu verstehen ist. Wie bei nahezu allen kulinarischen Empfehlungen gilt auch in diesem Fall: Experimentieren und probieren ist nicht nur erlaubt, sondern erweitert auch den geschmacklichen Horizont. Dieter H. Wirtz

Beach Dream

1 cl Cointreau; 1 cl Crème de Cassis; 2 cl Cachaça; 3 cl Grapefruitsaft; Eis; Champagner

Cointreau, Crème de Cassis, Cachaça und Grapefruitsaft in einem Shaker mit etwas Eis kräftig schütteln. In eine Champagnerflöte abseihen, mit eiskaltem Champagner auffüllen und nach Belieben dekorieren.

Black Daiquiri

4 cl brauner Rum; 2 cl Zitronensaft; 1–2 TL Zuckersirup; 1 Spritzer Maraschinolikör; Minzeblätter

Rum, Zitronensaft, Zuckersirup und Maraschinolikör über Eis im Shaker mixen und in ein Cocktailglas abseihen. Mit Minze garniert servieren.

Black Daisy

5 cl brauner Rum; 3 cl Himbeersirup; Saft ½ Zitrone; Sodawasser; Himbeeren

Rum, Sirup und Zitronensaft mit Eiswürfeln im Shaker mixen, über zerstoßenes Eis in ein Longdrinkglas abseihen. Mit Sodawasser auffüllen, umrühren und einige Himbeeren hineingeben.

Blue Moon

2 cl Curaçao blue; 2 cl weißer Rum; 5 cl weißer Traubensaft; Eiswürfel; Tonic Water; Melonenkugeln; rote Trauben

Curaçao, Rum und Traubensaft im Shaker mit 2 bis 3 Eiswürfeln gut schütteln. In ein Glas auf zerstoßenes Eis abseihen. Melonenkugeln und abgezogene, halbierte und entkernte Trauben in den Drink geben und mit Tonic Water auffüllen.

Bossanova

6 cl Jamaika-Rum; 3 cl Maracujasaft; 2 cl Orangensaft; 1 cl Limettensirup; zerstoßenes Eis; 1 Organgenscheibe

Rum, Maracujasaft, Orangensaft und Limettensirup in einen Shaker geben und kräftig schütteln. Ein Londrinkglas mit zerstoßenem Eis füllen und den Cocktail darübergießen. Mit Trinkhalm und Organgenscheibe garniert servieren.

CAFÉ DEL MAR

2 cl brauner Rum; 3 cl weißer Rum; 10 cl Orangensaft; 1 cl Zitronensaft; 1 Dash Läuterzucker; Eiswürfel; 1 Dash Grenadinesirup

Rum, Orangen-, Zitronensaft und Läuterzucker mit einigen Eiswürfeln im Shaker kräftig schütteln. Abseihen und Grenadinesirup auf den Drink geben.

CAIPIRINHA

4–6 cl Cachaça; ½ Limette; 2–4 TL Rohrzucker; zerstoßenes Eis

Limette in kleine Stücke schneiden und mit dem Rohrzucker in einem stabilen Glas langsam zerquetschen. Das Glas mit zerstoßenem auffüllen, Cachaça hinzugeben und umrühren.

CARIBBEAN

3 cl Rum gold; 3 cl Galliano; 3 cl Orangensaft; 3 cl Limettensaft; zerstoßenes Eis; Sodawasser; Cocktailkirschen; Orangenscheiben

Rum, Galliano, Orangen- und Limettensaft verrühren. Ein Longdrinkglas zur Hälfte mit zerstoßenem Eis füllen, den Cocktail darauf gießen und mit kaltem Soda auffüllen. Mit Cocktailkirschen und Orangenscheiben garniert servieren.

CHERRY RUM

3 cl weißer Rum; 5 cl Sahne; 4 cl Cheery Heering; 6 cl Kirschsaft; Cocktailkirsche

Rum, Sahne, Cheery Heering und Kirschsaft im Shaker auf Eiswürfeln kräftig schütteln, mit dem Eis in ein Ballonglas geben und mit einer Cocktailkirsche garniert servieren.

CITRUS COOLER

4 cl weißer Rum; 2 cl Cointreau; 2 cl Limettensaft; Bitter Lemon; Minzblätter

Rum und Cointreau mit dem Limettensaft auf Eis kräftig schütteln und anschließend in ein Longdrinkglas geben. Mit Bitter Lemon auffüllen und mit Minzblättern garniert servieren.

COCOCABANA

2 cl weißer Rum; 4 cl Batida de Coco; 8 cl Ananassaft; 4 Eiswürfel; 1 Stückchen Ananas; 1 Cocktailkirsche

Rum, Batida de Coco und Ananassaft mit den Eiswürfeln in einem Rührglas gut verrühren. In einen Tumbler mit Crustarand abseihen und mit Ananas und Cocktailkirsche garniert servieren.

COCODY

⅛ l Kokosmilch; 250 g Buttermilch; 1 kleine Banane;
1 EL Zucker; 1 Päckchen Vanillezucker; 2 cl weißer Rum;
Ananasring

Kokos- und Buttermilch verquirlen, Banane zerdrücken und mit Zucker, Vanillezucker und Rum untermixen. Drink in hohe Gläser füllen, mit Ananas dekorieren und mit Trinkhalmen servieren.

CUBA LIBRE

4 cl weißer Rum; Eiswürfel; Cola zum Auffüllen; 1 Zitronenscheibe

Den Rum auf Eiswürfel in ein Longdrinkglas geben, mit Cola auffüllen und die Zitronenscheibe hineingeben.

DAIQUIRI

5 cl weißer Rum; 3 cl Zitronensaft; 2 cl Zuckersirup; Eis;
1 Zitronenscheibe

Rum, Zitronensaft und Zuckersirup im Shaker mit viel Eis kräftig mixen und in einen Tumbler abseihen. Zitronenscheibe hineingeben und servieren.

DEANSGATE

4 cl weißer Rum; 2 cl Drambuie;
2 cl Limettensaft; Orangenschale;
Orangenscheibe

Rum, Likör und Saft mit Eiswürfeln verrühren. Mit Orangenschale abspritzen und eine halbe Orangenscheibe auf den Glasrand stecken.

ENGLISH COBBLER

6 cl Jamaika-Rum; 1,5 cl Zitronensaft; 2 Barlöffel Läuterzucker;
3 cl starker schwarzer Tee, 3 Eiswürfel; Johannisbeeren zum Garnieren

Rum, Zitronensaft, Läuterzucker und Tee in einem Rührglas gut verrühren. Die Eiswürfel in einen Tumbler geben, den Cocktail darauf gießen und mit Johannisbeeren garniert servieren.

ERNEST HEMINGWAY

3 cl weißer Rum; 2 cl Maraschino; 2 cl Limettensaft; 4 cl Grapefruitsaft; 2 Barlöffel Puderzucker; 3 Eiswürfel;
½ Limette

Rum, Maraschino, Limettensaft, Grapefruitsaft, Puderzucker und Eiswürfel in einem Shaker kräftig schütteln. In eine kleine Cocktailschale abseihen und mit der Limette dekoriert servieren.

GRASSHOPPER

3 cl weißer Rum; 3 cl Crème de Menthe grün; 3 cl Sahne

Rum, Crème de Menthe und Sahne im Shaker auf Eis mixen und in einer Cocktailschale abseihen.

HEMINGWAY'S RUM COCKTAIL

2 cl weißer Rum; 2 cl Cointreau; 6 cl Champagner; Orangenspalte

Rum, Cointreau und Champagner im Barglas auf Eis vorsichtig verrühren und in ein Champagnerglas abseihen. Mit der Orangenspalte garniert servieren.

HIGH NOON

2 cl Campari; 2 cl weißer Rum; 10 cl Blutorangen-Drink; für den Zuckerrand etwas Eiweiß und Zucker

Den Rand eines Longdrinkglases in Eiweiß und dann in Zucker tauchen. Campari und Rum in das Glas geben und mit eiskaltem Blutorangen-Drink auffüllen.

JAMAICA INN

2 cl Grenadine; 2 TL Zucker; 5 cl brauner Rum; 2 cl Zitronensaft; Ananas- und Aprikosennektar; Ananaswürfel; Aprikosenspalten

Rand eines Burgunder-Weinglases in Grenadine und dann in Zucker tauchen. Rum und Zitronensaft ins Glas gießen, zwei Eiswürfel hinzufügen und umrühren. Je zur Hälfte mit Ananas- und Aprikosennektar auffüllen. Mit Ananas und Aprikosenstückchen garniert servieren.

KIWI COLADA

4–5 Kiwis; 1 Zitrone; 2 Tl Puderzucker; ⅛ l Kokosmilch; ⅛ l weißer Rum; 4 Kiwischeiben

Kiwis und die Zitrone schälen, in Würfel schneiden und pürieren. Mit dem Puderzucker, der Kokosmilch und dem Rum vermischen und in vier Cocktailgläser auf zerstoßenes Eis gießen. Mit Kiwischeiben garniert sofort servieren.

LIBERTY

4 cl Calvados; 2 cl Rum; 1 Barlöffel Läuterzucker; zerstoßenes Eis; Calvadosäpfel

Calvados, Rum und Läuterzucker in einem Rührglas mit etwas Crushed Ice verrühren, in ein Cocktailglas umfüllen und mit Calvadosäpfeln garniert servieren.

MAI TAI (ORIGINAL-REZEPTUR)

6 cl 17 Jahre alter Wray & Nephew-Rum; 3 cl frischer Limettensaft; 1,5 cl Curaçao Orange; 0,75 cl Mandelsirup; 0,75 cl Kandiszuckersirup (2:1 einfacher Sirup); Minzezweig und Limettenschale zum Garnieren

Alle Zutaten mit zerstoßenem Eis schütteln und in ein Old-Fashioned-Glas gießen (nicht sieben). Mit Minzezweigchen und Limettenschale garnieren.

MAI TAI (ALTERNATIV-REZEPTUR)

4 cl Plantation Jamaika-Rum; 2 cl Rum Fire (Ov rproof aus Jamaika-Rum mit 63 %); 2 cl Ferrand Dry Curaçao; 2cl Mandelsirup; 4 cl frisch gepresster Limettensaft; Minzezweig zum Garnieren

Einen Shaker mit Eis zu Dreiviertel füllen und alle Zutaten zugeben. Ungefähr 15 Sekunden schütteln, in das mit zerstoßenem Eis gefüllte Old-Fashioned-Glas gießen und mit einem Minzezweig garnieren.

MELON DAIQUIRI

6 cl weißer Rum; 3 cl Zitronensaft; 1 cl Zuckersirup; 1 cl Kiwilikör; Netzmelonenkugeln

Die Zutaten mit zerstoßenem Eis in einen Mixer geben, bis alles vollständig püriert und das Eis zerschlagen ist. Mit Melonenkugeln garniert in einem großen Longdrinkglas servieren.

MILLIONAIRE

2 cl Jamaika-Rum; 2 cl Gin;
2 cl Apricot-Brandy; 5 cl Limettensaft; 1 Dash Grenadinesirup;
4 Eiswürfel

Jamaika-Rum, Gin und Apricot-Brandy mit Limettensaft, Grenadinesirup und Eiswürfel im Shaker gut schütteln. In eine Cocktailtulpe abseihen.

MOJITO

1 Handvoll Minzblättchen;
2 cl Limettensaft; 1 cl Zuckersirup; zerstoßenes Eis; 6 cl weißer Rum;
Mineralwasser; 1 Minzezweig

Die Minze in ein Longdrinkglas mit Crustarand geben und mit einem Stößel zerdrücken. Limettensaft und Zuckersirup dazugeben und verrühren. Das Eis mit dem Rum ins Glas geben. Gut verrühren und mit Mineralwasser auffüllen. Mit etwas Minze dekoriert servieren.

NACIONAL

4 cl brauner Rum; 2 cl Apricot Brandy; 2 cl Limettensaft;
1 cl Läuterzucker

Rum, Brandy und Limettensaft mit Läuterzucker im Shaker auf Eiswürfel gut schütteln, in einen Tumbler auf Eis abseihen.

NEW LIFE

1 cl Rum; 2 cl Cointreau;
1 cl Pernod; 1 cl Zitronensaft;
Eiswürfel

Rum, Cointreau, Pernod und Zitronensaft mit einigen Eiswürfeln in einen Shaker geben und kräftig schütteln. In ein Cocktailglas mit Crustarand abseihen.

PAPA ERNESTO

5 cl Rum gold; 3 cl Limettensaft;
1,5 cl Honig; Eiswürfel;
1 Limettenscheibe

Rum, Limettensaft und Honig in ein Rührglas geben. Umrühren, bis sich der Honig gelöst hat. Einige Eiswürfel in einen Tumbler geben, Cocktail aufgießen und mit einer Limettenscheibe garnieren.

PEACH DAIQUIRI

1 kleiner Pfirsich; 2 cl Limettensaft; 1 Spritzer Zitronensaft;
1 cl Zuckersirup; 4 cl weißer Rum; zerstoßenes Eis;
1 Limettenscheibe

Den Pfirsich häuten und das Fruchtfleisch pürieren. Limetten- und Zitronensaft sowie Zuckersirup dazugeben. Das Ganze mit dem Rum und etwas Crushed Ice kräftig mixen und in ein Cocktailglas geben. Mit der Limettenschale dekoriert servieren.

Piña Colada

5 cl Rum light;
6 El Ananasstücke; 3 cl Sahne;
3 cl Kokosnusssirup; Eiwürfel;
Fruchtspieß

Rum, Ananasstücke, Sahne, Kokosnusssirup und einige Eiswürfel in einen Mixer geben und so lange mixen, bis die Ananas fein püriert ist. In ein Longdrinkglas füllen und mit einem Fruchtspieß garniert servieren.

Pink Elephant

4 cl brauner Rum; 1 cl Zitronensaft; 1 cl Grenadinesirup;
2 cl Crème de Bananes;
6 cl Grapefruitsaft;
6 cl Maracujanektar; Eiswürfel

Rum, Zitronensaft, Grenadinesirup, Crème de Bananes, Grapefruitsaft und Maracujanektar in einen mit Eiswürfeln gefüllten Shaker geben und kräftig schütteln. In ein Longdrinkglas auf einige frische Eiswürfel abseihen. Nach eigenem Geschmack garnieren.

Planter's Punch

4 cl Jamaika-Rum; 2 cl weißer Rum; 2 cl Zitronensaft; 4 cl Ananassaft; 6 cl Orangensaft;
1 cl Grenadinesirup; Eiswürfel

Rum, Zitronen-, Ananas- und Orangensaft sowie Grenadinesirup verrühren und auf einige Eiswürfel in ein Longdrinkglas gießen. Nach Belieben garnieren.

Rum Crusta

4 cl weißer Rum; 1 TL Curaçao;
1 cl Zitronensaft; 1 cl Ananassaft;
Zitronenspirale; für den Zuckerrand Zitronensaft und Zucker

Den Rand eines Cocktailglases in Zitronensaft und dann in Zucker tauchen. Zutaten und Shaker mit gestoßenem Eis kurz und kräftig schütteln, in das Cocktailglas abseihen und eine Zitronenspirale hineinhängen.

Rum Sour

4 cl weißer Rum; 1 cl Rum 75 %;
2 cl Zitronensaft; 3 Barlöffel
Orangensaft; 2 Barlöffel Zucker;
3 Eiswürfel; 1 Zitronenachtel

Rum, Zitronensaft, Orangensaft und Läuterzucker mit den Eiswürfeln im Shaker kräftig schütteln. In einen kleinen Tumbler abseihen und mit der Zitrone dekoriert servieren.

Rum produzierende Länder

Antigua und Barbados
- Cavalier 151 Proof 135
- Cavalier 5 Year Old 135
- Cavalier Extra Old 135
- Cavalier Gold 135
- Cavalier Light 135
- English Harbour 3 Years 135
- English Harbour 5 Years 135
- English Harbour Distilled 1981 135
- English Harbour Reserve 135

Bahamas
- Bacardi de Maestros Vintage MMXII 75
- Bacardi Facundo Eximo 75
- Bacardi Facundo Exquisito 75
- Bacardi Facundo Neo Silver 75
- Bacardi Facundo Paraíso XA 75
- Bacardi Eilixir 74
- Bacardi Reserva Limitada 76
- Bacardi Superior Heritage 74,75
- John Watling´s Amber Rum 76
- John Watling´s Buena Vista Rum 76
- John Watling´s Pale Rum 76

Barbados
- Cockspur Rum 143
- Cockspur 12 143
- Doorly's 147
- Doorly's XO 147
- ESA Field 147
- Foursquare Spiced Rum 147
- Mahiki 147
- Malibu 143
- Mount Gay 1703 140
- Mount Gay Black Barrel 138, 141
- Mount Gay Eclipse 138, 140
- Mount Gay Extra Old 140
- Mount Gay Silver 138, 140
- Old Brigant 147
- RL Seale 147
- RL Seale Finest Barbados Rum 147
- St. Nicolas Abbey Rum 143
- Sixty Six 147
- Tommy Bahama 147

Bermuda
- Gosling's Black Seal Rum 80
- Gosling's Family Reserve Old Rum 80
- Gosling's Gold Rum 80

Caymans
- Gouverneurs Reserve 85
- Seven Fathoms 83,85

Costa Rica
- Centenario Añejo Especial 212
- Centenario Conmemorativo 212
- Centenario Gran Legado 212
- Centenario Fundacion 20 Años 212
- Centenario Fundacion 25 Años Gran Reserva 212
- Centenario Fundacion 30 Años Edicion Limitada 212, 213

Dänemark
- Skotlander Handcrafted Rum I 292
- Skotlander Handcrafted Rum II 292
- Skotlander Handcrafted Rum III 292
- Skotlander Handcrafted Rum IV 292
- Skotlander Handcrafted Rum V 292
- Skotlander White Rum 292

Deutschland
- Rum Indien 290
- Rum Memory of the World 289
- Rum Paraguay 289
- Rum Siam 290
- Simon's Bavarian Nordic Rum Valkyrie 291
- Simon's Bavarian Pure Pott Still Rum 290
- Simon's Bavarian Sweetened Rum Kalypso 291

Dominikanische Republik
- Brugal 1888 91,092
- Brugal Añejo 92
- Brugal Añejo Superior 92
- Brugal Especial Extra Dry 92
- Brugal Extra Viejo 92
- Brugal Siglo de Oro 91, 92,93
- Brugal XV 92
- Matusalem Clásico 89
- Matusalem Extra Anejo 89
- Matusalem Gran Reserva 89
- Matusalem Platinum 89
- Matusalem Solera 89
- Ron Barceló Dorado Añejado 97
- Ron Barceló Gran Añejo 97
- Ron Barceló Gran Platinum 97
- Ron Barceló Imperial 97,98
- Ron Barceló Imperial Premium 30 97
- Ron Santiago 88

El Salvador
- Ron Maja 215,217

Frankreich
- Kaniché Reserve 295
- Kaniché XO 295
- Plantation 20TH Anniversary 295

Grenada
- Clarkes Nr. 37 153
- Clarkes Old Grog 153
- Clarkes Old Grog Extra Old 153
- Rivers 69 % 153
- Rivers 75 % 153
- Westerhall Plantation Rum 153
- Westerhall Vintage 153

Grossbritannien
- Caroni 286
- Fine Cuban Rum 2003 287
- Port Morant Demerara Rum 1999 287
- Scarlet Ibis Rum 288
- The Secret Treasures Old Trinidad Rum Vintage 1991 288

Guadeloupe
- Damoiseau Rhum Blanc Agricole 163
- Damoiseau Rhum Blanc Agricole Ambré 163
- Damoiseau Rhum Vieux Agricole 3 ans d'Âge 163
- Damoiseau Rhum Vieux Agricole 5 ans d'Âge 163
- Damoiseau Rhum Vieux Agricole 8 ans d'Âge 165
- Damoiseau Rhum Vieux Agricole Millésime 1953 165
- Damoiseau Rhum Vieux Agricole Millésime 1989 165
- Damoiseau Rhum Vieux Agricole XO 163
- Karukera Très Vieux Rhum Cuvée 1493 Hors d'Âge 161
- Karukera Rhum Blanc Agricole 161
- Karukera Rhum Gold 161
- Karukera Rhum Old Agricole Double Cask Matured 161
- Karukera Rhum Réserve Spéciale 161
- Karukera Rhum Vieux Agricole 161
- Karukera Rhum Vieux Millésime 1997 161
- Karukera Rhum Vieux Millésime 1999 161
- Karukera Rhum Vieux Millésime 2000 160, 161
- Longueteau Blanc 40 158
- Longueteau Blanc 50 158
- Longueteau Blanc 55 158
- Longueteau Blanc 62 158
- Longueteau Rhum Ambré 159
- Longueteau Rhum Vieux VS 159
- Longueteau Rhum Vieux VSOP 159
- Longueteau Rhum Vieux XO 159

Guatemala
- Botran 12 223
- Botran Reserva 223
- Botran Reserva Blanca 223
- Botran Solera 1893 223
- Zacapa 2013 Reserva Limitada 222
- Zacapa 2014 Reserva Limitada 222
- Zacapa Etiqueta Negra Sistema Solera 23 222
- Zacapa Sistema Solera 23 222
- Zacapa XO 222
- Zacapa XO Solera Gran Reserva Especial 222

Guyana
- El Dorado 5 239
- El Dorado 8 239
- El Dorado 12 239
- El Dorado 15 239
- El Dorado 15 White Overproof 239
- El Dorado 21 239
- El Dorado 25 239
- El Dorado Blanc 239
- El Dorado Spiced 239

Haiti
- Barbancourt Estate Reserve 101
- Barbancourt Five Star 101
- Barbancourt Pango Rhum 101
- Barbancourt Three Star 101
- Barbancourt White 101

Hawaii
- Kōloa Coconut 278
- Kōloa Dark 278
- Kōloa Gold 278
- Kōloa Spice 278
- Kōloa White 278

Indien
- Amrut Old Port Deluxe Rum 262
- Amrut Two Indies Rum 262

Italien
- Malteco Añejo Suave 296
- Malteco Reserva Maya 296
- Zacapa Etiqueta Negra 296
- Malecon Imperial 297
- Malecon Selección Esplendida 1979 297
- Malecon Selección Esplendida 1982 297
- Malecon Superior 297
- Malteco Reserva del Fundador 297

Jamaika
- Appleton Estate 110, 111
- Appleton Estate Exclusive 110
- Appleton Estate 21 110
- Appleton Estate 30 110
- Appleton Estate Extra 12 109
- Appleton Estate Gold Rum 109
- Appleton Estate Master Blenders' Legacy 110
- Appleton Estate Reserve 109
- Appleton Estate V/X 109
- Appleton Estate White Rum 109
- Coco Coruba Rum Liqueur 106
- Coruba Carta Blanca 106
- Coruba Cigar 12 Years 106
- Coruba Cigar 18 Years 106
- Coruba Cigar 25 Years 106
- Coruba N.P.U. 105,106
- Coruba N.P.U. 74 % 106
- Coruba Rumtopf 106
- Hampden Gold 114
- Hampden Rum Fire Velvet 114,115

JAPAN
- Nine Leaves Clear 280
- Nine Leaves Angel's Half 281

KOLUMBIEN
- Dictador 12 Years Solera System 242
- Dictador XO Insolent Solera System 243
- Dictador XO Perpetual Solera System 243

KUBA
- Havana Club Añejo 3 Años 120
- Havana Club Añejo 7 Años 120
- Havana Club Añejo 15 Años 120
- Havana Club Añejo Especial 120
- Havana Club Máximo Extra Añejo 120
- Havana Club Selección de Maestros 120
- Legendario Elixir de Cuba 125
- Ron Arecha Añejo 125
- Ron Caney 124
- Ron Edmundo Dantes 124
- Ron Mulata 124
- Ron Santero 124
- Ron Santiago de Cuba 124
- Ron Santiago de Cuba Extra Añejo 12 Años 125
- Ron Varadero 124
- Ron Varadero Gran Reserva Añejo 15 Años 125

LA RÉUNION
- Isautier 264
- Rivière du Mât Agricole Vieux Cuvée Spéciale 264
- Rivière du Mât Le Traditionnel Vieux 264
- Rivière du Mât Opus 5 264
- Savanna Créol 263
- Savanna Les Rhums Millésimes 263
- Savanna Vieux 263

MADAGASKAR
- Dzama Rhum 3 Years 267
- Dzama Rhum 6 Years 267
- Dzama Rhum 10 Years 267
- Dzama Rhum Ambre de Nosy Be Prestige 267
- Dzama Rhum Cuvée Noire Prestige 267
- Dzama Rhum Vieux XV 267

MARTINIQUE
- Clément Très Vieux Rhum Agricole Cuvée Spéciale XO 184
- Depaz Rhum Agricole Martinique Doré 180
- Depaz Rhum Vieux Agricole Martinique 180,181
- Depaz Rhum Vieux Agricole Martinique Réserve Spéciale VSOP 181
- Depaz Rhum Vieux Agricole Martinique XO Grande Réserve 181
- Dillon Rhum Blanc Agricole 182
- Dillon Rhum Vieux Agricole 182
- Dillon Rhum Très Vieux Agricole XO 7 Ans 182
- Dillon Rhum Vieux Agricole Extra Old Aged 12 Years Selection 182
- Dillon Rhum Très Vieux Agricole XO Horse d'Âge 182
- Dillon Rhum Vieux Agricole VSOP 182
- J. Bally Rhum Ambré Agricole Martinique 178
- J. Bally Rhum Blanc Agricole Martinique 178
- J. Bally Rhum Vieux Agricole Martinique 3 Ans d'Âge 178
- J. Bally Rhum Vieux Agricole Martinique 7 Ans d'Âge 179
- J. Bally Rhum Vieux Agricole Martinique 12 Ans d'Âge 179
- J. Bally Rhum Vieux Agricole Martinique Millésime 1999 179
- La Mauny Blanc 172
- La Mauny Extra Rubis Rhum Vieux 173
- La Mauny VSOP 172
- La Mauny XO 172
- Trois Rivières 1953 176
- Trois Rivières 5 Ans d'Âge Martinique 176
- Trois Rivières Blanc 176
- Trois Rivières Fût Unique 1998 176
- Trois Rivières Rhum Vieux 1999 176
- Trois Rivières Vieux Agricole 8 Ans 176

MAURITIUS
- Chamarel Coffee Liqueur 271
- Chamarel Double Distilled 271
- Chamarel Gold 271
- Chamarel Premium White Rum 271
- Chamarel Vanilla Liqueur 271
- Chamarel V.O. 271
- Gold of Mauritius 269
- Mauritius Club 269
- New Grove Old Oak 272
- New Grove Old Tradition 272
- New Grove Plantation 272
- Saint Aubin Bataille du Vieux Grand Port 274
- Saint Aubin Reserve 274
- Saint Aubin Rhum Blanc Agricole 1819 274
- Saint Aubin Rhum Café 1819 274
- Saint Aubin Rhum Epicé 1819 274
- Saint Aubin Rhum Vanille 1819 274
- Saint Aubin Vieux Rhum 5 Ans 1819 274
- Green Island Blanc 276
- Green Island Flamboyant 276
- Penny Blue 276
- Pink Pigeon 276

NICARAGUA
- Flor de Caña Centenario 12 229
- Flor de Caña Centenario 18 229
- Flor de Caña Centenario 25 228,229
- Flor de Caña Gran Reserva 7 229
- Flor de Caña Gran Reserva 90 Proof 229

NIEDERLANDE
- Denizen Aged White Rum 305
- Denizen Merchant's Reserve 305
- Tres Hombres No. 6 La Palma 2014 303
- Tres Hombres No. 7 Dominican Republic 2014 303

ÖSTERREICH
- Organic Premium Rum 292

PANAMA
- Cana Brava 234
- Carta Vieja Golden Cask 18 Years 233
- Carta Vieja Ron Añejo 233
- Carta Vieja Ron Claro 233
- Carta Vieja Ron Extra Claro 233
- Debonaire 8 234
- Debonaire 15 234
- Debonaire 21 234
- Panama Red 234
- Panamonte Reserva Preciosa XXV 234
- Ron Abuelo Añejo 232
- Ron Abuelo Añejo 7 Años 232, 233
- Ron Abuleo Añejo 12 Años 233
- Ron Abuelo Centuria 233
- Ron Jeremy de Rum 234
- Ron Jeremy de Spiced 234
- Selva Rey Cacao 234
- Selva Rey White 234
- Origenes Reserva Don Pancho 8 234, 235
- Origenes Reserva Don Pancho 18 235
- Origenes Reserva Don Pancho 30 235

PHILIPPINEN
- Don Papa 281

PUERTO RICO
- Don Q Añejo 129
- Don Q Cristal 129
- Don Q Flavors 131
- Don Q Gold 131
- Don Q Gran Añejo 129

SEYCHELLEN
- Takamaka Bay 277
- Takamaka Bay St. André 8 Years 278
- Takamaka Bay St. André Rhum Vesou 277
- Takamaka Bay Spiced Rum 278

SPANIEN
- Aldea 75 Aniversario 301
- Aldea Añejo 301
- Aldea Blanco 301
- Aldea Caña Pura 301
- Aldea Extra Añejo 8 Años 301
- Aldea Familia 301
- Aldea Gran Reserva Familia 15 Años 301
- Aldea Reserva 10 Años 301
- Aldea Superior 301
- Aldea Tradición 301
- Dos Maderas 5+3 298
- Dos Maderas 5+5 PX 298,299
- Dos Maderas Luxus 299

ST. LUCIA
- Admiral Rodney 189
- Chairman's Reserve 189
- Chairman's Reserve – The Forgotten Cask 189, 190
- Denno Bounty Rum 188
- Tøz 190
- Tøz Gold 190
- Tøz White Gold 190
- Element 8 Gold 190
- Element 8 Platinum 190

TRINIDAD UND TOBAGO
- 10 Cane Rum 198
- Angostura 1824 197
- Angostura 1919 196
- Angostura No. 1 197
- Angostura Reserva 196
- Angostura 5 Years Old Rum 196
- Angostura 7 Years Old Rum 196

VENEZUELA
- Amazonas Ron Ocumare 12 Edición Reservado Añejo Especial 256,257
- Botucal Ambassador Luxus 251,252
- Botucal Ambassador Selection 251,252
- Botucal Blanco 252
- Botucal Reserva Exclusiva 250
- Botucal Single Vintage 252
- Cacique 500 Ron Extra Añejo 257
- Cacique Ron Añejo Superior 257
- Diplomático Ambassador Luxus 251,252
- Diplomático Ambassador Selection 251, 252
- Diplomático Blanco 252
- Diplomático Reserva Exclusiva 250
- Diplomático Single Vintage 252
- Pampero Añejo Especial 250
- Pampero Añejo Selección 1938 250
- Pampero Aniversario 249
- Pampero Aniversario Reserva Exclusiva 250
- Pampero Blanco 250
- Pampero Especial 249
- Ron Roble Viejo Ultra Añejo 257
- Ron Veroes 257
- Santa Teresa Araku 254
- Santa Teresa Bicentenario A.J. Vollmer 255
- Santa Teresa Blanco 254
- Santa Teresa Claro 254
- Santa Teresa Gran Reserva 254
- Santa Teresa Orange Liqueur 254, 255
- Santa Teresa 1796 Ron Antiguo de Solera 253
- Santa Teresa Selecto 254

VIRGIN ISLANDS
- Callwood's Rum 203
- Pusser's Navy Rum Nelson's Blood Aged v 15 Years 206, 207
- Pusser's Rum Blue Label 40 205
- Pusser's Rum Blue Label 42 205
- Pusser's Rum Gunpowder Proof 205
- Pusser's Rum Overproof Green Label 205

Bildnachweis

Jochen Arndt, Berlin
Seite 15, 80, 88, 89, 92, 97 l., 97 r., 100, 101, 115, 124, 125 l., 135, 138, 140, 146, 147, 161, 162, 172, 177, 182, 184, 185, 189, 196, 197, 205, 213 l., 213 r., 217, 221, 223, 234, 235, 239, 242, 248, 251, 252, 255, 264, 266, 267, 277, 280, 295 l., 295 r., 297 l., 297 r., 298, 301

Bacardi
Seite 75, 120

Brugal
Seite 91, 94-95

Fotolia.com
Seite 14 (© zerbor), 56 (© vouvraysan), 102 (© A.Jedynak), 220 (© elhielo), 222 (© dav363), 224 (© Marco Desscouleurs), 226 (© waldorf27), 246 (© lizfernandezg)

Havana Club
121 o., 121 u.

Interfoto, München
Seite 4 (©Mary Evans/Retrograph Collection), 12 (©Mary Evans/Retrograph Collection), 51 (©Mary Evans/Retrograph Collection), 54 (©Mary Evans/Retrograph Collection), 57 (©Mary Evans/Retrograph Collection), 62 (Granger, NYC), 86 (Granger, NYC), 98 (©Mary Evans/Retrograph Collection), 110 (CCI), 157 (©Mary Evans/Retrograph Collection), 175 (©Mary Evans/Retrograph Collection), 178 (©Mary Evans/Retrograph Collection), 198 (imageBROKER/Norbert Probst), 321 (Mary Evans/Retrograph Collection)

mauritius images, Mittenwald
Seite 0-1 (alamy), 6 Mitte (alamy), 6 u. (alamy), 7 o. (Rene Mattes), 7 Mitte (alamy), 19 (Photononstop), 20-21 (alamy), 24 (United Archives), 27 (alamy), 28-29 (alamy), 33 o. (United Archives), 33 u. (United Archives), 34-35 (alamy), 36 (Photononstop), 37 (alamy), 38 (alamy), 40 (alamy), 44(alamy), 46-47 (alamy), 48 (alamy), 49 (alamy), 52-53 (alamy), 59 (alamy), 60-61 (Loop Images), 65 r. (alamy), 66 (alamy), 68-69 (alamy), 70 (imageBROKER/Stefan Espenhahn), 74 (alamy), 77 (Danita Delimont), 78 (alamy), 81 o. (alamy), 82 (alamy), 84 (United Archives), 104 (United Archives), 107 o. (alamy), 107 u. (Science Source), 109 (alamy), 111 (alamy), 112 (alamy), 116 (age), 118 (imageBROKER/Norbert Probst), 122-123 (imageBROKER/Stefan Espenhahn), 125 r. (Robert Harding), 126 (imageBROKER/Katja Kreder), 129 (United Archives), 130 o. (alamy), 130 u. (alamy), 132 (Walter Bibikow), 134 (United Archives), 136 (Westend61), 139 o. (United Archives), 139 u. (United Archives), 142 (alamy), 144 (alamy), 145 (alamy), 148 (alamy), 150-151 (alamy), 152 o. (alamy), 152 u. (alamy), 154 (alamy), 156 (Photononstop), 158 (imageBROKER/Iris Kürschner), 159 (alamy), 160 (alamy), 163 (alamy), 165 (Danita Delimont), 166 (alamy), 168 (United Archives), 169 (United Archives), 170 (age), 171 (CuboImages), 173 (Walter Bibikow), 174 (Tuul), 180 (alamy), 183 o. (alamy), 183 u. (alamy), 186 (imageBROKER/Thomas Haupt), 188 (imageBROKER/Martin Moxtzer), 191 (imageBROKER/Martin Moxtzer), 192 (United Archives), 194 (alamy), 195 (alamy), 199 (imageBROKER/Norbert Probst), 200 (alamy), 202 o. (imageBROKER/Horst Mahr), 202 u. (imageBROKER/Horst Mahr), 204 (United Archives), 206 (imageBROKER/Katja Kreder), 207 (imageBROKER/Horst Mahr), 208-209 (alamy), 210 (imagesBROKER/Rolf Schulten), 214 (alamy), 216 (imageBROKER/Florian Kopp), 218 (Mint Images), 228 (Novarc), 229 (John Warburton-Lee), 230 (United Archives), 232 (imageBROKER/Stefan Espenhahn), 237 (alamy), 238 o. (Jutta Ulmer), 238 u. (Jutta Ulmer), 249 (imageBROKER/Wolfgang Diederich), 258-259 (Rene Mattes), 262 (Robert Harding), 263 (alamy), 265 (alamy), 273 (alamy), 275 (alamy), 282-283 (United Archives), 286 (alamy), 288 (alamy), 303 (alamy), 316-317 (imageBROKER/Egon Bömsch)

Nine Leaves
Seite 260, 279

picture-alliance, Frankfurt am Main
Seite 6 o. (akg-images), 9 (IMAGNO/Austrian Archives), 26 (akg-images), 30 (© dpa), 42-43 (© dpa), 64 (akg-images), 65 l. (© dpa), 67 (AP Photo), 72 (World Pictures/Photoshot), 99 (akg-images), 105 (Luisa Ricciarini/Leemag), 114 (Mary Evans Picture Library), 119 (Gavin Hellier/Robert Harding), 190 (Mary Evans Picture Library), 240 (maxppp), 243 (Mary Evans Picture Library), 244 (Bildagentur-online/Flüeler), 256 (AP Photo), 284 (© dpa), 291 (Rolf Haid), 293 (APA/picturedesk.com)

Seven Spirits GmbH & Co. KG
U1/Vorsatz 1, Nachsatz 2/U3

shutterstock.com
Seite 7 u. (© Evgeny Karandaev), 10-11 (© merc67), 96 (© Emka74), 268 © Robert Mandel), 270 (© ronyxtreme), 306-307 (© Evgeny Karandaev)

PUNCH AU RHUM

L. RUEL, POITIERS — N° 576 — MODÈLE DÉPOSÉ

Die Welt des Rums

RON
Spanischer Rumstil

- KUBA
- PUERTO RICO
- DOMINIKANISCHE REPUBLIK
- VENEZUELA
- GUATEMALA
- NICARAGUA
- PANAMA
- KOLUMBIEN
- PERU
- COSTA RICA
- ECUADOR

RHUM AGRICOLE HERGE...
INDUSTRIELLER RUM HERGESTELLT AUS MELA...

FR...
ELEGANT
KO...
INTENSIV
LEICHT
VOLLMUNDIG
SÜSS
SOLERA
MILD